やわらかアカデミズム
〈わかる〉シリーズ

よくわかる
高齢者心理学

佐藤眞一／権藤恭之
[編著]

ミネルヴァ書房

はじめに

■よくわかる高齢者心理学

　本書には，我が国の高齢化の状況を表す文章が何度も出てきます。たとえば，全人口中の65歳以上の高齢者の割合である高齢化率や0歳児の平均余命である平均寿命などが記載されています。このようなデータは，社会の高齢化を示す指標です。つまり，私たちは超高齢社会に生きており，個々の人生もその影響を受けざるを得ないことが暗示されているわけです。若い読者であっても，いずれ親は老いていきます。祖父母の老いや知人の老いを考えることもあるでしょう。高齢者心理学を学ぶことは，私たち自身の人生を考える上でも役に立つはずです。

　社会の高齢化に伴う諸課題を解決するためには，様々な学問分野が協力して研究を進める必要があります。そのような学際的な研究分野を老年学（Gerontology）といいます。高齢者心理学は心理学の一分野であるとともに，老年学の一分野でもあるのです。

　高齢者は若年者より心身が密接に関連しています。高齢者心理学は，認知，情動・感情，性格，対人関係など個人の心理機能の加齢変化を研究する分野ですが，その意味では，人の生物学的特徴を心理機能との関連性の中で捉えておくことも必要です。

　本書では，こうした高齢者心理学の特性を踏まえ，心理学的側面に加えて，生物学的側面や社会的側面についても論じることにしました。

　老いには病弱，貧困，孤独などを招いてしまうネガティヴな特徴があるため，これらの問題を解決することがとくに重要になります。高齢者心理学もこうしたネガティヴな心理状態を研究します。一方で，ネガティヴな心理状態を克服した後のポジティヴな心理状態とはどのようなものなのか，どうすれば到達できるのかについても研究が行われています。幸福感やウェルビーイングが研究されるのはそのためです。

　本書は，初学者が広く高齢者心理学の内容を知ること，演習や卒業研究におけるテーマを選定し関連する諸概念を学ぶこと，大学院生が自己の研究領域に関連する内容を整理することなど，高齢者心理学に関心のある人々のいわゆる「初めの一歩」に役立つことを目的に編集しました。多くの方々にお読みいただければ幸いです。

2015年5月　編者代表　佐藤眞一

もくじ

■よくわかる高齢者心理学

はじめに

I 基礎知識①生物学的側面

1 生物の老化 …………………… 2
2 身体の老化の特徴 …………… 4
3 脳の老化の特徴 ……………… 6
4 感覚器の老化の特徴 ………… 8
5 おばあさん仮説：人類はなぜ長生きなのか ………………………… 10

II 基礎知識②社会的側面

1 年齢とはなにか ……………… 12
2 少子高齢化とその背景 ……… 14
3 社会の中の高齢者 …………… 16
4 エイジズム …………………… 18
5 高齢者のイメージと生活 …… 20

III 基礎理論①社会学的加齢理論

1 生涯発達と老い ……………… 22
2 活動理論と離脱理論 ………… 24
3 継続性理論 …………………… 26
4 プロダクティブエイジング … 28
5 医学・社会学的サクセスフルエイジング ………………………… 30

IV 基礎理論②心理学的加齢理論

1 心理学的サクセスフルエイジング ………………………… 32
2 選択最適化補償理論（SOC理論）… 34
3 老年的超越理論 ……………… 36
4 社会情動的選択性理論 ……… 38
5 二重コンポーネントモデル … 40

V 認知情報処理①理論的側面

1 全般的速度低下理論 ………… 42
2 抑制機能の低下 ……………… 44
3 加齢低下が少ない認知機能 … 46
4 認知加齢の個人差に関する理論 … 48
5 認知機能の低下に対する補償理論 ………………………… 50

VI 認知情報処理②注意

1 注意の持続と注意の瞬き …… 52
2 選択的注意 …………………… 54
3 分配的注意 …………………… 56
4 課題の切り替え ……………… 58

　　5　日常場面での注意 …………… 60

VII　認知情報処理③記憶と学習

1　記憶のしくみと老化の原因 ……… 62
2　短期記憶と作動記憶（ワーキングメモリ）……………………………… 64
3　思い出の記憶（エピソード記憶）… 66
4　知識の記憶（意味記憶）………… 68
5　自伝的記憶 …………………… 70
6　ソースメモリと虚偽の記憶 ……… 72
7　展望的記憶 …………………… 74
8　学習と動機づけ ……………… 76
9　忘れない記憶（手続き記憶とプライミング）……………………………… 78

VIII　認知情報処理④高次の情報処理

1　意思決定・推論 ……………… 80
2　知　能 ………………………… 82
3　日常知能 ……………………… 84
4　創造性 ………………………… 86
5　知　恵 ………………………… 88

IX　認知情報処理⑤その他の側面

1　メタ記憶 ……………………… 90
2　言語能力（コミュニケーション）… 92
3　熟達化 ………………………… 94

4　認知の予備力 ………………… 96
5　終末低下 ……………………… 98

X　情動・感情①パーソナリティ（性格）

1　性格特性：性格テストによる知見 ……………………………………… 100
2　パーソナリティと幸福感 ……… 102
3　エリクソンの理論 ……………… 104
4　性格と健康・長寿 ……………… 106

XI　情動・感情②感情

1　感情の経験 …………………… 108
2　感情の表出 …………………… 110
3　健康感 ………………………… 112
4　幸福感と人生満足感 …………… 114
5　自尊感情と自己効力感 ………… 116

XII　情動・感情③老いの自覚

1　老いの自覚と主観的年齢 ……… 118
2　ストレスとコーピング ………… 120
3　うつ感情 ……………………… 122
4　回　想 ………………………… 124
5　回想のタイプと機能 …………… 126
6　自伝的記憶とライフストーリー … 128

XIII 社会①社会とのかかわり

1 引退と退職 …………… 130
2 ボランティア …………… 132
3 就労と生産性 …………… 134
4 ライフイベント …………… 136
5 生涯学習 …………… 138

XIV 社会②対人関係

1 ソーシャルネットワーク …………… 140
2 世代間ギャップ …………… 142
3 夫婦関係 …………… 144
4 親子関係 …………… 146
5 祖父母としての高齢者：世代性 … 148

XV 社会③社会的援助

1 社会的援助の枠組み …………… 150
2 ソーシャルサポートの緩衝効果と直接効果 …………… 152
3 社会関係 …………… 154
4 利他性の発達：支援提供と幸福感 …………… 156

XVI 社会④死と死別

1 高齢期の死 …………… 158
2 死別 …………… 160
3 悲嘆と悲嘆からの回復 …………… 162
4 エンドオブライフ・ケアと緩和ケア …………… 164
5 自殺とその背景 …………… 166

XVII 社会⑤介護

1 介護者の心理 …………… 168
2 介護される人の心理 …………… 170
3 施設で暮らす高齢者 …………… 172
4 施設で暮らす高齢者への心理的援助 …………… 174
5 施設職員の心理的負担と援助 …………… 176

XVIII 社会⑥現代的問題

1 敬老精神の変化 …………… 178
2 情報社会と高齢者 …………… 180
3 健康維持と心理的介入 …………… 182
4 事故と高齢者 …………… 184
5 超高齢期 …………… 186
6 フレイル（虚弱）と精神的適応 … 188

XIX 研究と実践

1 研究法（横断研究・縦断研究・その他） …………… 190
2 パーソナリティの評価法：バウムテスト …………… 192
3 認知機能評価法 …………… 194

4 臨床場面での実践 …………………… 196
5 認知的介入 ………………………… 198

人名索引

事項索引

やわらかアカデミズム・〈わかる〉シリーズ

よくわかる
高齢者心理学

I 基礎知識①生物学的側面

生物の老化

1 老化理論の重要性

　生物の老化は，年齢に伴って生理的機能が不可逆的に減退し，疾患に罹りやすくなり，最終的には死に至る過程といわれます。しかし，実際には老化のメカニズムは複雑で，明確な定義は難しいとされています。とはいえ，生物学的な老化理論を知ることは，生物としての老化を背景にした高齢者の心理の理解にもつながります。

2 集団レベルでの理論

　生物の老化と死亡の関係をはじめて明確にしたのは，生命保険の経費計算を行っていたゴンペルツ（Gonpertz, O.）だといわれています。彼は過去の統計記録に基づき年齢と死亡率の関係を関数化（ゴンペルツ関数）し，人間の死亡率は8歳年齢が上がるごとに2倍になることを見つけました。この関数から自分の平均的な余命を知ることができるようになったのです。このように年齢ごとの死亡率や病気の割合をある関数でみることができると，集団レベルでの健康や寿命の変遷を捉えることができます。フライ（Fries, J. F.）はこの傾向を利用して，平均死亡年齢が上昇すると不健康で過ごす期間が短縮するという傷病平均年数の圧縮説（Compression of morbidity）を提唱しました[1]。これは，現在多くの先進国で生じていると考えられています。しかし，近年必ずしもそうではない可能性も指摘されています。図1.1.1はフランスにおける年齢ごとの死亡率，疾病のない率，障がいのない率を1981年と1991年で比較したものです。障がいのない期間は10年間で増えていますが，疾病のない期間は増えていないことがわかります。ただし，このように年齢に伴って病気は増加しても，自立して生活できる期間は延長しているという考え方もあります。

3 生物学的老化理論

　生物学的老化研究でもっとも影響を与えた発見は細胞の分裂回数は50回ぐらいで限界に達するとする，ヘイフリック限界といわれます。それ以前は，細胞は無限に分裂を続けると考えられていたのですが，この発見によってはじめて細胞レベルの老化と個体レベルの老化を関連づけて研究することが可能になったからです[2]。細胞の老化を説明する理論は2つに分かれています。一方は，進

▷1 Fries, J. F. 1980 Aging, natural death, and the compression of morbidity. *The New England journal of medicine*, **303**(3), 130-135.

▷2 Hayflick, L., & Moorhead, P. S. 1961 The serial cultivation of human diploid cell strains. *Experimental cell research*, **25**, 585-621.

化を促すために必然的に遺伝子にプログラムされているとするプログラム説，他方，生命体は生存時間に伴い機械が古くなるように消耗していくと考える消耗説です。

消耗説の代表的理論として，テロメア短縮理論があります。この理論ではDNAの複製時に利用される，テロメアが細胞分裂に伴って短縮し，DNAが複製できなくなることで老化が生じると考えます。当初は人間以外の生物について研究されていましたが，人間においてもテロメアの長さは，年齢と相関して短くなることが確認されています。また，エラー蓄積説は時間経過に伴って細胞分裂時に何らかのエラーが生じ，それが蓄積することで細胞が機能不全を起こすことを老化だと考えます。コピーを繰り返すと画質が劣化するようなイメージといえます。さらに，フリーラジカル説は，細胞がエネルギー代謝をする際に副産物として生産された活性酸素（フリーラジカル）がDNAや細胞を傷つけ，それが蓄積されることが老化の原因だと考えます。

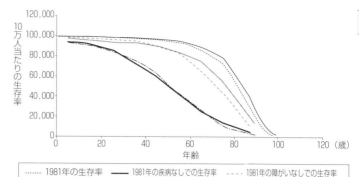

図1.1.1 フランスの生存率，疾病なしの生存率，障がいなしの生存率の1981年と1991年の比較（女性のみ）
出所：Robine & Michel, 2004を改変

一方，プログラム理論は，種の進化あるいは人口の抑制のためにあらかじめ生物のDNAには老化遺伝子が組み込まれているという考えに基づきます。老化は種の継続のために必然だという前提に立っているといえます。しかし，現在まで老化を引き起こす遺伝子は見つかっていません。むしろ遺伝子の欠損や不全で寿命が短くなる例が多いことから，遺伝子の中に老化遺伝子が存在する可能性は低いといえます。

消耗説，プログラム説以外にも使い捨ての体理論と呼ばれるものがあります。この理論では，個体は自己の生存と生殖とのいずれかにエネルギーを振り分けると考えます。そして，細胞には自己の生存のためにエラーを修復する機能が備わっており，十分なエネルギーを修復に振り分けることができればエラーの蓄積は抑制される，つまり老化は進まないと仮定します。ところが現実には，エラーの修復のみにエネルギーを振り分けると生殖が疎かになり，種の存続が危うくなります。そのために，生物は生殖にもエネルギーを相当量配分しなければならないわけです。その結果として個体の維持に配分されるエネルギーが不足し，エラー修復が十分できないため老化が進むと考えます。

使い捨ての体理論は，生物学的な老化を説明する理論ですが，種の継続という進化論的な視点をもち，世代性と関連することに気がつくでしょう。老化に伴って生じる心理を生物学的視点で捉えなおすことができれば，深く理解できるかもしれません。

（権藤恭之）

▶3 X-3，XIV-5 参照。

参考文献

Robine, J. M., & Michel, J. P. 2004 Looking forward to a general theory on population aging. *The Journals of Gerontology, Series A: Biological Sciences and Medical Sciences*, 59(6), M590-597.

カークウッド，T. 小沢元彦（訳）2002 生命の持ち時間は決まっているのか──「使い捨ての体」老化理論が開く希望の地平 三交社

Ⅰ　基礎知識①生物学的側面

2　身体の老化の特徴

1　高齢期における身体機能

　身体機能の低下は，老化に伴って生じる様々な喪失の中でも代表的なものといえます。一般的には，体力が低下すると老いを感じるようになります。また，身体機能は人間の様々な活動を支えているので，低下によって日常生活の自立が困難になった場合には，精神的健康が悪化することがあります。このように身体機能は，高齢者の心理に強く影響を与える要因だとされています。

2　身体機能の評価

　身体機能はどのように評価されるのでしょうか。運動機能を評価する方法は多くありますが，筋力，持久力，歩行速度，柔軟性や平衡性および手や指の巧緻性にかかわる能力などがおもに測定されます。また，それらの運動機能を総合的に評価するための質問紙や実際の能力を測定するためのテストが数多く提案されています。たとえば，Short Physical Performance Battery（SPPB）[2]は，3種のバランス，8フィート（2.44m）歩行，椅子からの立ち上がり（5回）から構成されています。なお，それらのテストから計算される総合得点は，個人の余命や将来の介護の必要性を予測することが多くの研究で報告されています。歩行速度は身体機能を代表すると考えられており，単独で用いられることも多い指標です。図1.2.1は地域在住の住民（25～100歳）の4m歩行で評価した歩行速度の年齢差（男女別）を示しています。

　これらの運動機能の低下の背景には加齢に伴った生理的な変化だけでなく，運動不足，疾患そして低栄養などがあると考えられています。また，筋肉量と筋力の低下が高度に進んだ場合は加齢性筋肉減少症（Sarcopenia）と呼ばれ，原因や予防法が研究されています。近年は，排泄動作の自立や移動能力など自立して生活をするための日常生活動作（Activities of Daily Living：ADL）が障害される一歩手前の状態がフレイル（虚弱：Frailty）と呼ばれて注目されています。研究者によって，フレイルの定義と構成要因は異なりますが，フレイルに関する先駆的な研究を行ったフリードら[3][4][5]は，フレイルは縮小，弱さ，遅さ，脱力，不活発の5つの側面の低下[6]としています。

　具体的には1年で10ポンド（約4.5kg）以上のまたは5％以上の体重減少があった場合を縮小，同じ年齢の人たちの中で集団の下位20％以下の握力を弱さ，

▶1　手や指の巧緻性は，ペグボードと呼ばれる穴の空いた板に棒を差す速さを測定する検査や視覚反応時間の検査などで測定される。
▶2　Guralnik, J. M., Simonsick, E. M., Ferrucci, L., et al. 1994 A short physical performance battery assessing lower extremity function: association with self-reported disability and prediction of mortality and nursing home admission. *Journal of Gerontology*, **49**(2), M85-94.
▶3　Fried, L. P., Tangen, C. M., Walston, J. et al. 2001 Frailty in older adults: Evidence for a phenotype. *The Journals of Gerontology, Series A: Biological Sciences and Medical Sciences*, **56**(3), M146-156.
▶4　Strawbridge, W. J., Shema, S. J., Balfour, J. L., Higby, H. R., & Kaplan, G. A. 1998 Antecedents of frailty over three decades in an older cohort. *The Journals of Gerontology, Series B: Psychological Sciences and Social Sciences*, **53**(1), S9-16.
▶5　Rockwood, K., Song, X., MacKnight, C., Bergman, H., Hogan, D. B., McDowell, I., & Mitnitski, A. 2005 A global clinical

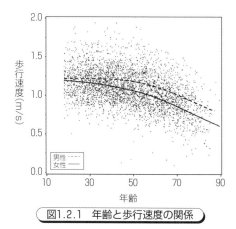

図1.2.1 年齢と歩行速度の関係

出所：Tolea, M. I., Costa, P. T., Terracciano, A., Griswold, M., Simonsick, E. M., Najjar, S. S., Ferrucci, L. 2010 Sex-Specific Correlates of Walking Speed in a Wide Age-Ranged Population. *The Journals of Gerontology, Series B: Psychological Sciences and Social Sciences*, 65B(2), 174-184.

同じく集団の下位20％以下の歩行スピードを遅さ，質問紙で疲労感が高いことを脱力，同じく質問紙で身体的活動性が低いことを不活発とします。このうち3つ以上に当てはまると「フレイル」，1〜2個が当てはまると「準フレイル」と分類されます。この基準を用いてある地域の65歳以上の住民を分類した結果，6.9％がフレイルと判定され，その人たちはフレイルでない人よりも死亡率，入院経験，転倒経験，ADL障害の発生率，移動の障害の発生率が高かったのです。

3 身体機能と心理変数の関係

フレイルは，身体的機能の低下だけでなく精神的不活発さも同時に含んだ概念ですが，身体機能と高齢者のこころの結びつきには2つのパターンが考えられています。1つ目のパターンはすでに述べたような，身体機能の低下が精神的健康の悪化を招くという関係です。このことは，運動習慣の継続が，身体機能の低下を抑えるだけでなく精神的健康にもよい影響を与えることでも支持されます。近年は運動の認知機能へのポジティヴな影響も数多く報告されています。一方で，高齢者は身体機能の低下をうまく受容していることも知られています。権藤らは，幸福感に影響する要因を前期高齢者（65〜74歳），後期高齢者（75〜84歳），超高齢者（85歳以上）で比較しました。その結果，超高齢者では，疾病や身体機能の低下が幸福感の低下に与える影響が減弱していました。

2つ目のパターンは，性格傾向などの個人の行動特性が身体機能の個人差や加齢変化に影響するという関係です。3年間の縦断研究では，5因子性格特性質問紙で測定された誠実性（Conscientiousness）が高いほど，1年目の歩行速度は早く，歩行速度の低下は緩やかだったことが報告されています。性格と歩行速度の関係には，様々な要因が介在していて単純な関係ではありませんが，高齢者の健康行動を考える上で貴重な結果といえます。

（権藤恭之）

Ⅰ　基礎知識①生物学的側面

 脳の老化の特徴

1 脳とこころの関係

　脳はこころの座であり，生理学的な加齢変化が，高齢者のこころの状態に影響を与えることを疑う人はいないでしょう。しかし，脳の生理的な加齢がどのようにこころに影響を与えるかについては，まだ明らかでないことが多くあります。一般的には加齢に伴う脳の萎縮といった形態的な変化が認知機能の変化の原因と考えられていますが，実際にはそれ以外の様々な要因が脳の機能的な変化をもたらすことが明らかになってきました。

2 脳の形態変化とその影響

　大脳皮質は，脳の表面に分布する神経細胞の灰白質と，脳の内側に位置し灰白質を繋ぐ神経線維からなる白質から構成されます。灰白質は，前頭葉，側頭葉，頭頂葉，後頭葉の大脳皮質の領域と，小脳，大脳基底核の表面を覆い，それぞれ異なった認知機能と関連します。加齢に伴った脳の萎縮は脳の全体でみると，健康な高齢者では1年間で0.5％，アルツハイマー病の患者で0.9％程度であることが知られています[1][2]。また，脳の萎縮の度合いは部位によって異なっており，個人差もみられます。一般高齢者を対象に5年間の脳の萎縮を検討した研究では，萎縮は脳の中心部に位置する海馬とその周辺部位，側頭葉下部，前頭葉で大きいことが示されています。この研究では海馬と小脳で萎縮が顕著で，後頭葉の視覚野ではほとんどみられませんでした。また，海馬の萎縮は高血圧の病歴のある患者で大きかったのです。しかし，興味深いことに，認知テストの成績の加齢変化と脳の萎縮には関連がみられませんでした[3]。

　このように脳の萎縮と認知機能の低下とは必ずしも一致していません。とくに，認知症の発症と脳の病変の関連をみても，脳の病変は必ずしも，認知症でみられるような行動レベルでの変化を伴わないことが知られています。この理由として，大脳皮質の萎縮以外にも大脳皮質の間で神経情報の受け渡しに重要な役割を担っている白質や脳内の神経伝達物質の加齢変化が関係することがわかってきました。白質の変化は，知能テストの成績とは関連しないものの，認知症のスクリーニングテストのような全般的な認知機能評価，処理速度，実行機能や記憶との関連が報告されています[4]。また，神経伝達物質の一つであるドーパミン（Dopamine）の加齢に伴う減少は認知機能と関係することが，わ

▷1 Marcus, D. S., Fotenos, A. F., Csernansky, J. G., Morris, J. C., & Buckner, R. L., 2010 Open access series of imaging studies: Longitudinal MRI data in nondemented and demented older adults. *Journal of Cognitive Neuroscience*, **22**(12), 2677-2684.

▷2 Raz, N. 2000 Aging of the brain and its impact on cognitive performance: Integration of structural and functional findings. In F. Craik & T. A. Salthouse (Eds.), *The handbook of aging and cognition*. Mahwah, NJ: Erlbaum. pp.1-90.

▷3 Raz, N., Lindenberger, U., Rodrigue, K. M. et al. 2005 Regional brain changes in aging healthy adults: General trends, individual differences and modifiers. *Cerebral Cortex*, **15**(11), 1676-1689.

▷4 Gunning-Dixon, F. M., & Raz, N. 2000 The cognitive correlates of white matter abnormalities in normal aging: A quantitative review. *Neuropsychology*, **14**(2), 224-232.

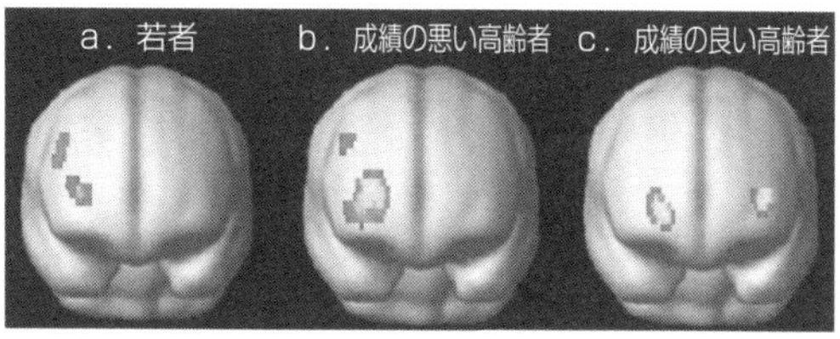

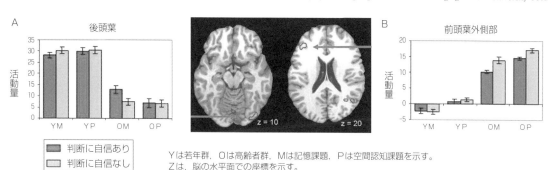

図1.3.1 HAROLDの実例

(注) 成績の悪い高齢者は，若年者と同側の前頭葉のみの活動がみられるが，成績の良い高齢者は両側の活動がみられる。
出所：Cabeza, R., Nyberg, L., & Park, D. (Eds.) 2009 *Cognitive neuroscience of aging: Linking cognitive and cerebral aging.* Oxford University Press.

Yは若年群，Oは高齢者群，Mは記憶課題，Pは空間認知課題を示す。
Zは，脳の水平面での座標を示す。

記憶課題，空間認知課題いずれにおいても，高齢者群では，前頭葉外側部の活動が上昇し(B)，後頭葉の活動が減少する(A)。

図1.3.2 PASAの実例

出所：Davis et al., 2008を改変（脳の画像は http://www.ncbi.nlm.nih.gov/pmc/articles/PMC2760260/figure/F2/ より転載）

かってきました。

3 脳の機能変化とその影響

　脳の形態的な変化と認知機能の間に明確な関連がみられない原因として，高齢者の脳の活動が若年者と異なっていることが考えられます。2つの代表的なパターンが知られています。第1は，若年者では右側前頭葉のみの活動が観察される認知課題において，高齢者で左右両側同一部位の活動が観察される現象でHAROLD（Hemispheric Asymmetry Reduction in Older Adults）と呼ばれています。カベサ（Cabeza, R.）の研究では，記憶検索時の脳の活動状態を比較すると，課題成績が悪い高齢者は，若年者と同じように右側のみが活動していたのですが，課題成績の良い高齢者では両側の活動がみられました（図1.3.1）。第2は，高齢者では若年者よりも前頭葉の活動が高く，後頭葉の活動が低いという現象で，PASA（Posterior-Anterior Shift with Aging）と呼ばれています。代表的な研究を図1.3.2に示します。HAROLDは，高齢者の認知成績に補償的に働いていますが，PASAが脳の形態的変化に対して補償的に機能するのか，機能低下を反映しているのかに関してはよくわかっていません。ここまで紹介したように，脳の生理的な加齢変化の影響は，形態面と機能面から検討されており，多くの研究が報告されていますが，またそれらの知見は統合されていません。今後の研究が期待されています。

（権藤恭之）

▶5 Cabeza, R. 2002 Hemispheric asymmetry reduction in older adults: The HAROLD model. *Psychology and Aging*, 17(1), 85-100.
▶6 Davis, S. W., Dennis, N. A., Daselaar, S. M., Fleck, M. S., & Cabeza, R. 2008 Que PASA? The posterior-anterior shift in aging. *Cerebral Cortex*, 18(5), 1201-1209.

I 基礎知識①生物学的側面

感覚器の老化の特徴

1 感覚の低下と心理

　老化に伴って末梢の感覚器の感度が低下し，視覚，聴覚，嗅覚，味覚，触覚のうちの多くの感覚が低下します。感覚が低下すると，人間が取り込まなければならない外界からの情報が制限されることになり，行動面や心理面に様々な影響を与えます。ここでは，比較的多くの研究がある視覚と聴覚に焦点を当てその特徴や影響を紹介します。

2 高齢期の視覚

　老眼（老年性遠視）は，加齢に伴う変化としてもっともよく知られています。しかし，加齢に伴う変化はそれだけではありません。詳細に測定すると，立体物，コントラストがはっきりしない対象，視野の周辺部における知覚などが低下しています。また，加齢に伴って緑内障や白内障といった眼科の疾患の有病率が増加し，視覚の問題の原因になります。ただしそれらの低下の一つ一つの要素を高齢者が自覚しているわけではありません。高齢者の主観的な訴えでは，①文字を読む行為に時間がかかる，②暗がりでの見えや暗順応が悪い，③物体の動きをとらえること，動く対象から情報を抽出することが難しい，④手元の作業や，小さい文字が見えづらい，⑤視界の中で自分の目的となる対象を探すのが難しい，といった日常場面における視覚にかかわる問題が挙げられています。

3 高齢期の聴覚

　高齢になれば高い周波数の音が聞こえにくくなることはよく知られています。ただし，聴力の悪化は性別差があり，男性では40歳ぐらいから変化が生じるようです。聴覚においても，高齢者自身の主観的訴えを調べた研究があります。それによると，①周囲がうるさい状態での聞き取り，②方言や子どもことばの聞き取り，③「ば」と「ぱ」や「ぶ」と「ぷ」といった，音の聞き分け，④普段の会話の聞き取り，⑤生活音の中の高い周波数の音の聞き取り，といった日常場面での問題が挙げられています。聞こえは，単純に音を大きくするだけで改善されるわけではありませんので，必ずしも大きな声で話しかけることが有効なわけではありません。また，メガネと違い，補聴器が必要であっても利用

▷1　本を読む場合に読んでいる箇所ははっきりと見え，読んでいない場所はぼんやりとしか見えていないだろう。はっきり見えているところが視野の中心部であり，ぼんやりとしか見えないところが，周辺部だといえる。

▷2　Kosnik, W., Winslow, L., Kline, D., Rasinski, K., & Sekuler, R. 1988 Visual changes in daily life throughout adulthood. *The Journal of Gerontology*, **43**(3), P63-70.

▷3　Pearson, J. D., Morrell, C. H., Gordon-Salant, S., Brant, L. J., Metter, E. J., Klein, L. L., & Fozard, J. L. 1995 Gender differences in a longitudinal study of age-associated hearing loss. *The Journal of the Acoustical Society of America*, **97**(2), 1196-1205.

▷4　Slawinski, E. B., Hartel, D. M., & Kline, D. W. 1993 Self-reported hearing problems in daily life throughout adulthood. *Psychology and Aging*, **8**(4), 552-561.

▷5　Strawbridge, W. J., Wallhagen, M. I., & She-

していない高齢者が多いことも問題だといわれています。

4 自覚されにくい変化

視覚も聴覚も長い年月をかけて徐々に変化してくることが多いので，高齢者自身がその状況に慣れてしまい，変化が自覚されない場合があります。たとえば視覚においては，水晶体が黄色に変色して，青色の知覚が悪くなるという現象が知られています。しかし，先に紹介した高齢者自身の訴えには挙がっていません。近年，青色のLEDが開発され様々な場面で使われるようになっていますが，高齢者がうまく知覚できていないのに，そのことに気がついていない可能性があります。

5 視聴覚機能の低下が行動心理面に与える影響

聴覚が低下すると，声が聞こえにくくなり他人とのコミュニケーションが難しくなるとか，視覚が低下すると，段差が見えにくくなりつまずきやすくなるといったことが生じます。これらは，感覚機能の低下がもたらす直接的な影響といえます。しかし，感覚機能の低下はその他にも様々な波及的な影響をおよぼします。たとえば，視聴覚機能の低下は様々な活動に対する障壁となり，日常的な活動量が低下しますし，その結果，精神的健康にも悪い影響を与えます。さらに近年では，夫婦を対象とした研究において，配偶者の聴覚の低下が夫婦関係の満足度や幸福感に影響することが報告されています。このような影響は認知的側面に関してもあります。カルベラらは，高齢者の再認や作動記憶（ワーキングメモリ）の成績の低下の要因として聴覚の影響があることを示しています。

6 視聴覚機能の低下の良い側面

ここまで紹介したように，高齢期の感覚の低下は，高齢者にとって悪い影響を与えるものとして考えられています。しかし，視聴覚の低下の良い面に注目することは高齢期を考える上で重要でしょう。モネの「睡蓮」という絵を見たことがあるでしょうか。この絵は，高齢になったモネが白内障を患い視力を失う中で制作したことでも有名です。その抽象的で神秘的な雰囲気は，物がしっかり見えている状態では作り出すことが難しかったのではないでしょうか。高齢期にはより内省的になり，自分の内面に注目したり，自らの過去を回想したりすることが創造的活動の中心になるといわれます。このような特徴には，感覚器の低下によって外界から取り入れる情報が相対的に減少し，社会的に離脱していくことが関係しているのかもしれません。今後，高齢期における感覚の低下がもたらすポジティブな効果についても検討することが必要でしょう。

（権藤恭之）

ma, S. J. 2007 Impact of spouse vision impairment on partner health and well-being: A longitudinal analysis of couples. *The Journals of Gerontology, Series B: Psychological Sciences and Social Sciences*, 62(5), S315-322.

▷6 この研究では，418組の夫婦を5年間追跡し，初年度の視覚の問題が5年後の心理的な要因に影響するかを検証した。その結果，配偶者の視力の問題は，自分自身の問題と同じくらい精神的健康に影響すること，そして夫の視聴覚の状態が妻に与える影響がその逆の影響よりも大きいことが示されている。

▷7 Cervera, T. C., Soler, M. J., Dasi, C., & Ruiz, J. C. 2009 Speech recognition and working memory capacity in young-elderly listeners: Effects of hearing sensitivity. *Canadian Journal of Experimental Psychology*, 63(3), 216-226.

▷8 Ⅶ-3 参照。

▷9 Ⅶ-2 参照。

▷10 彼らは聴覚刺激を用いて，文章の再認課題と作動記憶の課題を行った。成績を単純に比較すると高齢者の成績が低いという結果であったが，高齢者の聞こえの悪さを考慮すると，違いはみられなかった。この結果は，高齢者の文章理解や作動記憶の低下は，聴覚機能の低下に起因することを示唆するものといえる。

▷11 モネは生涯にわたり睡蓮を題材にした作品を残しているが，もっとも有名なのはパリのオランジュリー美術館で展示されている晩年の作品である。

Ⅰ　基礎知識①生物学的側面

おばあさん仮説：人類はなぜ長生きなのか

1　最大寿命は性成熟年齢で決まる

　動物にはその種に固有の最大寿命があるといいます。ほ乳類の最大寿命をみると，ハツカネズミ3.5年，ユキウサギ7.2年，イヌ20年など多産の種では短命の場合の多いことがわかります。一方，少産の種ではインドゾウ70～80年，シロナガスクジラ80～100年，ヒト100～120年などはかなりの長命です。ほ乳類以外でもゾウガメのように100～150年という長寿の種もいます。

　生物の最大寿命は，性成熟までの期間と関連があると考えられています。ほ乳類では，性成熟までの期間のほぼ5～7倍が最大寿命です。たとえば，カバは性成熟まで7年で最大寿命が35～40歳，パンダは性成熟まで8年で最大寿命は40～48歳です。自然界ではこうした最大寿命まで生き残る個体はきわめて例外的ですが，動物園で飼育されている個体には，最大寿命に近い年齢まで生きる例があります。

　霊長類では性成熟までの期間の約7倍が最大寿命です。ヒトの性成熟の平均は14歳ですから，最大寿命はその7倍のほぼ100歳になります。したがって，この法則から最大寿命をみるかぎり，霊長類の中でヒトだけが例外的に長寿であるとはいえません（図1.5.1）。

2　子育ては平均寿命を長くする

　生物は多産多死の種と少産少死の種に分けることができます。多産の生物の子の多くは最大寿命に達するどころか性成熟以前に死んでしまうので，子孫を残すことのできる個体はわずかです。一方で，少産の生物の子の多くは長生きです。多産の生物は子を育てるということをしませんが，少産の種，とくにほ乳類は子育てをします。子育てをすることが，他の生物に比べてほ乳類の平均寿命が長いことに関係しています。

　このように子孫を残すという観点から生物の生涯を考えると，生まれてから性成熟までの成長期，子孫を残し育て上げるまでの生殖期，そして生殖を終えた後の余生ともいえる

▷1　藤本大三郎　2001　老化のしくみと寿命　ナツメ社

▷2　平均寿命
0歳の平均余命を平均寿命という。ヒトの平均余命は，各年齢における年間死亡率から推計される。動物の平均寿命は，その種の最大寿命から生活環境における死亡危険度を引いた値と考えられるので，その種の環境への適応性と関連がある。動物園などでは自然界に比べて死亡危険度が著しく低いだけでなく，傷病に対する医療とケアが存在するという意味では，人間界における経済，医療，福祉などの文化的恩恵を受けているため，平均寿命が最大寿命に近づく。

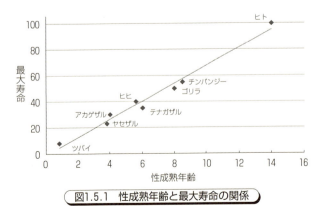

図1.5.1　性成熟年齢と最大寿命の関係

出所：今堀，1993

後生殖期の3期に分けることができます。成長期と生殖期には生命を保障する機構，すなわちホメオスタシスが親と子の生命維持のために機能します。

3 おばあさん仮説

生涯の最後に残された後生殖期には，ホメオスタシス機構の能力が低下します。これが老化現象です。生殖とは無縁の後生殖期は，自然界では不要な期間であるため，生殖期が過ぎると死の危険が増大します。

生物の寿命が生殖のためにあるとすれば，オスはともかくメスは生殖能力を失った後に長く生きる必要はないはずです。しかし，ヒトのメスは例外的に生殖能力を失った後も非常に長く生きます。進化論では，ヒトのこのような特殊な生涯を説明することが課題となりました。後生殖期の子が独立した後の期間は，種にとって適応的なことか否かという問題です。それを説明する理論の一つがおばあさん仮説（祖母仮説）です。

ヒトの子は，生後一年間は胎児のごとく自力歩行ができないため，子育てに掛ける手間暇は他の種とはかけ離れて膨大になります。ヒトの例のように養育に時間と労力が掛かる種では，生殖期までの個体の生命維持を保障するホメオスタシスだけでは不十分なので，子育ての社会化が行われるようになると考えられます。

ヒトのようにおばあさんが存在する種では，自ら子を産み育てるのではなく，孫や子の支援をする社会的存在としての必要性があり，そのことがその種の平均寿命を長くすることに役立つため，進化論的にも適応的な戦略であると考えられるのです。「ヒト」が社会的な「人間」に至ったことは，おばあさん仮説が指摘するように，適応的進化によってもたらされたものとみなすことができます。

4 世代継承としてのエイジング

エリクソン（Erikson, E. H.）は，人の生涯発達を8段階（後に9段階）に分け，各ライフステージにおける心理・社会的な課題を提示しました。その第7段階にあたる成人後期の課題として「世代性（generativity）」を示し，次世代のために自分が成すべきことの基礎を固めることが次の高齢期への発達を促し，本人には「世話」という徳が生まれるが，自己への優先的な関心を維持し続けると人生が停滞してしまう，と指摘しました。

この考え方は，進化論的な意味でのおばあさん仮説に合致し，社会的存在として進化した人類のあり方を示しているとみなすことができます。

（佐藤眞一）

▶3 今堀和友 1993 老化とは何か 岩波新書
▶4 **ホメオスタシス**
内的および外的変動から生命を守る機構のことで，遺伝によって保障されている。したがって，親のもつ生命保障機構をその子どもも受け継ぐことになるため，種の最大寿命が決まる。ヒトの場合，自律神経系の活動によって，意志とは無関係に心拍，血圧，体温，肺のガス交換，瞳孔反射等，体内環境を一定に保ったり，外的環境変化に適応したりするために働く。

▶5 **子育ての社会化**
親が子育てをすることは，一定の進化レベルにおいては本能的行動と考えられる。しかし，子育てを複雑化かつ高度化する必要があると，親以外の他の個体が支援をしたり，あるいは子を守るための社会的集団を形成したりするようになる。進化的に高次な哺乳類では，子育てにおけるこうした社会的関係性を観察することができる。社会生物学的には，これらは特定の個体のためではなく種の保存のためであって，遺伝子を守るための機構と考えられている。

▶6 エリクソン, E. H.・エリクソン, J. M. 村瀬孝雄・近藤邦男（訳）2001 ライフサイクル，その完結 増補版 みすず書房

▶7 X-3, XIV-5参照。

Ⅱ　基礎知識②社会的側面

年齢とはなにか

1 年齢が意味するもの

　年齢を聞かれたら，ほとんどの人が生年月日からその日までの経過年数である暦年齢（chronological age）を答えるでしょう。一方で，体力検査などを受けると，暦年齢が20歳であっても，「あなたの体力は34歳レベルです」というような結果が返されることもあります。これは，機能年齢（functional age）と呼ばれるもので，暦年齢ではなく，個人の機能のレベルから年齢を捉えようとする視点といえます。これまで日本では，定年退職の年齢は60歳，年金の支給開始年齢は65歳といったように個人の加齢の進行具合を暦年齢で捉えてきました。しかし，自分自身の周りを見回すと，同じ年齢の高齢者でも，若く見える人，老けて見える人，お元気な人，そうでない人と，機能年齢は個人個人で大きく異なっていることに気がつくでしょう。このような現実を見ると，暦年齢のみを基準に人間の生物としての加齢の進行度である生物年齢（biological age）を評価するのには無理があることがわかります。

　また，自分の年齢に対する心理的な感覚も，暦年齢とは乖離していることが知られています。心理的な年齢は主観的年齢（subjective age）と呼ばれており，自分が何歳と感じているかを直接尋ねる調査方法が代表的ですが，尋ね方によって様々なバリエーションがあります。たとえば自分が「青年」，「中年」，「老年」，「かなり老年」のどのカテゴリに属するかを尋ねる（同一化年齢：identity age），暦年齢と比較して自分が「若い」，「同じ」，「老いている」で尋ねる（比較年齢：comparative age）などが挙げられます。なお，主観的年齢にも個人差があるのですが，興味深いことに，男女とも年齢が高くなればなるほど暦年齢との差が拡大し，主観的年齢を若く評価する傾向が顕著になることが知られています。

▶1 Barak, B., & Stern, B. 1986 Subjective age correlates: A research note. *Gerontologist*, **26** (5), 571-578.
▶2 佐藤眞一・下仲順子・中里克治・河合千恵子　1997 年齢アイデンティティのコホート差，性差，およびその規定要因──生涯発達の視点から　発達心理学研究，**8**(2), 88-97.

2 年齢と加齢の進行

　日本人の平均寿命は1950年代には60歳程度でしたが，2015年には80歳程度と約20年延びました。医学の進歩によって結核やガンなど不治の病と呼ばれた疾患が治療できるようになったことは重要な要因ですが，労働環境，栄養状態，住居環境の改善など，生物の加齢を進行させる環境要因が改善したことの影響も大きいといえます。つまり，昔に比べて相対的に日本人の生物年齢の進行が

遅くなった結果,寿命が延びたといえるのです。実際に,高齢者を対象に行われた長期縦断研究の結果では,1990年と2000年で,同じ年齢の高齢者の機能年齢が10歳程度若くなっていたと報告されています。

環境が生物学的な加齢に与える影響に関しては,実際に様々な研究で報告されています。喫煙者が非喫煙者よりも寿命が短いという現象はよく知られています。また,一卵性双生児でも,喫煙経験の有無によって,喫煙経験がある方が皮膚の老化が進行しているという報告もあります。さらに,強い心理的ストレスの経験も生物学的な老化を加速させることが知られています。私たちは,暦年齢が高くなると様々な機能が衰えるという平均的な高齢者像を抱きがちですが,現代のような多様な環境は,個人の暦年齢に異なった重みを与えるようになったと考えたほうがよいでしょう。

❸ 年齢と残された時間との関係

ここまでは,年齢を生まれてからの経過時間として考えてきました。一方で,人間の寿命に限界がある以上,年齢を重ねることは,残された時間の減少だと考えることもできます。では,残された時間は人の心理にどのように影響するのでしょうか。たとえば,それまで自分自身の業績に執着してきた人が,定年退職が近づいてくると次世代を担う人材の育成に力を入れるようになったという話を聞いたことがあるかもしれません。このような世代性が高まる背景に,残り時間が短くなったという意識があるのかもしれません。実際に,社会情動的選択性理論では,人生の残された時間が短くなるという感覚が,ポジティヴな心理的安寧を求める動機づけを促進することで,幸福感を高めると考えています。

近年,主観的に感じる残された時間ではなく,物理的に残された時間(余命)が心理面と関係することが,中高年者を対象とした長期縦断研究から実証されるようになってきました。長期縦断研究では,調査参加者が実際に死亡した時点を起点にして,それ以前にどのような変化が生じていたのかを振り返って分析することが可能になります。認知機能に関しては,余命が短くなるにつれて低下が顕著になる,終末低下(terminal decline)と呼ばれる現象が古くから知られてきました。低下が急速に生じるのか,緩やかに生じるのかといった議論は現在でも続いていますが,死亡に向かって認知機能が低下するという現象は多くの研究で報告されています。また,感情の変化に関しても,余命が短くなるにつれてポジティヴな感情が減少するという現象が報告されています。このような現象がみられるのは,認知機能や感情状態の低下が生物学的な加齢現象の一環として生じるためではないかと考えられています。

(権藤恭之)

▶3 ⅩⅨ-1 参照。

▶4 鈴木隆雄・權珍嬉 2006 日本人高齢者における身体機能の縦断的・横断的変化に関する研究——高齢者は若返っているか? 厚生の指標, **53**(4), 1-10.

▶5 Ichibori, R., Fujiwara, T., Tanigawa, T., Kanazawa, S., Shingaki, K., Torii, K., Tomita, K., Yano, K.; Osaka Twin Research Group, Sakai, Y., & Hosokawa, K. 2014 Objective assessment of facial skin aging and the associated environmental factors in Japanese monozygotic twins. *Journal of Cosmetic Dermatology*, **13**(2), 158-163. doi: 10.1111/jocd.12081.

▶6 Ⅹ-3, ⅩⅣ-5 参照。

▶7 Ⅳ-4 参照。

▶8 Siegler, I. C. 1975 The terminal drop hypothesis: Fact or artifact? *Experimental Aging Research*, **1**(1), 169-185.

▶9 Gerstorf, D., Ram, N., Mayraz, G., Hidajat, M., Lindenberger, U., Wagner, G. G. & Schupp, J. 2010 Late-life decline in well-being across adulthood in Germany, the United Kingdom, and the United States: Something is seriously wrong at the end of life. *Psychology and Aging*, **25**(2), 477-485. doi: 10.1037/a0017543.

Ⅱ 基礎知識②社会的側面

少子高齢化とその背景

1 少子高齢化

現在の日本が抱えているもっとも深刻な問題の一つに少子高齢化があります。少子高齢化とは子どもの出生率が（人口置き換え水準以下にまで）低下する少子化と，総人口のうちに占める高齢者の割合が増加する高齢化が同時に進行する状態を示しています。

日本では65歳以上の高齢者の割合を示す高齢化率が1970年に7％に達したことで，高齢化社会と呼ばれるようになりました（図2.2.1参照）。高齢化率は1994年には14％を上回って高齢社会に移行し，さらに2006年には21％に達しており，現在の日本は超高齢社会と呼ばれています。日本において高齢化はきわめて急速に進んでおり，高齢化社会が開始してから超高齢社会に移行するまでに西欧諸国では40年から100年かかった一方で，日本ではわずか36年しかかかっていません。

日本の総人口は2008年における1億2809万人を頂点として，それ以後は毎年減少し続けています。その一方で高齢化率は2013年には25.2％に達し，今後も

▶1 総務省統計局 2012 平成24年国勢調査
▶2 国立社会保障・人口問題研究所 2012 日本の将来推計人口（平成24年1月推計）

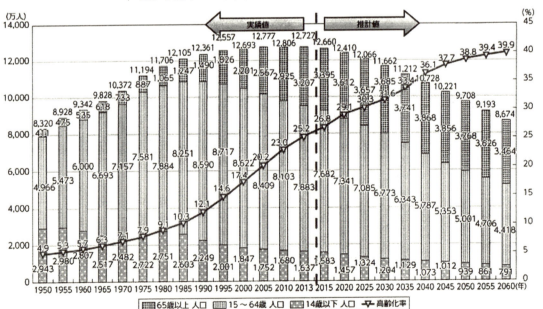

図2.2.1 日本の人口推計と高齢化率の推移

出所：総務省 2014 平成26年版 情報通信白書 より転載（2010年までは国勢調査，2013年は人口推計12月1日確定値，2015年以降は国立社会保障・人口問題研究所「日本の将来推計人口（平成24年1月推計）」の出生中位・死亡中位仮定による推計結果）http://www.soumu.go.jp/johotsusintokei/whitepaper/ja/h26/html/nc141210.html

増加が見込まれています。現在の日本では4人に1人が高齢者なのです。

こうした理由から，日本の年齢別人口構成を示す人口ピラミッドは，1950年代には年齢が若いほど人口が多く，高齢者になるほど人口が少なくなる文字通りの「ピラミッド型」であったのが，2010年には20歳台より若い世代の人口が減少した「ひょうたん型」に大きく様変わりしています。もっとも人口が多い60歳台前半の人々はいわゆる「団塊の世代」と呼ばれ，第一次ベビーブームである1947年から1949年の間は年間の出生数が250万人を上回っています。この出生数の増加は，第二次世界大戦が終わって帰還した兵士のいる家庭で子どもが同時期に生まれたためです。この時に生まれた子どもたちが成人して子どもを設けた1971年から1974年までを，第二次ベビーブームと呼びます。しかしながらこの時期には（後述する）合計特殊出生率の増加は認められていません。

2　合計特殊出生率

合計特殊出生率（total fertility rate）とは，一人の女性が出産可能年齢（15〜49歳）の間に産む子どもの平均人数を表す人口統計上の指標です。2014（平成26）年の新生児出生数は100万3589人，合計特殊出生率は1.42です。合計特殊出生率は，1970年代に人口を維持するために必要な人口置き換え水準にあたる値の2.08を下回り，その後も低下し続けています。出生率の減少は多くの先進国でも同様に報告されており，その理由として，子どもの死亡率の低下が出生率の低下をもたらしている可能性が指摘されています。発展途上国では今日でも子どもの死亡率は高く，女性は多くの子どもを出産します。寿命の延長は出産の欲求を低下させて出生数の減少を導くという，ある種の生物的メカニズムが存在する可能性が指摘されています。

3　少子化の原因

人口減少に直接影響する要因は合計特殊出生率のほかにも未婚率や初婚年齢，避妊など様々です。中でも日本の少子化の最大の要因は，結婚適齢期の若者が結婚をしなくなったこととされています。30歳台前半の男性の未婚率は1930年代の8.1％から2010年には47.3％へ飛躍的に増加し，30歳台前半の女性の未婚率も1930年代の3.7％から2010年には34.5％へ増加しました。また女性の平均初婚年齢は，1975年から2010年の間に24.7歳から28.8歳へと遅れています。女性の受胎確率が高いのは18〜33歳の15年間である一方で，第一子の平均出産年齢はほぼ30歳であり，それ以前の年齢での出産機会が失われているといえます。

これまでの少子化は出生率の低下が原因だったといえますが，今後は子どもを出産できる女性人口の急激な減少がその原因に変わります。そのため日本の人口減少は一時的な現象ではなく，短期間で好転させることが不可能な状況になっているのです。

（野村信威）

▶3　国立社会保障・人口問題研究所　2012　日本の将来推計人口（平成24年1月推計）

▶4　厚生労働省　2014　平成26年人口動態統計

▶5　Cleland, J. 2001 The effects of improved survival on fertility: A reassessment. In A. B. Rudolfo & B. C. John (Eds.), *Global fertility transition. Population and Development Review Supplement to vol. 27*. New York: Population Council.

▶6　河野稠果　2007　人口学への招待——少子・高齢化はどこまで解明されたか　中央公論新社

▶7　同上書

▶8　同上書

Ⅱ　基礎知識②社会的側面

3　社会の中の高齢者

1　高齢者をとりまく社会的状況

　日本は現在，高齢化の過程を過ぎ，超高齢社会と呼ばれる水準に達しています。このように，だれもが長寿命を達成できる社会を構築できたことは，素晴らしい成果だといえます。また，経済的にみても，65歳になると多くの人は年金を受け取ることができますし，高齢者世帯の約7割が経済的な心配がないとしています[1]。しかし，進みすぎた社会の高齢化は，同時にどのようにして今後訪れるであろう（超）超高齢社会を支えるかという問題を生み出しています。高齢者が受け取る年金には，現役世代が納めている年金が使われていますし，現役世代が将来受け取る年金は，現在よりも低い水準になることがわかっています。また，加齢とともに，慢性病の罹患率が増加し医療費がかかりますし，認知症のリスクも増え，介護が必要な高齢者も増加します。日本の制度では，医療や介護に必要な経費の大部分が税金によって賄われます。そのために，高齢者が受ける経済的恩恵の大部分が，病気が少なく，仕事をしている現役世代によって支えられているという認識が広がっています。また，将来的に現在の年金や医療システムが維持できなくなるのではないかとの疑念もあり，世代間に不公平を生んでいるという議論がなされています。

　日本では高齢者施策に関する老人福祉法が1963年に制定されました。その基本的理念において，高齢者は「多年にわたり社会の進展に寄与してきた者」として定義されています。その理念に基づけば，現役世代が享受している道路，水道，下水道などの社会的なインフラは，高齢者世代の努力の結晶ともいえます。そう考えれば，高齢者世代のための負担も納得できるのではないでしょうか。

▶1　内閣府　平成27年版高齢社会白書　http://www8.cao.go.jp/kourei/whitepaper/w-2015/html/gaiyou/s1_2_2.html

2　社会構造の変化

　高齢者のおかれた状況に大きく影響しているのが，社会構造の変化です。社会構造の変化には，大きく分けると，長寿命化を原因とするものと，家族を中心とした人間関係が変化したことを原因とするものがあります。前者の代表は雇用に関することでしょう。企業労働者の定年退職年齢は，1960年代までは55歳が一般的でしたが，その後1985年には60歳になり，2013年には希望する場合は65歳まで働けるという制度が導入されました。しかし，現実には同じ仕事を

同じ給与水準で65歳まで続けることは難しいですし，医療費や介護保険料等の負担も少なくありません。高齢者の健康状態には大きな個人差があるので，定年退職を廃止することも議論されていますが，高齢者の継続雇用は若者の労働の機会を奪うという側面もあり，世代間の軋轢を生むという懸念もあります。

人間関係も大きく変化しています。もっとも顕著なのが，家族構成の変化です。1980年以降の国勢調査によると，3世代同居の家族が大幅に減少し，夫婦だけの世帯と，独居世帯が増加しています。このように日本では，それまで高齢者を支えてきた親族のサポートが減少しているのです。祖父母と同居するということは，嫁姑問題に代表されるような人間関係の軋轢を生みます。一方で，老いや死を身近に経験できる機会にもなりますし，敬老精神や弱者に対する援助の精神を育むことにもつながるという利点があります。希薄になりがちな世代間の交流をいかにして維持するかが課題とされます。

「向こう三軒両隣」という言葉を知っているでしょうか。日常的に交流する近隣住民のことを意味しています。以前は近隣住民が日常的に交流することが当たり前でしたが，近年は，地域における人間関係が希薄になっています。都市部においては，とくに独居高齢者が増加しており，近隣住民との交流がないために，死後しばらく発見されない，「孤独死」と呼ばれるケースが問題となっています。実際に独居高齢者の4割以上が孤独死を意識するようです。▶2

3 期待される高齢者

先に紹介した老人福祉法では，高齢者は豊富な知識と経験を有する者であり，敬愛の対象であるとされています。また同時に，心身の健康を保持するように努め，知識と経験を活用して，社会活動に参加することも求められています。現在，高齢者が社会的活動をし，貢献している例はすでに多く存在します。農業生産人口のうち，64％は高齢者で，平均年齢は67歳です。すでに高齢者は農業の担い手として中心的な役割を担っています。近年は，ファーストフード店等でも高齢者を働き手として雇用するようになってきています。

地域社会においては，自治体の予算減少に伴い，これまで自治体が提供してきたサービスを，住民が中心となって運営することが求められています。地域には，経済的に余裕があり給与労働を必要としない健康な高齢者も存在しています。一方で，同じ地域には，援助が必要な高齢者も少なからず存在しています。直接介護の担い手とならなくても，生活支援が必要な高齢者への支援や，子育てに悩む世代への支援，町の美化や巡回，孤立した独居者の見守り等，高齢者が地域社会で貢献できる役割は多くあります。それらの活動へ参加することが，世代間の軋轢や希薄になった人間関係を補うだけでなく，高齢者自身の生きがいにつながるのではないかと期待されています。

（権藤恭之）

▶2 内閣府 平成27年版高齢社会白書 http://www8.cao.go.jp/kourei/whitepaper/w-2015/html/gaiyou/s1_2_6.html

参考文献

総務省 2014 統計トピックス No.84：統計からみた我が国の高齢者（65歳以上）──「敬老の日」にちなんで http://www.stat.go.jp/data/topics/topi840.htm

内閣府 平成23年度 高齢者の経済生活に関する意識調査

内閣府 平成20年度 高齢者の地域社会への参加に関する意識調査

内閣府 平成21年度 高齢者の地域におけるライフスタイルに関する調査結果 http://www8.cao.go.jp/kourei/ishiki/h21/kenkyu/zentai/

農林水産省 農林水産基本データ集 http://www.maff.go.jp/j/tokei/sihyo/

Ⅱ 基礎知識②社会的側面

 エイジズム

1 エイジズムとは

エイジズム（ageism）という概念は，1969年にアメリカ国立老化研究所の所長だったバトラー（Butler, R. N.）によってはじめて使われました[1]。エイジズムとは「高齢であることを理由に人々を系統的にステレオタイプ化して差別するプロセス」[2]だとされています。今日の社会には3つの重大な差別があり，そのうちの人種差別（racism）は1950年代以降の公民権運動をもたらし，また性差別（sexism）に対してはフェミニズムや幾度もの女性解放運動などにより差別解消のための社会的運動が展開されました。しかしながら，第3の差別であるエイジズムに対する（従来の）社会的関心はけっして高くはありませんでした。

パルモア（Palmore, E. B.）はエイジズムについての包括的な研究に取り組み，今日のアメリカ社会においても多くの人々は高齢者に対する様々な偏見をもっていることを明らかにしました[3]。それらは，高齢者の多くは老人ホームで暮らしており，生活上の変化に適応できず，退屈で孤独な生活を送っており，いらいらして怒りっぽく，犯罪の被害者になりやすいといったものです。こうした偏見や差別がある一方で，いわゆる「肯定的エイジズム」と呼ぶべき，高齢者をサポートする立場からの偏見も存在することをパルモアは指摘しました。たとえば「高齢者の大半は経験が豊かで分別がある」といった観念がこれにあたります。

エイジズムを促進させる要因は，彼らに対する（肯定的あるいは否定的な）態度と固定観念だと見なすことができます。そのうちの態度は人々の感情的な側面であり，固定観念は知識や認知的側面にあたるものです。また，パルモアは後者の固定観念について，病気（高齢者は総じて病気がちである），性的不能（大部分の高齢者には性的欲求がない），醜さ（高齢者は醜い），知能の衰え（学習・記憶能力は中年以降に衰え始める），精神病（高齢者の多くはぼけている），役立たず（高齢者は仕事を続けることができない），孤立（高齢者の大半は社会的に孤立している），貧困（大部分の高齢者は貧しい），鬱（高齢者の大部分はほとんどいつもみじめな思いをしている）の9つに分類しています[4]。

2 加齢の事実についてのクイズ

このようなステレオタイプの固定観念を人々がもっている程度を測定するために「高齢者についての知識度クイズ（The Facts on Aging Quiz：FAQ）」[5]をパ

▷1 Butler, R. 1969 Age-Ism: Another form of bigotry. *The Gerontologist*, 9(4), 243-246.

▷2 Butler, R. 1995 Ageism. In G. Maddox (Ed.), *The encyclopedia of aging* (2nd ed.). New York: Springer.

▷3 Palmore, E. B. 1999 *Ageism: Negative and positive* (2nd ed.). New York: Springer.

▷4 同上書

▷5 Palmore, E. B. 1998 *The facts on aging quiz* (2nd ed.). New York: Springer.（パルモア, E. B. 鈴木研一（訳）2002 エイジズム――高齢者差別の実相と克服の展望 明石書店）

> **表2.4.1　高齢者についての知識度クイズ　The Facts on Aging Quiz（Part 1）**

> 1　高齢者（65歳以上）の大多数はぼけている（記憶力が衰え，周囲の人や出来事・時間などの正しい判断ができなくなり，痴呆になっている）。
> 2　高齢になると五感（視覚，聴覚，味覚，触覚，嗅覚）のすべてが衰えがちになる。
> 3　大多数の高齢者は性行為に関心がないか，性的不能である。
> 4　高齢になるにつれ，肺活量は低下する傾向がある。
> 5　高齢者の大多数はほとんどいつも惨めだと感じている。
> 6　体力は高齢になると衰えがちである。
> 7　高齢者の10人に1人以上が長期ケア施設（ナーシングホーム，精神病院，老人ホームなど）で暮らしている。
> 8　高齢のドライバーが事故を起こす割合は65歳未満のドライバーより低い。
> 9　中高年労働者は一般に若い労働者より仕事の能率が劣る。
> 10　高齢者の4人に3人以上は人の手を借りなくても普通の活動をこなせるほど健康である。
> 11　高齢者の大多数は変化に適応できない。
> 12　高齢者は一般に新しいことを習うのに若い人より時間がかかる。
> 13　高齢者は若い人より鬱状態になりやすい。
> 14　高齢者は若い人より反応が遅い。
> 15　総じて，高齢者は似たり寄ったりである。
> 16　高齢者の大多数は退屈など滅多にしない。
> 17　高齢者の大多数は社会的に孤立している。
> 18　中高年労働者は若い労働者より事故に遭う率が低い。
> 19　今では人口の20％以上が65歳以上である。
> 20　医療従事者の大半は高齢者を後回しにする傾向がある。
> 21　大多数の高齢者の所得は貧困ライン（政府の規定による）以下である。
> 22　高齢者のほとんどは何らかの仕事をしているか，したいと思っている（家事やボランティア活動を含め）。
> 23　高齢者は年とともに信心深くなる。
> 24　大多数の高齢者は，自分は苛立ったり，怒ったりすることは滅多にないと言う。
> 25　高齢者の健康状態と経済的地位は2010年には（若い人々と比べて）ほぼ同じか悪化しているだろう。
> （クイズの正解：奇数項目はすべて誤り，偶数項目はすべて正しい。ただし刊行時のアメリカでのデータに基づくため，項目19は日本では正解になる。）

出所：：Palmore, 1998/2002

ルモアは作成しました（表2.4.1参照）。それぞれの項目について正しいか間違いかを判断して回答します。FAQ は高齢者についての正しい知識だけでなく，高齢者への肯定的または否定的な偏見の程度を測定することが可能であり，人々の加齢についての知識を尋ねる標準的なテストとされています。パルモアは平均的な大学生でもクイズのおよそ3分の1の項目で不正解になると報告しています[6]。

　また，欧米諸国との比較のために日本で行われた柴田・長田による調査からは，日本人の誤答率はアメリカ人よりも高く，日本人は欧米よりも否定的な高齢者のイメージをもっていることが報告されました[7]。

　我々の社会で今なお優勢なエイジズムを低減させるためには，人種差別や性差別をなくすために有効な方法のいくつかを利用することが可能であり，それは個人的行動と組織的行動に分けることができるとパルモアは指摘しています[8]。なかでも人々が高齢者についての正しい知識を共有することができるように，マスメディアや政府機関などがそうした情報を積極的に発信すること，そして様々な領域の研究者が加齢についての実態を明らかにするとともに，高齢者の寿命を延ばし，健康や幸福感を高める手段について検討を重ねることはエイジズムの低減に寄与するといえるでしょう[9]。

（野村信威）

[6] 同上書

[7] 柴田博・長田久雄（編）2003 老いのこころを知る　ぎょうせい

[8] Palmore 1998 前掲書

[9] Palmore 1998 前掲書

Ⅱ 基礎知識②社会的側面

高齢者のイメージと生活

1 社会の中の高齢者のイメージ

「高齢者」という言葉から，みなさんはどんな高齢者像をイメージするでしょうか？あたたかい，優しいといったポジティヴなイメージを抱く人もいれば，頭が固い，弱っているといったネガティヴなイメージを抱く人もいるでしょう。

高齢者のイメージに関する研究では，若い人と比べて高齢者に対して否定的なイメージを抱く場合が多いことが示されてきました[1]。この否定的なイメージは，「老い」を加齢とともに心身の能力が急速に劣化する，喪失のイメージと強く結びつくものとして捉えてきた社会的な背景があると考えられます。衰退や喪失，病気や介護といった高齢期のネガティヴな側面は，インパクトが大きくはっきりと見てとれる現象であるため，誇張されやすく，誤った固定的なイメージに結びつきやすいのです。しかし，近年高齢者人口が増加するに伴い，社会の中で元気な高齢者が活躍し，社会の中にある「老い」のネガティヴなイメージは少しずつ変化しています。かつては「支えられる」側とみなされていた高齢者が，社会を支える一員として重要な役割を担っていることが，新しい高齢者イメージの形成につながっているのです。

2 高齢者に対する態度の研究

しかし，いったん固定された高齢者イメージを正しい現実の姿へと近づけ，その歪みを正していくことは簡単ではありません。その原因の一つには，高齢者イメージに，意識的にコントロールできない部分が含まれていることが挙げられます。意識的にコントロールできるイメージや態度を顕在的態度，意識的にコントロールできない，無意識のうちに抱いているイメージや態度を潜在的態度といいます。高齢者に対する態度研究では，おもにこの2側面からの研究が行われてきました。

●顕在的態度の研究

高齢者に対する顕在的態度は，自己報告によって測定されるものであり，おもに質問紙などを用いて調査が行われます。調査参加者はある文章を読み，それに自分自身が当てはまるかどうかを，意識的に考えて判断，回答します。この場合，自分の回答を意識的に変えることができるため，たとえばネガティヴ

[1] Kite, M. E., & Johnson, B. T. 1988 Attitudes toward older and younger adults: A meta-analysis. *Psychology and Aging*, 3(3), 233-244.

なイメージや偏見といった社会的に望ましくない態度を隠すことができます。そのため，とくに社会的な圧力がかかる場合には，その人が本当に抱いている態度やイメージを測定することができません。こうした問題を避けるために，潜在的態度の測定方法が開発されました。

◯潜在的態度の研究

高齢者に対する潜在的態度の測定方法の一つとして，潜在的連合テスト（Implicit Association Test：IAT）があります[2]。このテストは，2種類の分類課題を組み合わせて反応時間を測定し，その連合の強さを比較するというものです。たとえば，テストの刺激人物を若者と高齢者のいずれかに分類するという課題と，刺激語を「快」と「不快」のいずれかに分類するという課題を組み合わせる方法があります。高齢者に対する潜在的態度が若者に対するものと比べてよりネガティヴである人の場合は，「若者―快」「高齢者―不快」という組み合わせの課題の方が，「若者―不快」「高齢者―快」という組み合わせの課題よりも反応時間が短いとされます。このような高齢者に対する潜在的態度の研究では，若者に対する態度と比較して，より否定的な態度が報告されています。こうした高齢者に対する否定的な潜在的態度は，人種に対する差別や，性別に対する差別と比べてより強いということも明らかになっています[3]。

高齢者に対する顕在的態度と潜在的態度の関係については一貫した結果が得られておらず，両者の傾向が一致するという報告もあれば，乖離しているという報告もあります[4]。いずれにしても，2つの側面からの態度が独立して，あるいは影響し合って，高齢者イメージや高齢者に対する行動に影響していると考えられます。

3 高齢者の生活に影響する高齢者イメージ

高齢者のイメージは高齢者を取り巻く人々の行動に影響を与えますが，さらに重要なのは，周囲の高齢者イメージが高齢者自身の行動や生活に影響を与える可能性があるということです。年齢や顔の特徴といった高齢者と関連づけられる手がかりは，高齢者に関連する態度やイメージを活性化させ，それが高齢者に対する発話行動などに影響します。そして高齢者に対する行動が，そうした行動に反応する際の，高齢者自身の行動に影響します。そうするとさらに，高齢者の行動を手がかりに，高齢者に関連する態度やイメージが形成されていきます[5]。このように，高齢者を取り巻く周囲の人々との相互作用を繰り返して，高齢者イメージが高齢者の行動に影響を及ぼします。高齢者とのかかわりや高齢期に関する教育により高齢者を正しく理解することが，高齢者についての周囲の偏ったイメージを改善し，高齢者の生活にとってもポジティヴな影響を及ぼすと考えられます。

（田渕　恵）

▶2 Greenwald, A. G., McGhee, D.E., & Schwarz, J. L. K. 1998 Measuring individual differences in implicit cognition: The implicit association test. *Journal of Personality and Social Psychology*, **74**（6）, 1464-1480.

▶3 Nosek, B. A., Banaji, M. R., & Greenwald, A. G. 2002 Harvesting implicit group attitudes and beliefs from a demonstration web site. *Theory, Research, and Practice*, **6**（1）, 101-115.

▶4 Nosek, B. A., Greenwald, A. G., & Banaji, M. R. 2007 Implicit Association Test at age 7: A methodological and conceptual review. In J. A. Bargh (Ed.), *Automatic processes in social thinking and behavior*. Psychological Press. pp.265-292.

▶5 Birren, J. E., & Schaie. K. W. (Eds.) 2006 *Handbook of the psychology of aging* (6th ed.). Burlington, MA：Elsevier.

Ⅲ　基礎理論①社会学的加齢理論

生涯発達と老い

1 生涯発達心理学の成立

　近年の心理学では生涯発達という言葉が用いられるようになりました。従来，発達プロセスは，成長の著しい，いわゆる乳児期や児童期，青年期を対象として捉えることが主流でした。しかし，発達を，成長というポジティヴな側面だけではなく，減退，衰弱というようなネガティヴな側面をも含む多様な「変化」と考えると，その対象は幅広いものになります。

　成人期以降の研究を発達心理学に位置づけて，「生涯発達心理学（life-span developmental psychology）」を提唱するため，バルテス（Baltes, P. B.）は，同僚のゴーレット（Goulet, L. R.）とともに，1969年，「生涯発達心理学に関するウェスト・バージニア会議」を開催しました。予想されたとおり，その会議では，従来の青年期までを発達心理学の対象とする研究者からは，成人期以降にまで「発達」という概念を拡大することへの疑念が呈せられました。老いと発達は対立する概念だというのです。これは，人々の一般的な考え方と共通しています。つまり，成長・発達が終了した後に老化が始まる，という考え方です。

　しかし，バルテスの唱える「発達」は，それとは異なりました。成長と老化は同時に生じており，発達とはその両者を含む概念である，と定義したのです。また，児童・青年の心理特性は，成人期や老年期との比較によってその独自性が明らかになるのであり，青年期以前に関する心理学であっても，全生涯とのかかわりを前提として成立する，ということを強調しました。

　「受胎から死」までを対象とする生涯発達心理学は，徐々に心理学界で受け入れられるようになってきました。現在では，少なくとも心理学においては，老いも人間発達の一側面と考えられるようになっています。

2 老いと発達

　老いを表す英語 aging〔米〕（ageing〔英〕）を「加齢」と訳すことが多くなりました。これは，従来，aging の訳語として用いられてきた「老化」が，もっぱら衰退や機能低下を示す概念として使われてきたからです。それに対して「加齢」は，たんに年齢を加えるという意味的に中立的な言葉として使用されています。「加齢」という言葉を使うことによって，aging の側面として，たしかに衰えていく部分はあるが，それと同時に歳を取ればこそのポジティヴな

▷1 Goulet, L. R., & Baltes, P. B. (Eds.) 1970 *Lifespan developmental psychology: Research and theory.* New York: Academic Press.

▷2　心身二元論
心を身体とは切り離して考えること。デカルト（Descartes, R.）は，自由意志をもつ精神と，機械的運動を行う身体とを，それぞれ独立した実体と考えた。心身問題における一つの解答として，科学の発展に寄与した。老年学研究においては，心身二元論的に研究が行われると同時に，両者を統合的に捉えようとする学際的な視点が重要と考えられている。

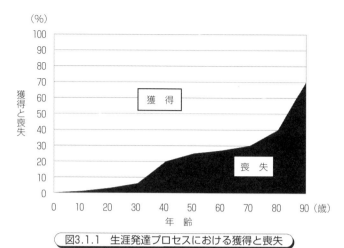

図3.1.1 生涯発達プロセスにおける獲得と喪失

出所：Baltes, 1987およびBaltes & Baltes, 1990を参考に作成

側面もありうるということを暗に示しているといえるでしょう。

しかし、英語のagingに対する語感は、やはり日本語の「老化」に近いようです。なぜなら、agingはgrowth「成長」と対比的に用いられる言葉であり、しかも、growthは、第一義的にはbiological growth「生物学的成長」を表しています。したがって、それに対するagingもbiological aging「生物学的老化」を意味するからです。一方、西欧的心身二元論に従えば、biological growthに対する精神的側面はmental development「精神発達」ということになります。この対比は、「成長」が遺伝規定性の強い側面を意味するのに対して、「発達」は学習効果の大きい側面を示すと言い換えることができるでしょう。学習は生涯にわたって行われ続けます。したがって、精神面の加齢に伴う変化については、精神発達の継続は生涯のプロセスであると考えられるようになりました。

バルテスは、そもそも発生学的にみれば、成長と老化は表裏一体の現象であると述べています。成長とは生物学的形態上の何らかの新たな「獲得」を示しており、新たな形態面の獲得があれば、同時にそこには「喪失」が生じる。これが老化です。獲得と喪失による交代現象は、発生学的には出生時からすでに生じています。ただ、両者の比率は加齢に伴って変化するので、喪失の比率が高くなる高齢期には、老化現象が顕著になるのです（図3.1.1）。

精神的加齢変化は、生涯を通じてなされる生物学的な獲得と喪失を背景として、環境との相互作用による学習を通じて実現されます。時間経過に伴って人を取り巻く環境も同時に変化するので、精神的加齢変化はたんなる量的変化としてのみ扱うことはできません。獲得と喪失を繰り返しながら統合的な主体として人は老いてゆくのです。このような考え方を強調する「生涯発達」は、したがって、生物学的な成長と老化とともに精神面の加齢変化をも同時に把握しようとする統合的な概念といえます。

（佐藤眞一）

▶3 佐藤眞一 2007 生涯発達とその研究法 谷口幸一・佐藤眞一（編著）エイジング心理学 北大路書房 pp.19-35.

▶4 発生学
古くは受精卵における胚の発生プロセスに関する研究分野であったが、近年は遺伝学、分子生物学、細胞生物学等の手法を取り入れることによって研究の範囲が広がり、発生生物学（developmental biology）と呼ばれるようになった。生物の発生過程では、老化ははじめから成長とともに存在すると規定される。

▶5 Baltes, P. B. 1987 Theoretical propositions of life-span developmental psychology: On the dynamics between growth and decline. *Developmental Psychology,* **23**(5), 611-626.

参考文献

Baltes, P. B., & Baltes, M. M. 1990 Psychological perspectives on successful aging: The model of selective optimization with compensation. In P. B. Baltes & M. M. Baltes (Eds.), *Successful aging: Perspectives from the behavioral sciences.* Cambridge: Cambridge University Press.

Ⅲ　基礎理論①社会学的加齢理論

2　活動理論と離脱理論

1　高齢者にとってもっとも幸せな生き方とは

　高齢者にとってもっとも幸せな生き方というのはどのようなものでしょうか。この問いに対する答えを模索するために，老年学の分野では，古くから議論が展開されてきました。その代表的なものが，1960～70年代に行われた「活動理論（activity theory）」と「離脱理論（disengagement theory）」の論争です。ここでは，この2つの理論を概説し，議論の展開を追います。

2　活動理論

　活動理論を端的に表現すると，引退したあとも，社会との関係を保ち，日々積極的に何らかの活動をすることが高齢者にとって幸せなことだという考え方です。活動の種類は問いません。学習活動，ボランティア活動，仕事など，何でもかまわないので，他者と接触することが大切だと考えるものです。

　この考え方を理論的に体系化したのは，レモン（Lemon, B. W.）らです。レモンらの活動理論では，象徴的相互作用論（symbolic interactionism）から役割喪失（role loss），役割支持（role support），自己概念（self-concept）といった用語を借用することで，社会活動が個人の幸福感にポジティブな影響を与えるメカニズムが提案されています。それによると，高齢期においても社会的役割が維持されるならば，他者との関係の中で自身の役割に肯定的評価が得られやすく，肯定的自己概念の維持ができるため，生活満足度を高く保つことができます（図3.2.1）。すなわち，自身の役割に対して肯定的になることができれば，幸福感が促進されるということです。レモンらが活動理論を発表した当時は，研究上の技術的問題から実証することのできない理論とされていましたが，近年では，役割に付随する自己概念としての役割アイデンティティが尺度化され，幸福感との関係が実証されるなど，活動理論の枠組みを基礎とした研究が進展し，社会が個人の幸福に与える影響のメカニズムが検討されています。

　レモンらの活動理論が発表される以前も，社会活動を行っている方が幸せだという漠然とした考え方を表す用語として，活動理論という用語が扱われることもありました。しかし，理論として体系的に論じられていたというよりも，当時のアメリカの中産階級的価値観そのものであったともいわれています。そのため，次に述べる離脱理論との対比として用いられてきた言葉という印象が

▷1　Lemon, B. W., Bengston, V. L., & Peterson, J. A. 1972 An exploration of the activity theory of aging. Journal of Gerontology, 27(4), 511-523.
▷2　象徴的相互作用論は，社会と個人の相互作用を説明する社会学や社会心理学の様々な理論のメタ理論であり，以下の文献で解説されている。
Mead, G. H. 1934 Mind, self and society : From the standpoint of a social behaviorist. University of Chicago Press.
Blumer, H. 1969 Symbolic Interactionism : Perspective and Method. New Jersey : Englewood Cliffs.
▷3　中原純　2014　シルバー人材センターにおける活動が生活満足度に与える影響——活動理論（activity theory of aging）の検証　社会心理学研究，29(3), 180-186.

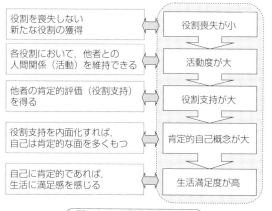

図3.2.1 活動理論の体系

出所：古谷野亘 2003 幸福な老いの研究 古谷野亘・安藤孝敏（編）新社会老年学 ワールドプランニング pp.141-153を参考に記述・作成

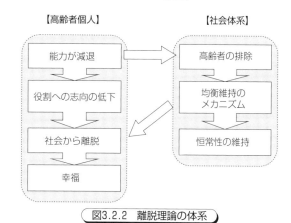

図3.2.2 離脱理論の体系

出所：古谷野, 2003を参考に記述・作成

強いかもしれません。

3 離脱理論

　離脱理論を端的に表現すると、「老化に伴う能力の衰え、健康状態の悪化は避けることのできないもので、そのような状態でこれまでの社会的関係を維持していると、自身の衰えに必要以上に気づいてしまう。そのため、自尊感情は傷つき、幸福とは程遠い状態に陥ってしまう」と考え、それならば、社会から離脱して悠々自適な生活を送ることこそ幸せなことだと考えるものです。

　離脱理論はカミング（Cumming, E.）とヘンリー（Henry, W. E.）によって体系化されました（図3.2.2）。この理論は、不可避的な生理的老化と幸福感とのバランスをとるためには、社会から離脱することが高齢期において幸福なことであるという個人の視点からの説明に加えて、社会体系の側からも説明されています。それは、社会体系の中では、生産的な場における活動の担い手を能力の低下した高齢者から若者にシフトさせ、それまでの社会秩序を維持させようとする均衡維持のメカニズムが働くというものです。この2つの観点から、高齢者の離脱は、高齢者個人にとっても社会にとっても、幸福なことであると考えられたのです。

　離脱理論が提唱されて以降、活動理論と離脱理論のどちらが高齢期の幸福を表現するのに妥当な理論であるのかという、二者択一の議論が展開されましたが、どちらが正しいかという命題に対する回答が出ることはありませんでした。そのもっとも大きな理由としては、高齢期という年齢幅の広さについての認識や老いというものの多様性について考慮されない議論に終始してしまったためといわれています。そして、現在では、高齢者の多様性に気づいたことこそ、この論争のもっとも重要な結論だと考えられています。

（中原　純）

▶4　Cumming, E., & Henry, W. E. 1961 *Growing old : The process of disengagement.* New York : Basic Books.

▶5　高橋正人 2000 老いの心理・社会的学説 井上勝也・大川一郎（編集代表）高齢者の「こころ」事典 中央法規出版 pp. 6-7.

Ⅲ 基礎理論①社会学的加齢理論

3 継続性理論

1 継続性理論とは

　仮にあなたが60代を迎え，高齢者となったとき，それまでの生活を急に改めることが可能でしょうか。この質問に多くの人は「否」と答えるはずです。人間はそう簡単に変わることはできません。まして，高齢者は，60年という長い期間で自分自身が形成されてきているわけですから，高齢者になったというだけで急に変化させることなど，簡単にできようはずがありません。このことを，サクセスフルエイジングの理論として提案しようとする一連の研究が，継続性理論（continuity theory）と呼ばれます。

　この理論は，活動理論と離脱理論の論争の中から，おもに活動理論の提唱者によって生みだされたものです。考え方の中心は，成人期以降のパーソナリティは安定的であることを根拠に，中高年者は高齢期の様々な変化に適応する際に，過去の生活や行動様式に従って適応を試みるというものです。近年，縦断研究においても，中年期から高齢期にかけてのパーソナリティは安定している（変化しない）傾向が実証されており，高齢期の適応を考える場合に，重要な視点の一つだと思われます。

　しかし，実際，高齢者は退職や死別などの大きなライフイベントを経験する中で，物理的な意味での生活の継続というのはできません。定年退職後の高齢者が退職前と同様な仕事に就くことなどは稀なケースでしょう。継続をこのように考えますと，ほとんどの高齢者にとって，継続性理論は成り立たないことになります。アチュリー（Atchley, R. C.）は，この点について，継続性は同一性とは異なり，物理的に同じというわけではなく，個人の内的構造と外的構造を維持しつつ，正常な加齢（normal aging）とともに生じる様々な変化に対処していくことと定めています。内的構造と外的構造を維持するとはどういうことでしょうか。以下ではこのアチュリーの提唱する継続性について説明します。

2 2種類の継続性

　継続性には，内的継続性（internal continuity）と外的継続性（external continuity）の2種類があります。

◯内的継続性

　内的継続性とは，内的構造に関する継続性で，自己（self）やアイデンティティ

▷1 Ⅲ-5，Ⅳ-1参照。

▷2 Ⅲ-2参照。

▷3 ⅩⅨ-1参照。

▷4 ⅩⅢ-4参照。

▷5 Atchley, R. C. 1989 A continuity theory of normal aging. *The Gerontologist*, **29**(2), 183-190.

(identity)と深くかかわる概念です。内的構造とは，自分自身の様々な特徴（考え，価値観，好み，気質など）が人生を通して構造化されてきたものですが，自分自身が知っている自分に関する知識ですので，自己概念の心理的な側面の集合体と言い換えられるかもしれません。そして，この内的構造を維持するために，様々な加齢に伴う物理的変化を解釈したり，次の行動を選択したり，時には現在の自分自身の置かれた状況と整合性がとれるように自身の過去を再解釈することで，内的継続性を達成します。たとえば，過去にはつらいだけだと思っていた出来事をあらためて振り返った際に，今の生活に大変役に立つ貴重な経験だったと思いなおすことがあると思います。このプロセスが，継続性理論では，個人が内的継続性に向けて動機づけられ，継続性が達成された結果であると解釈します。

○外的継続性

外的継続性とは，技術，活動，環境，役割，社会関係などの外的構造に関する継続性です。先述したように，継続性理論で述べられる継続とは，全ての外的な要素を物理的に継続するというものではなく，得意な技術を発揮し，好きな環境の中で生活し，親しい友人とかかわることで，高齢者は外的継続性を実現すると考えます。引退後も得意な技術を発揮するためには，経験や熟練は必要です。高齢者は経験や熟練を外的継続性のための戦略として用いると，アチュリーは述べています。また，この考え方では，仕事からの引退や親しい人との死別などは，それまでの状況を物理的に継続することは不可能にしますが，役割要求から解放されると捉えれば，自由に自身の日々の生活を送ることができるようになるという見方もできます。その自由な時間を得意であること，好んでいることに費やすことで，高齢者は外的継続性を維持できると考えるわけです。自分自身にとってポジティヴなものを選択するわけですから，加齢に伴う様々な変化に対して適応的な概念です。

以上をまとめますと，過去から現在，そして未来へという時間の流れの中で生じる外的構造や内的構造の変化を，一貫したものとして構成しなおすことで，継続性が達成されると考えられます。

3 継続性理論の発展

近年の研究では，高齢期の生き方はそれ以前の生き方と認識レベルでは継続的であることが示されるなど，この理論の妥当性が主張されています。しかし，一方で，アチュリー自身も指摘するように，継続性理論の枠組みでは，適応のプロセスに関する議論や実証が不足しているようにも思われ，この理論のみからサクセスフルエイジングを考えることは，現時点では難しいように考えられます。そのため，継続性理論ではブラックボックスとなっている適応のプロセスを考えるための枠組みとして，近年，選択最適化補償理論（SOC理論）や老年的超越理論を併せて解釈する試みがみられます。　　　　（中原　純）

▶6　アチュリー自身も述べるように，基本的に多くの人は継続性を保つための能力をもっているとされる。この能力が何らかの原因により障害される場合，継続性を保つことができず，不適応になると解釈できるだろう。

▶7　中原純・藤田綾子 2009　都市部前期高齢者の向老期と現在の生き方の継続性——認識レベルによる横断的検討　厚生の指標，**56**(4), 35-39.

▶8　中原純・藤田綾子 2007　向老期世代の現在の生き方と高齢期に望む生き方の関係　老年社会科学，**29**(1), 30-36.

▶9　Ⅳ-2　参照。

▶10　Ⅳ-3　参照。

▶11　たとえば，以下の文献では引退後の適応プロセスについて，活動理論，継続性理論，SOC理論から解釈を試みている。
Pushkar, D., Chaikelson, J., Conway, M., Etezadi, J., Giannopoulus, C., Li, K., & Weosch, C. 2010 Testing continuity and activity variables as predictors of positive and negative affect in retirement. *The Journals of Gerontology, Series B: Psychological Sciences and Social Sciences*, **65**(1), 42-49.

Ⅲ 基礎理論①社会学的加齢理論

プロダクティブエイジング

1 プロダクティブエイジングの誕生

　1970年代から1980年代のアメリカ社会では，60，70代になっても，50代のときのように健康で活動可能な人が増加してきました。そのため，生活全般が「余暇」のような生活では満足せず，退職後に余暇や家族サービス以外の役割に興味を示すようになりました。ところが，当時のアメリカ社会では高齢者は弱く，役に立たない存在というステレオタイプ，つまり年齢差別（エイジズム）が存在し，高齢者が社会的役割を得ようとするには障害が大きかったのです。そこで，このような年齢差別に対抗するためのスローガンとしてバトラー（Butler, R. N.）が提唱した考え方がプロダクティブエイジング（Productive Aging）で，これは社会的役割を担うような高齢期の生き方を表現する言葉です。

2 プロダクティブエイジングの意味

　プロダクティブエイジングを直訳すると「生産的老後（老い）」となりますが，この訳はプロダクティブエイジングが本来もっている意味の一部しか表現できていません。それは，「プロダクティブ」を「生産」という意味のみで捉えると，この言葉は経済的価値と強く結びつき，収入のある仕事を行う場合を強調してしまうためです。これでは，経済的価値を生まない人間を排除する類の差別とほぼ同義となってしまい，プロダクティブエイジングが本来意図した年齢差別の払拭にはつながりません。

　そこで，バトラーや後続の研究者たちは「プロダクティブ」の意味に関して明確にするために，プロダクティブエイジングを具体化する上で重要な概念であったプロダクティブアクティビティ（Productive Activity）の定義についての様々な議論を重ねました。その結果，「収入のあるなしによらず，社会的に価値のあるモノやサービスを生産する活動」という一つの代表的な定義が導き出されました。具体的な活動としては，有償労働，ボランティア活動，介護，家事，庭仕事，子どものケアなどが挙げられ，経済的な対価の有無は問わず，誰かのためになる活動，社会に貢献する活動は全てプロダクティブアクティビティに含まれます。また，上記定義の枠外にはなりますが，将来的には社会的貢献を目指した学習活動もプロダクティブアクティビティに含むべきであるとする考え方もあります。このようなプロダクティブアクティビティを行ってい

▷1　Ⅱ-4 参照。
▷2　同時期に行われていた活動理論と離脱理論の論争こそが，高齢者を活動か離脱のどちらかにまとめようとする意味で，年齢差別そのものである。Ⅲ-2 参照。
▷3　Caro, F. G., Bass, S. A., & Chen, Y. 1993 Introduction: Achieving a productive aging society. In F. G. Caro, S. A. Bass & Y. Chen (Eds.), *Achieving a productive aging society*. Connecticut・London: Auburn House Westport. pp. 3-26.
▷4　Butler, R. N. 1975 *Why survive?: Being old in America*. Happer & Row.
▷5　Burr, J. A., Mutchler, J. E., & Caro, F. G. 2007 Productive activity clusters among middle-aged and older adults: Intersecting forms and time commitment. *The Journals of Gerontology, Series B: Psychological Sciences and Social Sciences*, **62**(4), S267-275.
▷6　Caro et al. 前掲書

る高齢者を，プロダクティブエイジングを実現している人と言い換えることができるでしょう。

さらに藤田は，高齢者のもつ多様性に焦点を当て，従来の高齢者の生き方では捉えられないものまでを含むという意味で，プロダクティブエイジングを「創造的老い」と訳しました。[7] 日本社会においても，まだまだ元気な多くの団塊の世代が定年退職などを経て高齢者となる中で，プロダクティブエイジングは，元気な高齢者の多様な生き方を受け入れる社会システムの構築を求めるスローガンとしても重要なものと考えられます。

3 プロダクティブエイジングの心理学的展開

プロダクティブエイジングは，全ての高齢者にとっての理想の高齢期を表現しているわけではないことに注意を払う必要はありますが，少なくとも社会的貢献に意欲があり，健康状態などが良好な高齢者にとっては，プロダクティブエイジングの実現がもっともサクセスフルだと思われます。実際，高齢者自身が望んだ上で，プロダクティブアクティビティの代表とされるボランティア活動を行うと，様々な心理的側面に良好な影響があること（たとえば，抑うつの低減，生活満足度の向上，主観的幸福感の向上）もわかっています。[8]

では，なぜプロダクティブアクティビティは高齢者の心理的側面に良好な影響を与えるのでしょうか。これに関してはおもに2種類の考え方があります。

1点目は，ソーシャルネットワークやソーシャルサポートの観点です。プロダクティブアクティビティは，多くの場合，組織として活動を行うものです。そこでは新たな人間関係を構築することができます。高齢者自身に何らかの問題が生じたとき，活動を通して得た仲間から様々なサポートを得ることで，心身ともに良好な状態が維持できると考えられます。また，ソーシャルサポートの受け手ではなく，活動の中ではサポートを供給する立場になります。これにより，自身の価値を再認識することができ，それによって自尊感情などを良好に維持しているとも考えられます。[11]

2点目は，役割という観点です。高齢期は一般的に役割の喪失期とされます。役割の喪失に対して，プロダクティブアクティビティは役割の獲得の機会と考えられるため，役割を喪失することによるネガティヴな影響を緩衝できると考えられます。この観点は，伝統的には活動理論の中で議論されるもので，[12] 役割を通して良好な自己概念を維持することができるため，幸福感を保つことができると考えられます。

しかし，これらの研究結果は，自発的で，かつ，いつでもやめることのできる活動の影響を扱ったものが多く，有償労働や介護などの活動が（たとえ望んで行っていたとしても），心理的側面に良好な影響を与えるかどうかは未解明の部分があり，今後の課題といえるでしょう。

(中原　純)

▷7　藤田綾子　2007　超高齢社会は高齢者が支える　大阪大学出版会

▷8　XI-4 参照。

▷9　XIV-1 参照。
▷10　XV-1, XV-2 参照。

▷11　Lum, T. Y., & Lightfoot, E. 2005 The effects of volunteering on the physical and mental health of older people. *Rsearch on Aging*, **27**(1), 31-55.

▷12　III-2 参照。

Ⅲ 基礎理論①社会学的加齢理論

5 医学・社会学的サクセスフルエイジング

1 サクセスフルエイジングとは

「サクセスフルエイジング（Successful Aging）」という言葉は，我が国では「幸福な老い」と訳され，老年学の枠組みの中で重要なキーワードとなってきました。しかし，「幸福」という言葉の曖昧性から，領域によってサクセスフルエイジング（幸福な老い）についての考え方が異なります。そのため，ここではとくに重要なサクセスフルエイジングの医学モデルと社会学モデルを紹介します。

▷1 心理学的サクセスフルエイジングについては Ⅳ-1 参照。

2 医学的サクセスフルエイジング

医学の領域で高齢者の幸福を論ずるとき，もっとも重要なのは長寿です。まず，長く生きることを最大の幸福とした上で，次に死に至る過程を考えます。それは，身体的・精神的健康を高く保ったまま，死を迎えることを幸福な老いとする考え方です。端的に表現しますと，医学的サクセスフルエイジングとは「長寿と喪失の最小化」です。このことを示す医学モデルは多数提案されてきましたが，もっとも著名なサクセスフルエイジングの医学モデルは，ロー（Rowe, J. W.）とカーン（Kahn, R. L.）によるものでしょう。ローとカーンは，サクセスフルエイジングの条件を，「①病気や障害が軽い（少ない）こと」，「②高い身体機能や認知機能の維持」，「③社会参加」としています。病気を患わず，高い機能を維持していることを幸福と捉えます。また，世界保健機構（WHO）の社会的機能を維持することもサクセスフルエイジングの条件だとする提案を受け，ローとカーンの条件にも社会参加が加わっています。

▷2 Rowe, J. W., & Kahn, R. L. 1997 Successful aging. *The Gerontologist*, 37 (4), 433-440.

近年では，医学領域においても，長寿や健康だけでなく，よりよく生活することを重視する傾向があり，生活の質（Quality of Life：QOL）という言葉も頻繁に使用されます。この QOL は個人の主観を中心に評価するものですので，主観的幸福感（subjective well-being）とも一部重複する部分はありますが，日常生活動作（Activities of Daily Living：ADL）などの生活機能からバリアフリーなどの居住環境まで含めた幅広い概念です。長寿や健康とともに，QOL の各領域が良好であることが，医学的サクセスフルエイジングだと考えられるでしょう。

▷3 Ⅺ-4 参照。
▷4 詳細は以下にまとめられている。
柴田博 2007 サクセスフルエイジング 柴田博・長田久雄・杉澤秀博（編）老年学要論 建帛社 pp. 55-61.

3 社会学的サクセスフルエイジング

社会老年学あるいは老年社会学という言葉にも示されるように、これまでサクセスフルエイジングという概念を中心的に扱ってきたのは社会学の領域です。この領域で、サクセスフルエイジングの研究は、「①サクセスフルエイジングの概念の検討と尺度化の試み」、「②サクセスフルエイジングを規定する要因の検討」という2種類の方向性に区別されます。ただし、それぞれが独立して発展したというよりは、活動理論と離脱理論の論争の中で、両者の研究が蓄積されてきたものです。

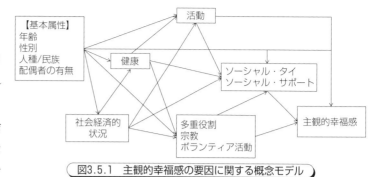

図3.5.1 主観的幸福感の要因に関する概念モデル

(注) ソーシャル・タイとは、人と人の結びつきのことである。

前者は、論争の中で、何が幸福を規定しているのかを問う前に、従属変数としての「幸福」が曖昧では議論ができないという必要性から検討が行われてきたものです。現在では、サクセスフルエイジングを生活満足度（life satisfaction）や主観的幸福感が高いことと置き換えることで、研究が進められています[5]。

後者は、サクセスフルエイジングの条件を前者の指標との関連で示す研究の流れです。その中で、健康であり、社会経済的地位が高く、社会的活動を行っていると、主観的幸福感が高いといわれています[6]。また、近年、ジョージ（George, L. K.）が主観的幸福感の社会的要因に関する詳細なレビューを行って、因果関係の包括的な概念モデルを提案しています[7]。このモデルを要約すると、基本属性が主観的幸福感に及ぼす影響を、社会的ネットワークや社会活動などの社会的要因が媒介すると考えるものです（図3.5.1）。しかし、これらの根拠となっている研究は横断研究を中心としていますので、今後、縦断研究の中で因果関係が議論されることが必要になるでしょう。

4 新しい研究

医学・社会学的サクセスフルエイジングを概観すると「従属変数（改善すべきもの）に何を設定しているか」ということに、それぞれの学問領域の特徴が表現されているといえるでしょう。しかし、これらの考え方は、学問的に正しいとされる何らかの前提を基に、トップダウン式にあてはめられたサクセスフルエイジングのモデルです。最近では、トップダウン式の方法の限界が指摘され、高齢者自身が考える幸せな老いのあり方が検討されるなど、ボトムアップ式に理解しようとする流れの研究も出始めています[8]。

（中原　純）

▶5　生活満足度を測定する尺度としては、LSIK（Koyano & Shibata, 1994）が著名であり、人生全体についての満足感（長期的な認知）、老いについての評価（短期的な認知）、心理的安定（感情）の3因子で構成される。その他、LSIA（Neugarten et al., 1961）やPGCモラールスケール（Lawton, 1975）なども広く使用されてきている。

▶6　Larson, R. 1978 Thirty years of research on the subjective well-being of older Americans. *Journal of Gerontology*, 33(1), 109-125.

▶7　George, L. K. 2006 Perceived quality of life. In R. H. Binstock & L. K. George (Eds.), *Handbook of aging and the social sciences*, 6th edition. Elsevier.

▶8　児玉好信・古谷野亘・岡村清子・安藤孝敏・長谷川万希子・浅川達人 1995 都市壮年における望ましい老後の生活像　老年社会科学, **17**(1), 66-73.

Ⅳ 基礎理論②心理学的加齢理論

心理学的サクセスフルエイジング

1 心理学的サクセスフルエイジングとは

医学的サクセスフルエイジングにせよ，社会学的サクセスフルエイジングにせよ，研究の主な主題は「現時点でのサクセスフルをいかに成し遂げるか？」であると思われます[1]。一方で，ここで紹介する心理学的サクセスフルエイジングは，サクセスフルエイジングを加齢というプロセスの中で捉え，「加齢とともに生じる喪失に対してどのように適応しているのか」，あるいは加齢による変化を発達と捉え，「高齢期の発達はどのように成し遂げられるのか」，といった観点が主題になります。

2 幼児期からの生涯発達の中で高齢期を捉える伝統理論

プロセスとしてのサクセスフルエイジングは生涯発達論の中で考えられてきました。エリクソン（Erikson, E. H.）は人の発達段階を幼児期から高齢期の8つに区分し，それぞれの段階において危機があり，その危機を克服できるかどうかが，その後の発達に大きく影響するという理論を提唱しています[2]。また，ハヴィガースト（Havighurst, R. J.）は，人生を乳児・児童初期から高齢期までの6段階に区分し，それぞれの時期において発達課題を設定しています[3]。このように，段階的に発達を捉えるための理論は数多く提案されています[4]。エリクソンの理論では，高齢期において，自身の人生を価値あるものとして受容することができれば統合感が得られるとされ，そのことをもって発達と捉えますし，また，ハヴィガーストの理論では，高齢期の身体的変化，引退，配偶者の死などの課題に適応することを発達と捉えます。

3 高齢期の喪失への適応方略に焦点を当てた新理論

ところで，「発達」という言葉は，体が大きくなり，運動能力が向上し，認知機能も向上するなど，人の様々な側面が向上することを連想させます。そういった考え方に従えば，青年期（20歳くらい）までではぼ発達は止まり，その後は衰退と喪失の時期になると思われます。ハヴィガーストの高齢期の発達課題をみても，身体的な変化（衰え）への適応，退職と収入の変化への適応など，衰退や喪失に対する適応ということが課題になるため，発達自体は終了していると誤解を招いてしまうもののようにも思われます。しかし，生涯発達論の観

▷1　必ずしも言い切ることはできないが，ここでは心理学的サクセスフルエイジングとの対比のためにこのように表現した。医学・社会学的サクセスフルエイジングについては，Ⅲ-5 参照。

▷2　X-3 参照。

▷3　Havighurst, R. J. 1953 *Human development and education.* New York: Longmans.

▷4　ピアジェ（Piaget, J.）やフロイト（Freud, S.）などの発達段階説があるが，それらは主に青年期までの子どもが議論の中心となっている。

▷5　Ⅺ-4 参照。

▷6　Mroczek, D. K., & Kolarz, C. M. 1998 The effects of age on positive and negative affect: A developmental perspective on happiness. *Journal of Personality and Social Psychology,* **75**(5), 1333-1349.

点から発達を捉える場合，誕生から死までを通して，つねに人間は発達していると考えます。とくに高齢期は主観的幸福感を悪化させる様々な衰退や喪失があるにもかかわらず，高齢者は良好な幸福感を維持できているという知見がいくつか報告され，何らかの心理的な発達なしにはこの現象は起こり得ないと考えられることが一つの根拠となっています。

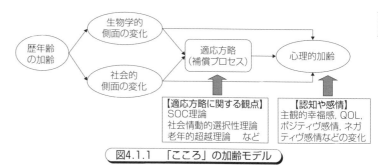

図4.1.1 「こころ」の加齢モデル
出所：権藤，2008を一部変更

権藤は，主観的幸福感などの「こころ」が単純に生物学的側面の加齢や社会学的側面の加齢の影響を受けないのは，その間に補償プロセスが働くためとして，SOC 理論（Selection Optimization and Compensation）の枠組みから適応方略を説明しています。SOC 理論は，高齢期に経験するような様々な喪失に対して，人は目標を変更するなどの新たな方略をとることで適応していると考え，その方略として選択，最適化，補償の3種類を提案するものです（図4.1.1）。現在は，SOC 理論のような加齢変化に対する適応方略の細部に踏み込むための観点が他にもいくつか提案されています。代表的なものとしては，高齢期における他者との交流頻度の低下を，高齢者の身体機能の低下や友人との死別といった防ぐことのできない要因の影響であるとは考えず，高齢者自身が好みに従って選択した結果と考える社会情動的選択性理論（socioemotional selectivity theory），加齢とともに，物質的・合理的な視点からより神秘的・超越的な視点へと移行していくために，様々な喪失にもかかわらず心理的には良好な状態を保つことができると考える老年的超越理論（gerotranscendence）などがあります。

❹ サクセスフルエイジングの評価

また，社会学同様，心理学においてもサクセスフルエイジングを評価するための指標が開発されています。社会学的な指標は，どちらかというとその場の快楽の達成を幸福と考える快楽主義的見地に基づくものなのに対して，心理学では快楽に加えてよりよく生きることを幸福と考える幸福論的見地も重視します。その中で，リフ（Ryff, C. D.）は発達のプロセスまでも評価するために，様々な生涯発達論的知見および臨床的知見をまとめ，自己受容（self-acceptance），人生の目的（purpose in life），人格的成長（personal growth），ポジティヴな人間関係（positive relationships with others），環境管理（environmental mastery），自律性（autonomy）という6種類の心理的機能を心理的ウェルビーイングとして指標を開発しています。そのため，これらの達成を心理学的サクセスフルエイジングの達成と捉えることもできるかもしれません。

（中原　純）

▷7　権藤恭之（編）2008 高齢者心理学　朝倉書店
▷8　SOC 理論の詳細は Ⅳ-2 参照。
▷9　社会情動的選択性理論の詳細は Ⅳ-4 参照。
▷10　老年的超越理論の詳細は Ⅳ-3 参照。
▷11　主観的ウェルビーイングや心理的ウェルビーイングの解説は，以下の文献に詳細が記載されている。
菅知絵美・唐澤真弓　2008 幸福感と健康の文化的規定因——中高年者のコントロール感と関係性からの検討　東京女子大学紀要論集，59(1)，195-221．
▷12　以下の文献で詳細が述べられている。
Ryff, C. D. 1989 Happiness is everything, or is it? Explorations on the meaning of psychological well-being. *Journal of Personality and Social Psychology*, **57**(6), 1069-1081.
また，日本では西田がリフの提案に従った尺度を開発している。
西田裕紀子　2000 成人女性の多様なライフスタイルと心理的 well-being に関する研究　教育心理学研究，48(4)，433-443．

Ⅳ　基礎理論②心理学的加齢理論

選択最適化補償理論（SOC 理論）

1　しあわせに生きるために

　私たちは，ふだん何気なく生活しているとしても，様々な目標に向かって生きています。そして，それらの目標を達成することでポジティヴな感情を経験し，ウェルビーイングを保つことができます。つまり，しあわせに生きるためには様々な目標をもち，それを達成することが重要になります。バルテス（Baltes, P. B.）らは目標を達成する一連の過程を，目標の選択（Selection），資源の最適化（Optimization），補償（Compensation）の３つの要素に分けました。そして，それらの利用方略を統合的に考えた理論として頭文字をとってSOC理論と名づけました。この考え方は，高齢期だけでなく，人生のどの時期にも適用できます。ただ，高齢期には様々な喪失を経験しがちなので，新たに高い水準の目標を掲げたり，これまで維持してきた目標の水準を保ったりすることが難しくなります。そのために，SOC理論による方略が重要になってきます。

2　選択最適化補償理論（SOC 理論）の考え方

○目標の選択の２つの様式

　この理論では，目標の選択は，自らによる選択（Elective selection：ES）と，喪失による選択（Loss based selection：LBS）の２つに分かれるとしています。前者は自らの意志によって達成するのに努力が必要な新しい目標を選択することを意味します。若者が将来に備えて行う高い目標の選択といえばわかりやすいでしょう。もちろん目標は一つだけではなく，複数選択することもできます。一方後者は，これまで掲げていた目標の達成が難しくなったときに，目標を切り替えたり，目標の水準を切り下げたりすることを意味します。こちらは，機能を喪失しやすい高齢者に当てはまりやすい目標の選択といえます。

　たとえば，自家用車の選択という場面で考えてみましょう。選択する車はイタリアのスーパーカーかもしれませんし，国産の乗用車かもしれません。普通の大学生がイタリアのスーパーカーを購入しようと思ったら，相当努力をしてお金を貯める必要があります。でも努力次第では不可能ではない目標，つまりESといえそうです。また，イタリアのスーパーカーを選択した理由が，イタリアそのものが好きだということなら，イタリア語の習得という目標も同時にもつかもしれません。逆に，今までスーパーカーに乗っていた人でも，仕事か

▶1　Baltes, P. B. 1997 On the incomplete architecture of human ontogeny : Selection, optimization, and compensation as foundation of developmental theory. *The American Psychologist*, **52**(4), 366-380.

▶2　Freund, A. M., & Baltes, P. B. 1998 Selection, optimization, and compensation as strategies of life management: Correlations with subjective indicators of successful aging. *Psychology and Aging*, **13**(4), 531-543.

ら引退し収入が減少したら，ガソリン代，税金やメンテナンス料を払って車を所有し続けることが難しくなるかもしれません。その場合は，少し目標を切り下げて国産のスポーツカーに乗り換えるかもしれません。このような選択は目標水準の切り下げ，つまり LBS といえるでしょう。

○ 資源の最適化

目標は，選択するだけで達成できるものではありません。達成するためには，それを達成するために，自分がもっている資源を利用する必要があります。資源とは，個人のやる気，能力，使える時間や資産といった，目標達成のために利用可能な要素全体を意味します。

自家用車の購入の例では，購入費や維持費を確保することにあたります。若く体力があれば，勉学に費やす時間の他にもアルバイトをする時間を確保できるでしょう。体力に自信がある場合は，昼間と夜でアルバイトを掛け持ちするという具合に余裕がある自分の資源を幾つかに割り当てることもできます。このように資源が大きいときには，様々なことに資源を分配して，複数の目標を達成することも可能です。一方で，加齢に伴って体力が低下してくると，若者のように長時間働くのは難しくなってきます。このように資源が小さくなってきた場合に，限られた資源を効率よく分配する工夫が必要となってくるのです。たとえば，自分がもっとも効率的に働ける朝早い時間に働く，慣れない仕事を長時間するのではなく，すでに慣れ親しんだ仕事を効率的に短時間行うといった工夫です。このような工夫のことを資源の最適化と呼びます。

○ 補 償

資源の喪失の中には，たとえば，老眼の進行のように，自分で努力しても元に戻すことが困難な喪失があります。しかし，老眼鏡を利用するとある程度補うことができます。このように外部からの援助を得て喪失を補うことを補償と呼びます。近年開発が進んでいる下半身の動きを補助するロボットスーツは，体力の損失を補償する機器といえます。労働時間を延長したり，できなくなった作業も再びできるようにしたりという，仕事場面の利用だけでなく，様々な高齢者の活動を補償する器具として期待されています。また，高齢者のお宅を訪問すると，大きな壁かけカレンダーに，予定がびっしりと書かれている様子をしばしば見かけます。これも外部の援助による補償の例といえます。

補償には必ずしも外部の援助が必要というわけではありません。たとえば，高齢男性が女性用の道具やルールでスポーツをするというのも，機能の低下を補償する行動といえます。

SOC 理論によると，これらの方略をうまく使用する人ほどウェルビーイングが高いことが予測されます。バルテスらは，その予測を支持する結果を報告しています。

（権藤恭之）

▶3 バルテスは，ルービンシュタインという有名なピアニストの行動から，SOC を説明している。彼はピアノが速く弾けることで有名だったのだが，加齢とともに速く弾くことができなくなってきた（喪失）。そのときに，速く弾くという目標をやめ，演奏する曲数を減らし（LBS），限られた曲の練習に時間をかける（最適化）ようにした。そして，補償方略として，新しい演奏テクニックを採用した。彼は，速く弾かなければならないパートの前には，以前よりもゆっくりと弾くという方略をとることで，速弾きのパートの指の動きが以前よりも遅いにもかかわらず速く弾いているように聞こえるように，したそうである。

▶4 Freund, A. M., & Baltes, P. B. 2002 Life-management strategies of selection, optimization, and compensation: Measurement by self-report and construct validity. *Journal of Personality and Social Psychology*, **82**(4), 642-662.

Ⅳ　基礎理論②心理学的加齢理論

老年的超越理論

▷1　Tornstam, L. 2005 *Gerotranscendence : A developmental theory of positive aging.* New York : Springer Publishing Company.

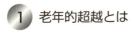 老年的超越とは

　老年的超越理論とは、トルンスタム（Tornstam, L.）が提唱した高齢者の発達的変化に関する理論の一つです[1]。彼は、高齢期（60歳台以降）において大きな価値観や考え方の変化が現れることを指摘しています。たとえば、私たちは通常、社会的地位が高くて収入や財産がたくさんあり、身体的にも病気がなく、容姿が美しく、友達がたくさんいて、自分の目標を達成すること、に対して価値があり、幸せなことだと考えています。逆に、これらの要件が欠けているときに不幸だと感じます。そして、年をとってそれらの条件が欠けるのは不幸せだ、年をとっても若いときと同じようにいたい、と多くの人が考えています。しかし、トルンスタムは、高齢期には若いころの価値観や幸福観から脱却し、別のことがらやものに価値や幸せを見出すようになると指摘しているのです。トルンスタムは、老年的超越の特徴として、社会と個人との関係、自己、宇宙的という3つの領域における変化を挙げています。

　社会と個人との関係の領域については、社会や他者との表面的なつながりよりも、限られた人との深いつながりを重んじるようになるそうです。また、社会規範に基づいた価値観から脱却し、独自の考え方や価値観をもつようになるとされています。

　自己の領域においては、自らの意思や欲求を達成しようとする気持ちが薄れ、他者を重視する態度をみせるようになります。また、身体機能や容姿を維持することへのこだわりが少なくなります。そして、過去の人生で生じた様々な出来事について、それがネガティヴな出来事であっても、その積極的な意味を理解できるようになり、自分の人生全体の肯定につながるそうです。

　最後の宇宙的領域については、時間や空間に関する合理的、常識的な捉え方が変化するとしています。たとえば、現在と過去、そして未来といった時間の区別や、遠い近いといった空間的な区別がなくなり、一体として感じられるようになるそうです。この変化は、現在、ここにいない人々、たとえば、過去のもしくは未来の人々や、遠くに離れたところにいる人と強くつながっているという実感をもたらし、ひいては、人類全体や宇宙との一体感にもつながるとしています。そして、このような宇宙的意識の獲得は、死は一つの通過点であり、生と死を区別する本質的な違いはないという生死を超越する意識に到達するそ

うです。

　トルンスタムは，質問紙法による老年的超越の尺度を開発し，スウェーデンの65歳以上の約1,600名を対象として，年齢やその他の要因との関連について研究を行っています。その結果，彼らの基準では約20％程度が老年的超越を達成しているという報告を行っています。また，年齢が高いこと，活動的であること，専門的職業についていたこと，比較的都市部に住んでいること，そして大きな病気を多く体験していることが老年的超越の達成と関係していたと述べています。また，老年的超越は人生満足感や生きる意味の獲得といった心理的ウェルビーイングとも関係があることが示されています。

　老年的超越理論はいくつかの点から注目を集めています。一つは，老年的超越が，従来の活動理論的なサクセスフルエイジングの像，つまり中年期までと同じような活動を行えることが望ましいとするモデルとは異なる像を提示できる可能性です。もう一つの視点としては，現在，急増中の80歳代，90歳代といった超高齢期において新たな発達を遂げる可能性があり，それが老年的超越ではないかという指摘です。後者の代表的な論議として，エリクソンの第9段階の発達に関する仮説があります。

2　老年的超越理論の今後の課題

　老年的超越に関して活発な議論や実証的な検討がなされるようになってきたのは2000年代になってからであり，いくつかの基本的な問題が残っています。

　第一に，老年的超越の発達のメカニズムに不明な点が多いことです。トルンスタムは「老年的超越は自然な加齢により発達する」と述べる一方で，大きな病気などの人生の危機もその発達を促進するとも述べています。また，もっとも影響が大きいとされる年齢の影響についても，トルンスタムらの研究結果では，70歳前後で伸びが停止する領域や，85歳以上では下降傾向を示す領域さえもあり，一様であるとはいえないようです。いつ，どのような条件のもとで，どの老年的超越の領域が発達するのか，自然な加齢と経験の両者がどのようなメカニズムで老年的超越の発達を生み出していくのかなど，発達メカニズムのより詳細な仮説化と，より豊富なデータに基づいた検証が必要でしょう。

　次に，老年的超越の文化差の問題です。最近では日本人やアジア諸国の人々を対象とした老年的超越の実証研究も行われるようになってきていますが，質的研究，量的研究の両面で，老年的超越の要素やその構造がオリジナル理論とはすべて一致するわけではない報告がいくつかなされています。この原因として，中年期以前における社会と個人との関係や，宗教観やスピリチュアリティの内容が西洋と東洋では異なっていることが考えられます。今後，このような文化差を踏まえ，検討や理論の再構築も必要となってくるでしょう。

（増井幸恵）

▷2　Ⅲ-2 参照。

▷3　Erikson, E. H., & Erikson, J. M. 1997 *The life cycle completed.* New York: W. W. Norton & Company.（エリクソン, E. H.・エリクソン, J. M. 村瀬孝雄・近藤邦夫（訳）2001 ライフサイクル，その完結 増補版 みすず書房）

▷4　Ⅹ-3 参照。

▷5　Tornstam 前掲書

▷6　Tornstam 前掲書

▷7　増井幸恵・権藤恭之・河合千恵子・呉田陽一・高山緑・中川威・高橋龍太郎・藺牟田洋美 2010 心理的 well-being が高い虚弱超高齢者における老年的超越の特徴——新しく開発した日本版老年的超越質問紙を用いて　老年社会科学, **32**(1), 33-47.

Ⅳ　基礎理論②心理学的加齢理論

社会情動的選択性理論

1　エイジングのパラドックス（矛盾）

　人は誰でも高齢になると，健康の喪失，配偶者や友人など人間関係の喪失，定年による社会的役割の喪失，というような大きな喪失体験を経験します。このような喪失体験を経験する高齢期は他の発達段階と比較してもストレスの多い時期だといえそうです。しかし，高齢者が幸せを感じていないかといえば，そうではありません。高齢者の主観的な幸福感や心理的安寧は若いときと比較しても差がなく，むしろ若年者と比較して気分（感情）も安定していることが報告されています。高齢期には喪失体験を多く経験するにもかかわらず，心理的な幸福感が保たれる，というこのような現象は「エイジングのパラドックス」と呼ばれています。

2　社会情動的選択性理論とは

　エイジングのパラドックスがなぜ起こるのかを説明する理論に社会情動的選択性理論（Socioemotional Selectivity Theory：以降 SST）があります。SST は，将来の時間的な見通しによる動機づけの変化によってエイジングのパラドックスを説明しようとする理論です。

　SST によれば，高齢者は残された時間が限られていると認識する結果，感情的に価値のある行動をするよう動機づけられるとしています。そして，高齢者がストレスフルな状況でもポジティヴな人生を歩むことができるのは，高齢者が感情をコントロールすることや，感情的な満足感を重視し，それらを得るために認知的あるいは社会的資源を投資するからだと説明しています。一方で，高齢者とは異なり，時間が無限にあると認識する若年者は，知識の獲得に対して動機づけられているため，将来に焦点をあて，新しいことに価値をおき，情報を獲得し，視野を広げることに時間とエネルギーを投資します。

3　高齢者はポジティヴな情報を重視する

　では，高齢者は本当に感情的な満足を得ることに動機づけられているのでしょうか？　ヒトを含めた動物にとって，ネガティヴな感情を伴った情報は，生命の維持に欠かせないものです。私たちは危険や困難な状況を回避するためにネガティヴな情報に対して心理的・社会的資源を費やす必要があります。実

▷1　Carstensen, L. L., Pasupathi, M., Mayr, U., & Nesselroade, J. R. 2000 Emotional experience in everyday life across the adult life span. *Journal of Personality and Social Psychology*, **79**(4), 644-655.

▷2　Carstensen, L. L. 2006 The influence of a sense of time on human development. *Science*, **312**(5782), 1913-1915.

際，若年者を対象とした研究では，ポジティヴな情報よりもネガティヴな情報に注意を向け，記憶しています。このような傾向は，ネガティヴィティ・バイアスと呼ばれています。ところが，興味深いことに，高齢者ではネガティヴィティ・バイアスがみられないことをいくつかの研究は報告しています。

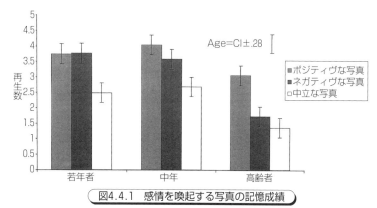

図4.4.1 感情を喚起する写真の記憶成績
出所：Charles, Mather, & Carstensen, 2003

チャールズ（Charles, S. T.）らは若年者（18〜29歳），中年（41〜53歳），高齢者（65〜80歳）の3群を対象に，ポジティヴな感情を喚起する写真，ネガティヴな感情を喚起する写真，感情を喚起しない中立な写真を用いた記憶実験を実施しました。実験の結果，若年者，中年ではポジティヴな写真とネガティヴな写真の記憶成績が中立な写真の記憶成績より優れていたのに対して，高齢者ではポジティヴな写真の記憶成績が他の写真よりも優れているという結果が得られました（図4.4.1）。このような，若年者とは反対に，高齢者がポジティヴな情報を重視する現象はポジティヴィティ効果と呼ばれ，記憶だけでなく，注意や意思決定についてもみられることが報告されています。

そしてこのポジティヴィティ効果に関する一連の研究は，高齢者が感情的な満足感を重視するように動機づけられている，とするSSTを支持しています。

4 社会情動的選択性理論と文化

SSTは，エイジングのパラドックスの説明だけでなく，ポジティヴィティ効果のような高齢者の認知機能の特徴を理解する上でも有用な理論として現在注目されています。しかしながら，中国の高齢者と若年者を対象とした顔の表情に関する実験では，高齢者は幸福のようなポジティヴな表情から注意をそらし，恐怖のようなネガティヴな表情に注意を向けていました。ファン（Fung, H. H.）らはこの理由として，文化差の影響を指摘しています。つまり，自立や自主性，独自性に価値をおくアメリカでは楽観主義や自尊心を維持，向上するためにポジティヴな情報に，一方，グループの中で適応し，他人に対する負担を避けることが良いとされる中国のような東アジアの文化では，ネガティヴな情報に注意を向けると考察しています。このように，高齢者が感情調整のために重視する情報は，文化によって異なる可能性があり，SSTが日本の高齢者にも適応可能かどうかは今後検証していく必要があります。

（増本康平）

▶3 Baumeister, R. F., Bratslavsky, E., Finkenauer, C., & Vohs, K. D. 2001 Bad is stronger than good. *Review of General Psychology*, 5(4), 323-373.

▶4 Charles, S. T., Mather, M., & Carstensen, L. L. 2003 Aging and emotional memory: The forgettable nature of negative images for older adults. *Journal of Experimental Psychology General*, 132(2), 310-324.

▶5 増本康平・上野大介 2009 認知加齢と情動 心理学評論, 52(3), 326-339.

▶6 Fung, H. H., Lu, A. Y., Goren, D., Isaacowitz, D. M., Wadlinger, H. A., & Wilson, H. R. 2008 Age-related positivity enhancement is not universal: Older Chinese look away from positive stimuli. *Psychology and Aging*, 23(2), 440-446.

Ⅳ 基礎理論②心理学的加齢理論

二重コンポーネントモデル

1 知能の二重コンポーネントモデルとは

　知能の二重コンポーネントモデル（dual component model），または二重過程モデル（dual process model）は，バルテス（Baltes, P. B.）と彼の共同研究者により提案された知能の生涯発達モデルです。このモデルでは，知能を相互に関連する2つの領域に分けています。その点は，ホーン（Horn, J. L.）とキャッテル（Cattell, R. B.）により提唱された流動性-結晶性知能の考え方と似たところがありますが，バルテスらのモデルは，2つの領域がたんなる知能の構成要素（因子）にとどまらず，情報を処理する装置の全体（コンポーネント）や過程（プロセス）を扱っている点で，より幅広い定義を含んだモデルということができます。

▷1 Ⅷ-2 参照。

2 二重コンポーネントモデルにおける2つの側面

　二重コンポーネントモデルにおける第1のコンポーネントは，「知能のメカニクス（mechanics of intelligence）」と呼ばれます。知能のメカニクスは，機械的な情報処理や問題解決に関連する領域で，内容や文脈に影響されずに機能します。また，この側面は，知覚スピードや記憶，流動性知能に近い能力で，加齢により影響を受け低下していきます。一方，2番目のコンポーネントは，「知能のプラグマティクス（pragmatics of intelligence）」と呼ばれます。知能のプラグマティクスは，蓄積された知識や経験とその応用に関連する領域です。問題の内容や文脈に依存的で，実用的，応用的な問題解決を担う能力です。日常知能や知恵，結晶性知能がこの能力に含まれ，加齢の影響を受けにくく，高齢期にも維持，または向上する可能性もある能力です。

▷2 Ⅷ-3 参照。
▷3 Ⅷ-5 参照。

　バルテスらが行った著名な縦断研究である「ベルリン加齢研究（Berlin Aging Study）」において，2つのコンポーネントの加齢変化が調べられています。知能のメカニクスとして知覚スピード，記憶，推論の各課題，知能のプラグマティクスとして語の流暢性，知識の各課題を，70歳台から100歳超の高齢者に実施しました。その結果，プラグマティクスに比べメカニクスで年齢とのより強い関連が示され，加齢によってより大きく低下していました。つまり，流動性知能と結晶性知能で示された加齢変化の違いと類似の結果が示されました。

▷4 Smith, J., & Baltes, P. B. 1999 Trends and profiles of psychological functioning in very old age. In P. B. Baltes & K. U. Mayer (Eds.), *The Berlin Aging Study*. New York: Cambridge University Press. pp.197-226.

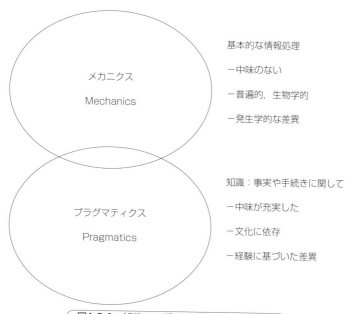

図4.5.1 知能の二重コンポーネントモデル

出所：Baltes, P. B., Smith, J., & Staudinger, U. M. 1992 Wisdom and successful aging. In T. Sonderegger (Ed.), *Nebraska symposium on motivation* (Vol. 39). Lincoln, NE: University of Nebraska Press. pp.123-167.

3 二重コンポーネントモデルとサクセスフルエイジング

　知能のメカニクス，プラグマティクスが，流動性知能，結晶性知能と類似の加齢変化を示すとするならば，それはたんに言葉を言い換えたにすぎないのでしょうか。

　二重コンポーネントモデルの重要なポイントは，2つのコンポーネントまたはプロセスの間に，機能の低下を補う補償の関係を想定している点です。メカニクスの側面は，先述したように，加齢に伴い直線的な低下を示しますが，その低下を補う形でプラグマティクスな側面が働き，知能がトータルとして低下しないようにしていると考えられています。たとえば，ベテランのタイピストは，単純な反応速度が衰えても，タイプすべき文章の先を読み，前もって計画を立てることで，作業全体のスピードや正確さはけっして衰えないという例があります。バルテスらは，知能のプラグマティクスのこうした働きを，「選択最適化補償理論（SOC理論）」としてまとめています。加齢による様々な能力が失われる高齢期にあって，サクセスフルエイジングの達成に欠かせない知能のプロセスであると考えられます。

　また，知能のプラグマティクスは，たんにメカニクスの低下を補償するだけでなく，それ自体の能力が向上し精練される可能性をもっています。それらは，知恵や創造性，熟達化として，高齢期にこそ成熟し成長する能力として，近年研究の進展が望まれている領域です。

（稲垣宏樹）

▶5　Salthouse, T. A. 1984 Effects of age and skill in typing. *Journal of Experimental Psychology: General*, 113, 345-371.
▶6　Ⅳ-2 参照。
▶7　Ⅷ-4 参照。
▶8　Ⅸ-3 参照。

Ⅴ 認知情報処理①理論的側面

全般的速度低下理論

1 認知加齢を説明する統合的モデルの必要性

　加齢に伴って生じる行動面の変化でもっとも顕著にみられるものは、遅くなることだといえます。認知的な側面においても、広範囲な領域で処理の速度が遅くなります。高齢者を対象に認知心理学の研究が始まってから、反応時間を使った課題では、高齢者の反応時間が若年者と比較して遅くなることはわかっていたのですが、その背景にどのような要因があるのかはわかっていませんでした。そこで加齢に伴う認知課題に対する反応時間の低下を理論化することが求められていました。全般的速度低下理論（General slowing theory）は、そのような時代の要請を背景に生まれてきた理論といえます。全般的速度低下理論は、大きく分けてブリンリー・プロット（Brinley plot）を用いた方法および因子分析を用いた方法の2つのアプローチから確認されています。

2 ブリンリー・プロットを用いたアプローチ

　ブリンリー・プロットは1965年にブリンリー（Brinley, J. F.）によってはじめて加齢研究で用いられましたが、後にセレラ（Cerella, J.）らが行った「先駆的なメタ分析」で用いるまでは注目されていませんでした。ブリンリー・プロットは、条件ごとの反応時間を若年群と高齢者群で比較する通常の分散分析型のデータ分析と異なり、横軸に若年群、縦軸に高齢者群のデータをプロットします。セレラらは、過去に行われた反応時間を指標とした研究から、99の実験条件をブリンリー・プロットで表しました（図5.1.1）。その結果、高齢者の反応時間と青年の反応時間の間には、1次回帰直線が高い説明率で当てはまりました。これらのメタ分析から、青年と高齢者の反応時間の絶対値は課題の特性によって異なるけれども、課題の条件操作で生じる反応時間の変化率は一定であるという規則性が確認されたわけです。そのことから、反応時間の加齢変化は一つの速度低下因子で説明可能であると結論づけたのです。

3 因子分析によるアプローチ

　因子分析によるアプローチの目的は、知能研究で用いられたサイコメトリック（心理測定学的）な分析手法を用いて、様々な認知課題成績の加齢変化の背景にある共通要因を探索することでした。考え方の基本は、様々な認知課題の

▷1　Brinley, J. F. 1965 Cognitive sets, speed and accuracy of performance in the elderly. In A. T. Welford & J. E. Birren (Eds.), *Behavior, aging, and the nervous system*. Springfield, Ill. : Charles C. Thomas. pp.114-149.

▷2　Cerella, J., Poon, L. W., & Williams, D. M. 1980 Age and the complexity hypothesis. In L. W. Poon (Ed.), *Aging the 1980s : Psychological issues*. Washington, DC : American Psychological Association. pp.332-340.

成績の加齢変化を個々の課題ごとに個別に生じる成分とすべての課題に共通して生じる成分に分離し，課題共通の成分が十分に大きければ，共通因子として抽出します。このような方法で様々なデータを分析したソルトハウス（Salthouse, T. A.）は，加齢変化の成分において共通成分が低く課題特有の成分が強かったのは53課題中18課題だけだったと報告しています。もちろん18課題でも，共通する成分が含まれています。ですから全体を俯瞰してみると，認知課題の低下の多くの部分が共通因子で説明できると考えたのです。ソルトハウスは共通因子をその特徴から処理速度（processing speed）と名づけました。[3]

次の段階としてソルトハウスらは，実際に様々な認知課題に対する処理速度の影響を検討しました。具体的には，パス分析の手法を用いて年齢，処理速度，認知課題の成績の間の因果関係を検討したのです。図5.1.2にその例を挙げます。この図を見ると，年齢は一つの潜在因子（処理速度）のみに影響しており，個別の認知課題へは年齢が直接影響するのではなく，処理速度が説明しています。つまり加齢の影響は潜在因子に与える影響を考えればよいという単純なモデルが想定できる

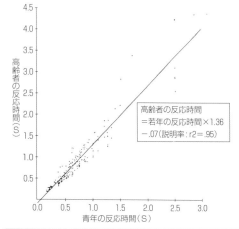

図5.1.1 セレラらによるブリンリー・プロットを用いたメタ分析

出所：Cerella et al., 1980を改変

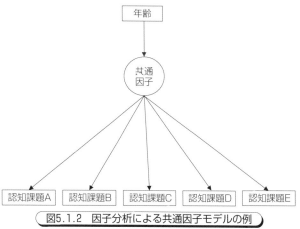

図5.1.2 因子分析による共通因子モデルの例

（注）年齢の各課題への影響が課題ごとに異なるのではなく，共通因子を経由していることを示す。

のです。彼は，WAIS-Rの符号問題を潜在因子を代表する課題と考え，様々な課題の加齢変化を符号問題の成績で説明できることを示しています。[4]

4 統合的モデルの問題点

ブリンリー・プロット，因子分析いずれの手法を用いたアプローチも，認知加齢に関する統合的な仮説が存在していなかった状況を打破し，その後の認知加齢研究が発展する基礎を築いた理論といえます。現在は，用いられた研究計画や統計的な方法における不備が指摘されてあまり用いられなくなっています。しかし，加齢に伴って認知処理速度が全般的に低下するという考え方は，多くの研究で支持されています。

（権藤恭之）

▶3 Salthouse, T. A. 1996 The processing-speed theory of adult age differences in cognition. *Psychological Review*, **103**(3), 403-428.

▶4 Salthouse, T. A. 1992 What do adult age differences in the Digit Symbol Substitution Test reflect? *The Journals of Gerontology, Series B: Psychological Sciences and Social Sciences*, **47**(3), P121-128.

Ⅴ　認知情報処理①理論的側面

 抑制機能の低下

1 抑制とは

◯反応を抑えるということ

　抑制（機能）という言葉，日頃聞きなれない言葉だと思います。何かをしようとするとき，たとえば，この本を読もうとするとき，意識しているのは文字に注意を向けていることだけでしょう。いうなれば，なにかを「する」方に意識が向いているはずです。しかし，実際には，窓の外の騒音に注意を向けないようにする，また，さっきまで読んでいた小説のあらすじを繰り返し思い出さないようにする機能が働いていることがわかっています。何かを「する」ときには，それを妨害することを抑える機能が私たちには備わっているようです。

　この抑制の問題には最初に注目したのは，ルリヤ（Luria, A. R.）です。ルリヤはランプの点灯に合わせて，バルブを押したり，押さなかったりするような課題を用いて，抑制の能力がどのように発達するのかを明らかにしました[1]。また，脳損傷患者のリハビリテーションの場面で様々な実験を行い，抑制の問題を検討しました。

◯高齢者の抑制機能

　高齢者にみられる認知情報処理の能力の低下にかかわって，この抑制の問題に注目したのは，ハッシャー（Hasher, L.）とザックス（Zacks, R.）です。彼女らは，高齢になると抑制の機能が衰退し，指示された課題とは無関連な刺激に注意を向けてしまい，結果的に指示された課題に対する処理能力が落ちると考えました[2]。この仮説は，もともと作動記憶（ワーキングメモリ）の問題を念頭において，提起されたものでした[3]。抑制の能力が低下することにより，目的とは無関連な情報が作業記憶の中に入り込み，その情報を排除することができず，作動記憶の効率が落ちるという考えです。

　現在，選択的注意，言語理解の分野など広範囲にわたり，この仮説の検討が進められています。たとえば，言語理解の領域では，高齢者は，刺激文の中である部分を無視するように指示されても，その部分を読んでしまい，結果的に文章の意味理解が妨害されやすいこと[4]。また，同音異義語の解釈を含むような実験では，高齢者は，課題にとっては不適切な意味を抑制できずに，適切な意味への反応が妨害されやすいこと[5]などが明らかになりました。

▷1　Luria, A. R. 1961 *The role of speech in the regulation of normal and abnormal behavior*. New York : Pergamon Press.
▷2　Hasher, L., & Zacks, R. T. 1988 Working memory, comprehension, and aging : A review and a new review. In G. H. Brown (Ed.), *The psychology of learing and motivation*. New York : Academic Press. pp.193-225.
▷3　Ⅶ-2 参照。
▷4　Dywan, J., & Murphy, W. D. 1996 Aging and inhibitory control in text comprehension. *Psychology and Aging*, 11(2), 199-206.
▷5　McDowd, J. M., Oseas-Kreger, D. M., & Fillion, D. L. 1995 Inhibition processes in cognition and aging. In F. N. Dempster & C. J. Brained (Eds.), *Interference and inhibition in cognition*. San Diego, CA : Academic Press. pp.363-400.

2 複数の抑制機能

○抑制のタイプ

一方，近年では抑制機能を複数のタイプに分けて分析しようとする研究の方向性，考え方が生まれつつあります。図5.2.1は2つのタイプのネガティヴ・プライミング課題を示しています。ネガティヴ・プライミング課題では先行して呈示されるプライム刺激で無視しなければならない刺激が，続いて呈示されるテスト刺激で標的になります。プライム刺激とテスト刺激でまったく無関係の刺激が呈示（統制条件）される場合と比較すると，反応が遅くなったり，エラーが増えることがわかっています。先行して呈示された刺激への反応を抑えることが後続するテスト刺激での反応に負の影響を与えたものと考えられています（ネガティヴ・プライミング効果）。この点では図5.2.1の課題Aも課題Bも同じです。しかし，課題Aでは刺激が意味する文字を答えなければならなかったのに対して，課題Bでは文字が出現した場所に対応するキーを押すというように求める反応が異なります。

一般に抑制機能が低下すると考えられている高齢者では，課題Aではネガティヴ・プライミング効果がみられず（抑制機能が充分に働いていないため），課題Bでは若年者と変わらないネガティヴ・プライミング効果のみられることが多いようです。このように抑制機能をみる課題では高齢者と若年者の違いがはっきり現れるものもあれば，違いがみられないものもあることがわかってきました。

○今後の研究の課題

このような研究の流れから，抑制機能は単一の機能として考えるのでなく，複数の種類があり，それらの一部が加齢の影響を受けやすいのではないかと考えられるようになりました。同じ反応の抑制でも，図5.2.1に示したように抑える反応が刺激の特性情報に関連するか，場所情報に関連するかによって加齢の影響が異なるという考えです。どのような抑制機能が加齢の影響を受けやすいのか，あるいは受けにくいのか，今後さらなる研究の進展が必要でしょう。

（土田宣明）

課題A　教示：通常の字体の文字を呼称し，白抜き文字は無視しなさい。

	統制条件	実験条件
プライム刺激	B M	B T
テスト刺激	C T	C T

課題B　教示：通常の字体が現れた場所に対応するキーを押し，白抜きの文字は無視しなさい。

	統制条件	実験条件
プライム刺激	─　R B　─	─　─ B　R
プライム刺激	L　─ ─　C	L　─ ─　C

図5.2.1　2つのタイプのネガティヴ・プライミング課題

（注）課題Aでは刺激が意味する文字そのものを音声変換しなければならないのに対して，課題Bでは文字が現れる場所に対応したキーを押すことが求められる。
出所：May, Kane, & Hasher, 1995に基づき作成

▶6　Hasher, L., Zacks, R., & May, C.P. 1999 Inhibitory control, circadian arousal and age. In D. Gopher & A. Koriat (Eds.), *Attention and performance XVII: Cognitive regulation of performance: Interaction of theory and application.* Cambridge, MA: MIT Press. pp.635–675.

▶7　May, C. P., Kane, M. J., & Hasher, L. 1995 Determinants of negative priming. *Psychological Bulletin*, 118(1), 35–54.

V 認知情報処理①理論的側面

3 加齢低下が少ない認知機能

1 意図的過程と自動的過程

NTTJALTBSANA と AXHOUNPQIWLM はどちらも12文字の文字リストです。しかし，前者の方が圧倒的に憶えやすいでしょう。それは，日本人の多くは NTT/JAL/TBS/ANA という文字リストに関する知識をもっていて，前者の文字リストを覚えるときに，意識しなくてもその情報を利用して記憶することができるからです。このような認知処理の過程は，普段私たちが意識して行う意図的な認知処理と区別して，意識しない自動的な認知処理と呼びます。これまでの研究で，自動的な認知処理は，意図的な認知処理ほどには加齢に伴って低下しないことがわかっています。以下では，非意図的な情報処理の例を2つ紹介します。

▷1 Ⅶ-9で取り上げている潜在記憶もその一つである。

2 親密度の影響

最近，おしゃれなデザインのキッチン用品や家電が売られるようになってきました。その一方で，昔からあるような典型的な家電と比べ，おしゃれなデザインの家電は初見ではその用途がわからない場合があります（図5.3.1）。典型的な家電は昔から存在しているために，これまでの生活の中で繰り返し見たり使ったりすることで，強固に記憶されています。そのために情報に対して自動的にアクセスできるようになっているのです。一方で，非典型的なデザインに対する記憶は強固ではないため，たとえ知っていても簡単に検索したり利用したりできないのです。これは，言葉においてもいえます。「花火」という言葉は「凡庸」と比較して圧倒的に日常的に見たり聞いたりする機会が多いため，すぐに読めますし，意味もすぐにわかります。ある物や言葉にどれだけなじみがあるかは親密度（familiarity）という基準で評価されます。そして親密度が高ければ高いほど，認知処理において自動的処理がなされます。はじめに述べたように，親密度が高い物や言葉を使った認知処理は，若年者と高齢者の間の成績の差が表れにくくなるのです。

トマスらは，短期記憶課題で親密度の効果を検証しています。彼らは高齢者と若年者を対象に，6文字のアルファベットのリストを記憶してもらった後に，画面に提示される文字がリストの中にあったかなかったかを判断してもらう課題を実施しました。親密度は，覚えてもらうリストを，アルファベットを順番

▷2 Thomas, J. C., Waugh, N. C., & Fozard, J. L. 1978 Age and familiarity in memory scanning. *Journal of Gerontology*, **33**(4), 528-533.

▷3 Howard, D. V., Howard, J. H., Dennis, N. A., LaVine, S., & Valentino, K. 2008 Aging and implicit learning of an invariant association. *The Journals of Gerontology. Series B: Psychological Sciences and Social Sciences*, **63**(2), P100-105.

46

どおりにならべるか（高親密度；a,b,c,d,e,f）と無秩序にならべるか（低親密度；p,g,k,t,r,i）で操作し，そのリストの中に特定の文字があったかなかったかを判断する時間を比較しました。その結果は，加齢の影響は親密度が低いリストのときに大きくなっていました。つまり，親密度が高いと高齢者の課題成績の低下が少なかったのです。

❸ 意図しない学習

意図しない学習とは，覚えようとしていなくても自動的に覚えてしまっているような学習を意味します。たとえば，意識していなくても，誰かが言った言葉を覚えていたり，自分の家の部屋の電気のスイッチの位置や操作法などは覚えていたりします。このような学習の形態は，ステレオのスイッチ操作やDVDプレーヤーのような複雑な機器の操作手順の意図的な学習（Explicit learning）と区別して，非意図的な学習（Implicit learning）と呼んでいます。

非意図的な学習の研究の実験では，実験参加者が気づかない（意識しない）ように情報を与えたときに，どれくらい偶発的にその情報が学習されているかを評価します。たとえば，ハワードらの研究では，はじめに，カギとなる文字が必ず2つめに位置する7文字の文字列（たとえばGHCLKMY, IHQPDNB）が提示され，声を出して文字を一文字ずつ読むことが繰り返し求められました。この場合はHがカギとなる文字になりますが，実験参加者はそのことを知りません。次に，2つの文字列が左右に提示され，どちらの親密度が高いかを判断することが求められました。その際に，片側の文字列だけには2つめにHの文字が入っています（たとえば左 QHBVCNX と右 CNQVXHB）。もし，意図せずにHという文字の存在を学習していたら左を選ぶことになります。その結果，両年齢群とも高い割合で（高齢者66.2％，若年者64.6％）2つめにHが位置する文字列を選択していました。このように明確な意思をもって意図的に学習することが求められる通常の記憶課題と異なり，意図しない学習は高齢者でも低下しないのです。ただし，このような意図しない学習もルールが複雑な場合は高齢者の成績は落ちるようです。

❹ 日常生活との関連

実験室での実験による研究では意図的な認知操作をする課題が多いため，高齢者の認知機能の低下が強調される傾向がありますが，高齢者は，これまでの経験を利用することで，意図的な認知処理の低下を補うことができます。これだけ新しい物や概念が生まれつづけている現代社会において高齢者が問題なく日常生活を送ることができる背景として，意図的でない認知過程が機能していることが考えられます。このような，高齢者の非意図的で自動的な認知過程の機能について今後あきらかにすることが必要です。

（権藤恭之）

図5.3.1　典型的な扇風機とデザイン家電

出所：（上）http://www.irisohyama.co.jp/seasonal/electricfan/efb_32_w_a.html
（下）http://www.dyson.co.jp/fans-and-heaters/new-fans/am07/am07-tower-fan-black-nickel.aspx

▷4　この研究では，実験終了後に尋ねても，Hの位置がルールとして与えられていたことに気がついた実験参加者はいなかった。

▷5　Howard et al. 前掲書

Ⅴ 認知情報処理①理論的側面

認知加齢の個人差に関する理論

① 高齢期の認知機能に与える環境要因の重要性

　認知機能の個人差に影響を与える要因は，大きく遺伝と環境に分けることができます。近年，遺伝が認知機能に与える影響は小さくないことが双子研究などで報告されていますが，人間は寿命が長いため高齢期になるまでに蓄積される環境の影響は小さくはないと思われます。しかし，人間の生活は複雑で経験する環境は人によって様々で，定量化して評価することは非常に困難です。ここでは環境の評価指標として比較的扱いやすく，これまで高齢期の認知機能との関係が指摘されてきた，教育歴，職業経験（家事），余暇活動の3つの要因を紹介します。

② 教育の影響

　教育歴と認知機能の関係をみると，多くの研究で高い教育歴が高い認知機能をもたらし，認知症になるリスクを低下させることが報告されています。教育歴が認知機能の個人差に影響する背景として2つの要因が考えられます。まず直接的な影響としては，教育が認知の予備力を増強する可能性です。様々な知識を獲得することで認知機能の実用的要素が高まり，生物学的要素の低下を補うことが可能になるのではないかと考えられます。間接的な影響としては，教育歴が高いと収入が高く，生活するために快適な環境を手に入れられたり，健康に関する知識も増え，より健康的な生活を過ごせるという可能性です。たとえばクリミンズ（Crimmins, E. M.）とサイトウは，教育歴が高い群と低い群では余命や健康余命に違いがあり，教育歴は健康余命の違いにより強く関連することを示しています。

③ 仕事の影響

　多くの人は成人期の大部分で仕事に従事します。定年退職を60歳としても，40年以上仕事についているわけです。また，1日の生活の中で8時間働いたと考えると，活動時間の約半分を仕事に使っている計算になります。しかし，世の中には多種多様な仕事があり，仕事の内容を分類することは大変な作業になります。そこで，スクーラー（Schooler, C.）らは，個々の仕事の内容に注目して，その仕事がどれくらい頭を使うことが必要であるかを複雑性という概念と

▷1　権藤恭之・石岡良子　2011　高齢者の生活環境，ライフスタイルと認知機能　箱田裕司（編）　認知の個人差　北大路書房　pp.221-252.

▷2　Alwin, D. 2008 Social structure and cognitive change. In S. M. Hofer & D. F. Alwin (Eds.), *Handbook of cognitive aging.* CA: SAGE Publications. pp. 418-445.

▷3　Ⅸ-4 参照。

▷4　Crimmins, E. M., & Saito, Y. 2001 Trends in healthy life expectancy in the United States, 1970-1990. *Social Science & Medicine,* **52**(11), 1629-1641.

▷5　健康余命
寿命がどれだけ生きられるかを指すのに対して，どれだけ自立した生活を送れるかという期間を指す。

▷6　Schooler, C., Mulatu, M. S., & Oates, G. 1999 The continuing effects of substantively complex work on the intellectual functioning of older workers. *Psychology of Aging,* **14**(3), 483-506.

▷7　DOT (Dictionary of Occupational Titles)
求人と求職者のマッチングのための資料として利用するために様々な仕事で必要とされる能力を，データ，ヒト，モノの3側面から評

して扱い，仕事ごとにそれを推定することを考えました。具体的には，DOTに基づき情報処理（データ），対人関係処理（ヒト），対物処理（モノ）の３つの側面の複雑性を評定したのです。彼らは，16〜69歳の労働者3,101名を対象として仕事の複雑性得点が高いと認知機能が高いことを示しました。さらに20年後に233名の追跡調査を行った結果，仕事の複雑性得点が高かった人で，認知機能の上昇がみられました。なお，この傾向は高い年齢の対象者で顕著でした。ほかにも，仕事の複雑性得点が高い仕事についていた人の方が認知症の発症が少ないという研究もあります。また，女性の場合には仕事の代わりに家事に注目し，同じように複雑性が高い方が認知機能が高いことを示した研究もあります。

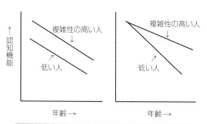

図5.4.1 人生文脈と認知機能の関係の模式図

（注）左図：仕事の複雑性が生涯にわたり影響する
　　　右図：仕事の複雑性が加齢変化に影響する

4　余暇活動の影響

高齢期になると仕事から引退する人が増えます。したがって，それまで仕事で使っていた時間をどのように過ごすかが認知機能にとって重要になると考えられます。なお，余暇活動の影響は短期的ではなく長期的に表れると考えられますので，縦断的にその影響を検証することが必要になります。ファブリゲール（Fabrigoule, C.）らの研究では，約2,000人の高齢者を３年間追跡し認知症の発症と社会活動や余暇活動との関係を調べました。その結果，認知症を発症したのは84名でしたが，旅行，家事や編み物，ガーデニングをしている人の方が，認知症の発症率が低いことがわかりました。その後，大規模な疫学研究などで，余暇活動が高齢期の認知機能に良い影響を与えるという報告が多くなされています。

このように，教育歴，仕事，余暇活動といった人生文脈の違いが，高齢者の認知機能と関連していることがわかってきました。しかし，いまだ２つの疑問が残っています。第一は，前述したように人生文脈が加齢変化にどのくらい影響するかという問題です。これまで多くの研究で，これらの要因が関係するのは，元々の認知機能の個人差であって，認知機能の加齢変化による個人差ではないことが示されています。図5.4.1の左図は，教育，仕事や余暇活動での複雑性の高い人生文脈をすごしてきた人がそうでない人よりも生涯を通して高い認知機能を保つ場合を，右図は人生文脈が老齢低下に関連する場合を図式化したものです。第二は，これらの要因が認知機能に影響するメカニズムです。認知的，社会的，身体的な経路が想定されていますが，それぞれがどのような関係でどの程度影響するのかはわかっていません。今後は，メカニズムを明らかにするための研究法の開発と，加齢変化を検証するための長期縦断研究が求められています。

（権藤恭之）

価した職業辞書。アメリカ労働省によって作成された。DOT第４版改訂版では，約１万2000の職業が収録されている。
▷8　Caplan, L. J., & Schooler, C. 2006 Household work complexity, intellectual - functioning, and self-esteem in men and women. *Journal of Marriage and the Family*, **68**(4), 883-900.
▷9　Fabrigoule, C., Letenneur, L., Dartigues, J. F. et al. 1995 Social and leisure activities and risk of dementia: A prospective longitudinal study. *Journal of the American Geriatrics Society*, **43**(5), 485-490.
▷10　権藤・石岡　前掲書
▷11　たとえば，カープらは，余暇活動を評価する方法として，個別の余暇活動がもつ影響力を身体，認知，社会の３側面で点数化し，個人ごとの余暇活動のパターンに応じて総合点として計算する方法を提案している。Karp, A., Paillard-Borg, S., Wang, H.-X. et al. 2006 Mental, physical and social components in leisure activities equally contribute to decrease dementia risk. *Dementia and Geriatric Cognitive Disorders*, **21**(2), 65-73.

Ⅴ　認知情報処理①理論的側面

認知機能の低下に対する補償理論

１　認知機能の低下に対する補償

　高齢者の認知に関する研究では，長い間，実験室でディスプレイに提示される課題に反応するといった実験室場面において成績が低下することが報告されてきました。たとえば，記憶テストや反応時間課題の成績は明らかに低下します。しかし，認知症のように極端に悪くならない限りは普通に生活することができます。このような現象の背景には，加齢に伴った認知機能の低下を補償するなんらかの仕組みがあることが推察されます。そこで近年は，認知機能の低下ではなく，高齢者はどのようにその低下を補っているのかに注目した研究が行われるようになってきました。以下ではその例として，記憶補償の方略についての研究を紹介します。

２　記憶における補償

　記憶補償にはどのような側面があるのでしょうか。ディクソン（Dixson, R. A.）の研究グループは，記憶補償の方略について高齢者に対するインタビューや，先行研究の指摘などからまとめています[1]。まず，記憶の加齢変化に対する補償的な行動と記憶補償の定義として，Remediation（治療），Substitution（代用），Accommodation & Assimilation（調整と同化）の３つの努力の項目があるとしました。次に，その内容を具体的な行動として記述し，５つの因子から構成される Memory Compensation Questionnaire（MCQ：記憶補償質問紙）を作成しています（表5.5.1）。

　治療とは，自らの記憶低下を回復させるために記憶方略等の練習に時間を費やすという意味です。けがをしたときのリハビリテーションに相当します。

　代用とは，これまで使っていなかった外的な記憶補助を利用したり，新たな内的な記憶方略を利用したりすることです。外的な記憶補助には，メモなどの記憶代用装置だけではなく，人に覚えておいてもらうといった方略も含みます。まさに，日常生活場面で使われる補償であることがユニークです。また，内的な記憶方略は，覚えるときに意識的に若いときよりもより多くのリハーサルを繰り返すことや，同じく記銘時に記憶対象のイメージを思い浮かべるというイメージ方略などの記憶術を使うことを意味しています。

　調整と同化とは，記憶に対してより高い目標をもって，ことに当たろうとす

[1] Dixon, R. A., de Frias, C. M., & Bäckman, L. 2001 Characteristics of self-reported memory compensation in older adults. *Journal of Clinical and Experimental Neuropsychology*, **23**(5), 650-661.

る気持ちを意味します。つまり，自分の記憶力が低下したからといって諦めるのではなく，意欲的に記憶しようとする姿勢があることが，補償方略を使用する動機づけになると考えるわけです。

3 共同作業による補償

3人集まれば文殊の知恵といわれるように，共同作業が認知的活動の目的を成功に導くことは経験的にも知られています。共同して問題解決に当たることができるのは人間の優れた特徴の一つです。効率的な共同作業の遂行のためには，頭数をそろえるだけではなく，メンバーにチームワークが必要ですが，高齢者の研究において注目されているのが，長年連れ添った夫婦です。ここでは，もっとも代表的な研究を紹介します。彼らは，第1実験では，若年群と高齢者群で，1人で課題を実施する場合と他人同士の組み合わせ（2人および4人）の場合，第2実験では，若年夫婦と婚姻期間が長期にわたる高齢者夫婦に対して，人生の回顧に関する物語の再生課題を実施しました。記憶するのは，200ほどの意味のある単位に分けることができる4分ほどの物語で，200個の意味単位の再生の有無を採点しました。その結果は図5.5.1に示すように，実験1の他人同士の組み合わせでは，たしかに1人よりも2人，2人よりも4人の成績が良くなっていましたが，若年者群と高齢者群の成績の差は変わりませんでした。一方，第2実験の夫婦の比較では，高齢者群の成績は他人の組み合わせよりも良く，若年夫婦群の成績と同じレベルになったのです。

どうして，長年連れ添った夫婦は共同作業の成績が良いのでしょうか。高齢者夫婦はすでに共同作業の経験が豊富で，その経験を実験課題にうまく活かすことができたのかもしれません。また，信頼関係が築けている二人の作業は，うまくできるという自信をもたらし，良い結果に結びついたのかもしれません。いずれにせよ，高齢者夫婦は共同作業がうまくいくための要素を自然と獲得しているといえるでしょう。

高齢者は様々な方略を用いて認知機能の低下を補償している可能性があります。高齢者を調べることは，高齢者だけでなく若年者にとっても，物忘れを防ぐ，あるいは共同作業を成功に導くためのヒントを提供してくれるのではないでしょうか。

（権藤恭之）

表5.5.1　MCQにおける記憶方略の5つの次元と質問項目例

方略：内容	項目例
外的方略：メモや手帳などの備忘録を使用する	買い物では，メモを使いますか
内的方略：頭の中でイメージやリハーサルをする	テレビを見ていて内容を覚えたいことがあると，語呂合わせやくり返しのような「記憶術」を使いますか
時間方略：情報を覚えるためにより時間をかける	覚えておきたい新聞記事があるとき，ゆっくり読むことがありますか
依存方略：他の人を記憶補助として頼む	大事な約束を忘れないように，誰か（たとえば，配偶者や友人）に知らせてもらうように頼みますか
努力方略：日常生活における記憶課題でより努力する	大事な話の内容を覚えておきたいとき，一生懸命覚えようとしますか

出所：Dixon, de Frias, & Bäckman, 2001をもとに作成

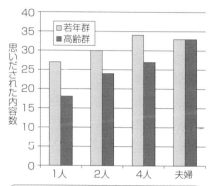

図5.5.1　共同作業の条件における，物語の内容想起数の年齢群比

出所：Dixon & Gould, 1998

▶2　夫婦で作業すると物語の記憶成績が増加したり，虚偽記憶が低下することが報告されている。
Dixon, R. A., & Gould, O. N. 1998 Younger and older adults collaborating on retelling everyday stories. *Applied Developmental Science*, 2(3), 160-171.
Ross, M., Spencer, S. J., Blatz, C. W., & Restorick, E. 2008 Collaboration reduces the frequency of false memories in older and younger adults. *Psychology and Aging*, 23(1), 85-92.
▶3　Dixon & Gould 前掲書
▶4　Ⅶ-3 参照。

Ⅵ　認知情報処理②注意

　注意の持続と注意の瞬き

注意の持続

○いろいろな注意

　注意の問題は、われわれの意識そのものの問題といえるかもしれません。何かに意図的に意識を向けること。その意識を維持させること。何かに意識を向けながらも、その周辺のものにも意識を分散させること。そして、その意識には、本人も気がつかない、情報の処理過程も関連してくるようです。また、意識の向きを変える（変えなければならない）こともあります。このように注意には様々な側面があり、その老化の影響も一様ではありません。

○持続的注意

　いろいろな注意の中から、ここではまず、一定期間、能動的に意識を特定の対象に向け続ける問題を考えてみましょう。このような注意を持続的注意といっています。日常生活の場面でもいろいろな場面にかかわってきます。たとえば、長い時間間隔で持続的注意が必要な場面としては、流れ星の観察があるでしょう。新聞などを読んでいると、例年、しし座流星群が観察されるので、「午前×時周辺に○○の方角に注意してみてください」というような記事が載ります。指定された時間に起きだして、指示された方角をみるものの、すぐに現れずに、しばらく意識をその方角に向け続けるような場合です。その他、比較的短い時間間隔の例としては、他者の話を聞くような場面があるでしょう。一つのセンテンスの話し始めから話し終わるまで、一定期間その内容に意識を向けなければなりません。このときにも注意の持続が必要なのです。

○ヴィジランス課題

　持続的注意を主として扱う課題にヴィジランス（vigilance）課題があります。ヴィジランスとは、「寝ずの番」を意味するものです。一定期間、用心しつづけるという意味があり、たしかに持続的注意を指すものといえるでしょう。心理学の実験では、「寝ずの番」をさせるのではなく、たとえば一定期間パソコンのモニターに注意を向けさせるような課題になります。モニターに、次々と図形が現れるとしましょう。たとえば一辺2cmの正方形が次々と現れるとします。その一連の刺激の中で、一辺2cmの正三角形が現れたときに、なるべく早く手元のスイッチを押すような課題です。このとき、反応すべき図形をターゲット、反応してはいけない図形を非ターゲットといいます。このような課題

を用いて高齢者を対象として実験してみると様々な特徴があることがわかりました。代表的な実験から高齢者の特徴を３つ確認してみましょう。

①高齢者はターゲットと非ターゲットの区別のしやすさが結果に大きく影響するということ。ターゲットと非ターゲットが区別しやすければ，高齢者と若年者との差が小さくなることがわかりました。②高齢者は刺激の呈示時間の影響を強く受けること。刺激の呈示時間が短いと年齢差の影響を強く受けますが，刺激の呈示時間を長くとれば，若年者と高齢者の差は小さくなりました。③高齢者は課題に負荷される別の課題の影響を受けやすいということ。ターゲットへの反応以外にそれと並行して，記憶課題を与えるとターゲットの「見逃し」が多くなりました。逆にいうと，負荷される課題をなくしてしまえば，年齢差は小さくなることがわかりました。以上のような結果から，たしかに持続的注意のいろいろな側面で加齢の影響が出てくる反面，それには持続的注意以外の要因が大きく影響している可能性がありそうです。

▶1 Parasuraman, R., & Giambra, L. M. 1991 Skill development in vigilance: Effecs of event rate and age. *Psychology and Aging*, **6**(2), 155-169.

2　注意の瞬き

持続的注意と同じように，時間の流れの中で注意の働きをみるときの問題に，注意の瞬き（attentional blink）があります。これはさきほどの持続的注意が比較的ゆっくりとした刺激の呈示間隔の中で起こる問題であるのに対して，短い刺激呈示間隔でみられる問題です。この問題では，一つの非ターゲット（たとえばアルファベット文字）がきわめて短い時間間隔の中でいくつも（10個/秒）呈示されます。実験協力者には，その一連の非ターゲットの中に「埋め込まれた」ターゲット（たとえば数字）が何だったかを報告することが求められます。このような課題において，２つのターゲットの時間間隔が短い（500ms以下）とき，最初のターゲットは高い確率で報告できても，それに続くターゲットが見落とされやすくなるという現象があります。最初のターゲットに注意を向けたあとの注意の「瞬き」というものです。「瞬き」をすることで，一瞬，情報の処理能力が低下することをたとえたものでしょう。

このような実験課題を用いて，加齢の影響をみると，高齢者ではいくつかの特徴がみえてきます。一つは，瞬きの「強さ」が強くなることがわかりました。２番目のターゲットを見逃す率が高齢者で増加するのです。さらに，興味深いことは，「強さ」ばかりでなく，影響の「長さ」が高齢者で長くなることがわかりました。最初のターゲットの影響が消えるまで，２番目の刺激を出す時間間隔を長くとらなければならないということです。そして，どのような形で反応を求めるか（ターゲットの検出をどのような形で報告させるか）ということも，結果に大きく影響することがわかりつつあります。この反応様式の問題は，日常生活への「注意の瞬き」の影響を考える上で重要な問題といえるでしょう。

▶2　渡邊洋・足立公洋・梅村浩之・松岡克典　2005　先行する課題内容が高齢者の注意の瞬きに及ぼす影響　人間工学，**41**(4), 244-247.

（土田宣明）

Ⅵ　認知情報処理②注意

選択的注意

1　選択的注意とは

○視覚探索課題

　われわれは外の世界からたえず様々な情報を受けとっています。その中から，そのときの目標に合う情報を選択しています。必要としない情報を無視し，必要とする情報だけを受け取るための情報選択の働きを「選択的注意」と呼んでいます。この選択的注意を一番実感できるのは，視覚探索課題といえるかもしれません。視覚探索課題とは，たくさん刺激が並んでいる中で，特定の刺激（ターゲット）を探すことが求められるような課題です。図6.2.1をみると，左右にたくさんの刺激が並んでいます。左側からは「Ｏ」を探すことが指示されたとしましょう。これは比較的簡単です。一方右側からも同じ「Ｏ」を探すことが指示されたとします。こちらはかなり時間がかかったのではないでしょうか。同じ刺激を探すのでも，周りの刺激との「区別しやすさ」が反応時間に大きく影響することがわかります。このような課題を用いて，選択的注意における加齢の影響がたくさん調べられてきました。

○結合探索課題

　視覚探索においても，いくつか加齢の影響が確認されつつあります。たとえば，課題の違いによって，加齢の影響が異なるという点です。典型的な実験は結合探索課題というものです。結合探索課題では，複数の次元に注意してターゲットを探さなければなりません。図6.2.1で示した例は，左右の課題で，難しさに違いはあったものの，いずれも「形」の次元に注目するだけでターゲットが見つかりました。しかし，次のような課題ではどうでしょうか。今度は「緑色のＴ」と「赤色のＯ」が一面に並べられているとします。その中に一つだけ「赤色のＴ」があり，それ探し出すというものです。このような課題では「形」だけに注目するわけにはいきませんし，「色」だけに注目するわけにもいきません。「色」と「形」に同時に注目して，ターゲットを探さなければならないのです。このような課題では高齢者で，若年者に比べ探索時間が長くかかることがわかっています。

○注意の範囲

　注意を向ける範囲に関しても興味深い実験結果があります。コンピュータ画面の中央に刺激（ターゲット）を呈示して，そのターゲットの模様（縞模様の傾

▷1　Plude, D. J., & Doussard-Roosevelt, J. A. 1989　Aging, selective attention, and feature integration. *Psychology and Aging*, 4(1), 98-105.

▷2　金子利佳　2003　視覚の加齢変化　心理学ワールド，21，27-29.

き）を判断させる実験です。このとき，ターゲットとは距離を置いて，無視すべき刺激（ターゲット同様縞模様の刺激）を置いて，ターゲットとなる刺激の，縞模様の角度の判断を求めたところ，高齢者と若年者で違いがみられました。ターゲットの近くに，非ターゲットの刺激を呈示すると，高齢者では，若年者に比べ，ターゲットの縞模様への判断が遅くなることがわかりました。加齢により，ある限られた場所に注意を向けようとしても，その近くの情報まで処理してしまうようです。

```
T T T T T             Q Q Q Q Q
T T T T T             Q Q Q Q Q
T T T T T             Q Q Q Q Q
T T T T T             Q Q Q Q Q
T T T T T             Q Q Q Q Q
T T T T T             Q O Q Q Q
T T O T T             Q Q Q Q Q
T T T T T             Q Q Q Q Q
```

図6.2.1　視覚探索課題の例

(注) 課題は左右いずれも「O」をみつけることにある。左の課題が右の課題より容易なのではないだろうか。
出所：Rogers, W. A. 2000 Attention and aging. In D. Park & N. Schwarz (Eds.), *Cognitive aging: A primer.* New York: Psychology Press. pp.57-73.

○慣れ・経験の要因

しかし，選択的注意課題において，「慣れ」の要因が加齢の影響を小さくすることもわかっています。探索すべき場面が高齢者にとって，日頃よく「経験」しているものならば，視覚探索への加齢の影響は小さくなるということです。中高年の医学技術者を対象として，エックス線写真から悪性腫瘍を探索するような課題では，若年者と劣らない成績をとりました。これまでの経験が「てがかり」となって，選択的に注意しなければならない場所に注意を向けさせているものと思われます。

❷ 感覚機能低下の影響──共通原因仮説

視覚探索における加齢の影響は，選択的注意の働きそのものの問題と考えるのではなく，感覚的な機能低下が基盤にあるのではないかという考え方もあります。たとえば，ターゲットそのものの，見やすさの要因を統制した結果，加齢の影響がなくなったとする研究結果もみられます。ベルリン加齢研究によると，視覚探索に限らず，様々な認知能力において感覚機能の低下が，認知能力低下の一番大きな要因になっていることが推察されています。視覚的・聴覚的な「感度」を測定した感覚機能で，認知能力における機能低下の原因の，多くを説明できるというものです。Ⅴでも述べられているように，高齢者の認知機能の低下を検討した仮説は複数ありますが，このような仮説を「共通原因仮説（common cause hypothesis）」と呼んでいます。

（土田宣明）

▷3　Clancy, S. W., & Hoyer, W. J. 1994 Age and skill in visual search. *Developmental Psychology*, 30(4), 545-552.

▷4　Gottlob, L. R., & Madden, D. J. 1998 Time course of allocation of visual attention after equating for sensory differences: An age-related perspective. *Psychology and Aging*, 13(1), 138-149.

▷5　ベルリン加齢研究とはシアトル縦断研究と並ぶ大規模加齢調査の一つ。

▷6　Lindenberger, U., & Baltes, P. B. 1994 Sensory functioning and intelligence in old age: A strong connection. *Psychology and Aging*, 9(3), 339-355.

Ⅵ　認知情報処理②注意

 分配的注意

1　分配的注意──注意を分ける

Ⅵ-2 でも述べたように，われわれは様々な情報を受け取っていますが，特定のものに意識を集中させるばかりでなく，複数の方向に同時に意識の向きを振り分けてもいます。たとえば，街中を歩いているとき，待ち合わせをしている対象の特徴を頭に浮かべて，多くの人を視覚的に探索していると同時に，前から来る人たちの動きも同時に意識して，ぶつからないようにしています。特定の人を視覚的に探索すると同時に，周りの人の動きに合わせて，自分の歩く方向を決めるというように注意の向きを分割しています。

　これは，視覚的なものばかりではありません。有名なカクテルパーティ効果は聴覚での注意の分配を意味しています。ちょっとした集まりの中で，前の人と挨拶をかわしながらも，どこかで自分の名前を呼ばれると（親密度の高い刺激が提示されると），そちらに返事をすることができます。様々な情報がじつは自動的に取り込まれていることがわかります。

2　加齢の影響

○両耳分離聴課題

　注意の分配を検討するときの典型的な実験課題の一つは両耳分離聴実験（dichotic listening experiment）です。左右の耳にイヤホンをつけている状況を想像してください。このとき，左右の耳に繋がれているイヤホンは別々の音源をもっているとします。別々の内容の情報が両耳に送られてくる中で，両耳の情報に注意を分配している場面といえるでしょう。このような課題を用いて成人期以降の発達的な変化をみた研究では，加齢とともに成績が低下することがわかりました。

○文字照合課題

　東京都老人総合研究所（現在の東京都健康長寿医療センター）が開発した認知機能の検査の一つに文字照合課題というものがあります。図6.3.1に示したように「上」「中」「下」という漢字が，上段，中段，下段のいずれかに書かれています。このような刺激に対して，文字と文字位置が一致するものに○をつけ，同時に順番に数字を振っていく課題です。図6.3.1の下にある，実際の課題の一部を試しに行うと意外に難しいことがわかります。文字位置と文字の意味の

▷1　Hartley, A. A. 1992 Attention. In F. I. Craik & T. A. Salthouse (Eds.), *The handbook of aging and cognition*. Hilsdale, NJ: Lawrence Erlbaum Associate. pp.3-50.
▷2　東京都老人総合研究所　2007　ファイブ・コグ──高齢者用集団認知検査　認知症サポートセンター
▷3　軽度認知障害とは，認知機能が軽度に障害された状態であり，認知症に移行する前段階ではないかと考えられている。
▷4　Rogers, W. 2000 Attention and aging. In D. Park & N. Schwarz (Eds.), *Cognitive aging: A primer*. New York: Psychology Press. pp.57-73.

照合とそれへの番号づけに注意を割くのが難しく感じるのではないでしょうか。このような課題では，とくに認知症の前段階として注目されている軽度認知障害（Mild Cognitive Impairment：MCI）の段階で回答数が極端に少なくなるなど，様々な認知課題の中でもとくに低下しやすい課題であるといわれています。

それでは，分配的注意の機能は加齢とともに低下すると考えていいのでしょうか。分配的注意への加齢の影響は，課題の複雑性や，その課題についてどれくらい練習したか（慣れているか）という要因で大きく変化するようです。

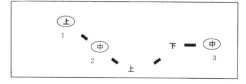

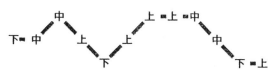

図6.3.1 注意の分割を必要とする課題

（注）ファイブ・コグテストの一部。上段は反応例である。下段は課題例である。

出所：東京都老人総合研究所　2007　ファイブ・コグ——高齢者用集団認知検査　認知症サポートセンター

○ 課題の複雑性

比較的単純な課題（たとえば，Xや＋の記号が複数並んでいる中で，Xから伸びた短い線を探すと同時に，＋から伸びた短い線もなるべく早く探すという課題）を用いて加齢変化を見た研究があります。このような課題を用いて，高齢者と若年者を比較した結果，両者に統計上有意な差がないことがわかりました。さらに，この課題に別の課題を負荷しても，同様に統計上有意な差がないことがわかりました。ところが，もっと課題を複雑にした別の実験では異なる結果がみられました。この実験では，聴覚的に音声で呈示される単語に注意を向けながら，呈示される単語が「生きもの」かどうかを判断すること。さらに，視覚的に呈示された文字（数字）が母音か，子音か，奇数か，偶数であるか判断することが必要でした。このような複雑な二重課題を実施すると，一度に一つの課題を遂行するときに比べ，高齢者では若年者よりも大きな困難を示しました。

○ 課題への慣れ

分配的注意への加齢の影響をみるときには，高齢者が課題に慣れているかどうかが重要だと考えられています。いわゆる練習効果という問題です。複数の課題に，同時に注意を分配しなければならないようなとき，その課題を事前にどの程度練習したかによって大きく結果が異なることがわかりました。たとえば，練習にかなりの時間と回数をかけた実験では，分配的注意に関して，加齢の影響がみられない（もしくは小さい）とする結果がみられますし，一方，練習を抑えて少なくした研究では加齢の影響が大きく現れます。これは，「選択的注意」の解説（Ⅵ-2）で述べた「経験の要因」と同じです。高齢者においては，課題そのものへの慣れや経験の要因が注意の効率に大きく影響するようです。

（土田宣明）

▶5 Somberg, B. L., & Salthouse, T, A 1982 Divided attention abilities in young and old adults. *Journal of Experimental Psychology: Human Perception and Performance*, 8(5), 651-663.

▶6 McDowd, J. M., & Craik, F. I. 1988 Effects of aging and task difficulty on divided attention performance. *Journal of Experimental Psychology: Human Perception and Performance*, 14(2), 267-280.

▶7 Rogers, W. A., Bertus, E. L., & Gilbert, D. K. 1994 Dual-task assessment of age differences in automatic process development. *Psychology and Aging*, 9(3), 398-413.

▶8 Crossley, M., & Hiscock, M. 1992 Age-related differences in concurrent-task performance of normal adults: Evidence for a decline in processing resources. *Psychology and Aging*, 7(4), 499-506.

Ⅵ 認知情報処理②注意

課題の切り替え

意図的過程

○注意の切り替え

注意の中には，対象によって自動的に注意が誘導される非意図的な過程と，目標に従って意図的に注意をコントロールする過程があります。意図的な注意が，その機能をもっともよく発揮しなければならないのが，複数の課題を次々に行わなければならない場面です。たとえば，ある作業をしていて，次に別の作業をしなければならないとき，前の課題に対する注意をいち早く抑えて，次の課題に対する注意を開始しなければなりません。このような課題の切り替えは高齢者が困難を示す課題の一つといわれています。▷1

○切り替えコスト

2つの課題があったとします。Aという課題は刺激に対する色を判断しなければならない課題，Bという課題は形を判断しなければならない課題であったとします。このような課題をABBAというように課題を切り替えながら行わなければならないとき，それを単独で行ったとき（課題Aのみ，または課題Bのみ）に比べると各試行での反応時間が長くなります。これは一つの課題から別の課題への注意の切り替えにかかった「コスト」であると考えられます。このようなコストを「全体的切り替えコスト（general switch cost）」といいます。また，一方でこのように課題を次々に切り替えねばならない課題の中でも，たまたま直前の課題と同じ課題が続いた場合と，そうでない場合があります。この例で考えると，ABBAで，B課題が続いたような場合と，AからB（もしくはBからA）に，課題を切り替えねばならない場合です。このように課題が切り替わる場合も，同じ課題が続く場合に比べ，「コスト」がかかります。これを「部分的切り替えコスト（specific switch cost）」といいます。このような課題の切り替えコストに関しては，全体的切り替えコストで大きな加齢変化がみられるといわれています。▷2 これは，切り替えのルールを作動記憶（ワーキングメモリ）▷3 内に保持しなければならないことが影響したものと考えられています。一方で，練習を繰り返し実施することで，このような切り替えコストが高齢者でも低減されることも示されています。▷4

▷1　土田宣明　1991　老年期における認識転換の困難――自己調節機能の観点からの検討　発達心理学研究，**2**(2), 99-105.

▷2　Mayr, U. 2001 Age differences in the selection of mental sets: The role of inhibition, stimulus ambiguity, and response-set overlap. *Psychology and Aging*, **16**(1), 96-109.

▷3　Ⅶ-2 参照。

▷4　Buchler, N. G., Hoyer, W. J., & Cerella, J. 2008 Rules and more rules: The effects of multiple tasks, extensive training, and aging on task-switching performance. *Memory & Cognition*, **36**(4), 735-748.

2 非意図的過程

○ストループ課題

非意図的に注意が誘導されてしまう典型的なものがストループ課題でしょう。[5]

図6.4.1に示したように色と文字が異なる刺激を呈示されたとします。このような刺激を見せられると，ほぼ例外なく，「シロクロ」と呼んでしまうでしょう。しかし，文字を無視して色を読むように指示されたとします。文字を無視して色を読むと「クロシロ」ということになります。われわれは，このように文字をみせられると何色であれ，文字の意味に注意が向くように自動化されています。日常生活では，処理の効率をよくするという意味で，たいへん有難い機能であるといえます。しかし，ストループ課題のように，自動化された過程を抑えねばならないような場面では，文字に対する干渉効果がみられますし，高齢者でこの干渉効果が高くなります。[6] 非意図的な過程を意図的にコントロールすることの難しさを示しているといえるでしょう。

課題：文字は無視して色を読んでください。
図6.4.1 ストループ課題の例

○注意の捕捉

複数の刺激を呈示されたときにも，指示されたことに反して，非意図的に「目立つ」，特定の刺激に注意が向いてしまうことがあります。このような現象を「注意の捕捉」と呼んでいます。

高齢者では一般的に意図的に注意をコントロールしなければならない条件下で，目立つ刺激に注意が移動してしまう（捕捉される）ことが示されています。[7] たとえば，灰色の刺激の中で，一つだけ色のついた刺激が呈示されると，たとえそれが課題とは無関連な刺激であっても，そちらに視線が移ってしまう割合が増えるようです。

○注意の解放

また，注意には，捕捉された注意を別の刺激に移動させる過程もあります。これを「注意の解放」と呼んでいます。高齢者の注意の解放をみた研究があります。[8] 高齢者でも捕捉の速い顔図形を注視刺激として呈示した後，ターゲット刺激を左右どちらかに呈示し，その検出にかかった反応時間を基に顔刺激からの注意の解放に関する加齢の影響を検討しました。その結果，他の刺激と比較して捕捉されやすい顔刺激からは，注意の解放も早いことが示されています。このように，注意の捕捉や解放の加齢効果には，刺激の特性の違いが大きく影響するようです。

（土田宣明）

▶5 Stroop, J. R. 1935 Studies of interference in serial verbal reactions. *Journal of Experimental Psychology*, 18(6), 643-662.

▶6 Dulancy, C. L., & Rogers, W. A. 1994 Mechanisms underlying reduction in Stroop interference with practice for young and old adults. *Journal of Experimental Psychology : Learning, Memory, and Cognition*, 20(2), 470-484.

▶7 Kramer, A. F., Hahn, S., Irwin, D. E., & Theeuwes, J. 2000 Age differences in the control of looking behavior : Do you know where your eyes have been? *Psychological Science*, 11(3), 210-217.

▶8 川合南海子・坂田陽子 2009 顔刺激からの注意の解放における加齢の影響 発達心理学研究, 20(1), 61-73.

Ⅵ 認知情報処理②注意

日常場面での注意

1 有効視野

○中心視と周辺視

日常生活場面で，注意の問題が強くかかわるのは有効視野（useful field of view）の問題でしょう。有効視野とは，知覚課題において，注視点の周りで情報を検出したり，区別したり，貯蔵できる範囲を指します。たんにものが見える範囲を指すわけではありません。図6.5.1を参照してください。これは，有効視野の問題を検討するための実験課題例です。この課題では，中心視課題として，視野の中心にひらがな文字（「あ」「お」「ぬ」「め」）が1文字提示されます。そして，「あ」という文字が出現したときのみ発声することが求められます。一方，3重の楕円形の軌跡が書かれています。この○の位置に標的が提示されます。標的は時計周りで規則的に提示される標的（全体の80％）と，その規則から外れて提示される非規則的標的に分けられます。この規則的標的と非規則的標的を区別してボタン押しをする課題です。これを周辺視課題とします。いずれの課題においても，画面中心から視線を動かさず（中心視），周辺視で，標的が規則的に動いているか否かを区別しなければならない課題です。このように中心視と周辺視を用いるのが有効視野をみる課題となります。

○加齢効果

高齢者を対象として，このような課題を実施すると，高齢者の有効視野に関して興味深い傾向がみえてきます。まず中心課題を単独で行った場合は，大きな年齢差がみられませんでした。周辺視課題がないような場合，中心視に対する反応には大きな加齢変化がないようです。「あ」に対する反応時間には統計上有意な差がみられませんでした。ところが中心視課題と周辺視課題を並行して実施すると，とくに周辺視において，高齢者で反応時間の遅れが顕著になりました。また，非規則的な標的に対しても，規則的に移動していたとする偽反応（false alarm）が，若年者に比べ高齢者で多くみられました。中心視課題の負荷が加わることで，周辺視課題で年齢差が増大することから，たんなる視力の問題ではなく，注意の配分に問題があることが指摘されています。高齢者では注意の資源量が少なくなることで，周辺視課題により多くの注意を配分することが難しくなったことが推察されています。

▷1 Mackworth, N. H. 1976 Stimulus density limits the useful field of view. In R. A. Monty & J. W. Senders (Eds.), *Eye movement and psychological process.* Hillsdale, NJ: Lawrence Erlbaum. pp.307-321.

▷2 三浦利章・石松一真 2005 高齢者の認知機能——視覚的注意・有効視野を中心として 老年精神医学雑誌, **16**(7), 785-791.

▷3 三浦・石松 前掲書

▷4 石松一真・三浦利章 2003 高齢者の視覚的注意特性 心理学ワールド, **21**, 21-23.

2 自動車運転

○有効視野と運転

有効視野の問題が日常生活の中で密接にかかわってくるのが自動車運転場面でしょう。自動車運転で利用する情報の90％は視覚情報であり，事故原因の44％が知覚エラーであるとされています。さらに自動車事故の原因を分析した研究では，自動車事故の原因の13％，交差点事故の原因の21％を有効視野の問題で説明できるとする研究結果もあります。視力の低下のような視覚系の機能低下よりも，注意機能の低下が事故発生に強く結びついているようです。このように加齢の影響で低下する有効視野の能力は，自動車運転に大きく影響している可能性が高いといえるでしょう。

一方で，有効視野の大きさは訓練や練習によって，大きく改善する可能性があることも指摘されています。狭い有効視野が5日間のトレーニングで133％の向上をみせ，さらにその効果が6カ月維持されたという研究結果もみられます。有効視野の改善を目的とした認知リハビリテーションの有効性が期待されるところです。

○注意の切り替え

自動車運転場面では，さらに注意の切り替えも大きく影響しています。前方の車に注意するばかりでなく，道路脇を走行している自転車にも注意を向けたり，標識に注意を向けたりしなければなりません。注意の切り替えとは，ある対象から注意を引き離し（disengage），次の対象へ注意を移動させ（shift），その対象に注意をひき付ける（engage）ことを意味しています。Ⅵ-4でも述べたように，注意の切り替えには，加齢の影響が強いと考えられています。また，注意の切り替え能力の低下は認知症患者で顕著であることもわかっています。認知症高齢者の自動車運転の問題が現実化してきている今，自動車運転場面での注意研究はたいへん重要だといえるでしょう。高齢者にとって，見やすい道路標識や理解しやすい道路案内の開発も重要な課題です。高齢者の有効視野や注意の切り替えの特性を配慮した交通安全対策が急がれるところです。

（土田宣明）

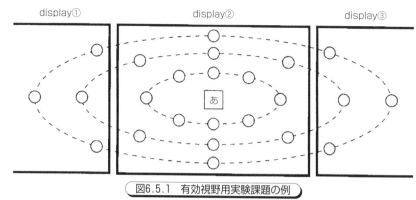

図6.5.1　有効視野用実験課題の例

(注) 注視点を中央のひらがな刺激に置き，周辺視で3重の楕円形に提示される刺激をみる。
出所：三浦・石松，2005

▷5 Hartman, E. 1970 Driver vision requirements. *Society of automotive Engineers, Technical Paper Series*, **700392**, 629-630.
▷6 Hills, B. L. 1980 Vision, visibility, and perception in driving. *Perception*, **9**(2), 183-216.
▷7 Ball, K. K., & Owsley, C. 1991 Identifying correlates of accident involvement for the older driver. *Human Factors*, **33**(5), 583-595.
▷8 Ball, K. K., Beard, B. L., Roenker, D. L., Miller, R. L., & Griggs, D. S. 1988 Age and visual search: Expanding the useful field of view. *Journal of the Optical Society of America A*, **5**(12), 2210-2219.
▷9 石松・三浦　前掲書
▷10 Parasuraman, R., & Nestor, P. G. 1991 Attention and driving skills in aging and Alzheimer's disease. *Human Factors*, **33**(5), 539-557.

VII 認知情報処理③記憶と学習

記憶のしくみと老化の原因

▷1 岩佐一・鈴木隆雄・吉田祐子・吉田英世・金憲経・古田丈人・杉浦美穂 2005 地域在宅高齢者における記憶愁訴の実態把握 日本公衆衛生雑誌, 52(2), 176-185.
▷2 I-3参照。
▷3 I-4参照。
▷4 V-1, V-2参照。
▷5 van Hooren, S. A., Valentijn, A. M., Bosma, H., Ponds, R. W., van Boxtel, M. P., & Jolles, J. 2007 Cognitive functioning in healthy older adults aged 64-81: A cohort study into the effects of age, sex, and education. *Neuropsychology, development, and cognition. Section B, Aging, neuropsychology and cognition*, 14(1), 40-54.
▷6 運動
ここでの運動とは、ジョギングやウォーキングといった健康維持のための適度な有酸素運動を指す。
▷7 Colcombe, S. J., Kramer, A. F., Erickson, K. I., Scalf, P., McAuley, E., Cohen, N. J., et al. 2004 Cardiovascular fitness, cortical plasticity, and aging. *Proceedings of the National Academy of Sciences of the United States of America*, 101(9), 3316-3321.

1 高齢者の記憶はなぜ低下するのか

70歳から84歳までの高齢者838名に対して行った調査によると、高齢者に頻繁に生じる記憶愁訴として、「人名を忘れる」、「物品をどこに置いたか忘れる」、「物品をどこかに置き忘れてくる」「しようと思っていたことをし忘れる」といった物忘れが挙げられています。また、調査対象となった高齢者の約40％がこのような記憶に関する問題を経験していました。

高齢者が訴える物忘れは、加齢による記憶機能の低下を反映していると考えられますが、では、なぜ年をとると記憶力が悪くなるのでしょうか？ 高齢者の記憶の老化の原因としては、脳の萎縮や血流の低下といった脳機能の低下、情報入力に必要な視覚や聴覚などの感覚器官の機能の低下、またこのような生理的な機能低下に伴う、処理速度や抑制機能といった認知機能の低下が考えられています。

2 年齢だけでは説明できない高齢者の記憶の低下

誰でも高齢になると記憶機能は衰えてきます。しかし、物忘れを頻繁にしてしまう高齢者がいる一方で、あまり物忘れをしない高齢者もいます。このことは、記憶機能の低下には個人差があること、そして年齢以外の要因が記憶機能の低下に関連していることを示唆しています。

これまでの研究から、年齢以外の要因として、生活習慣や精神状態、教育歴、性別の影響が報告されています。高齢期は病気や親しい人の死別というように様々なストレスフルな出来事を経験する時期ですが、このようなストレスの結果生じるうつ気分は、記憶に悪影響を及ぼし、ときには周囲が認知症と勘違いするほど記憶が低下する場合もあります。

一方で記憶によい影響を与える要因としては、頭を使う知的な活動を行うことや、適度な運動が挙げられます。とくに運動に関しては、脳の血流を促し、高齢者で低下する処理速度や作動記憶（ワーキングメモリ）、長期記憶といった認知機能によい影響を及ぼすことも報告されています。加えて、運動は認知機能だけでなく、身体機能の維持、気分の改善にも効果的なことから、高齢者の心身の健康維持において、また認知症の予防においても近年注目されています。

性別に関しても、女性は男性よりも言語的記憶課題の成績がよいことが報告

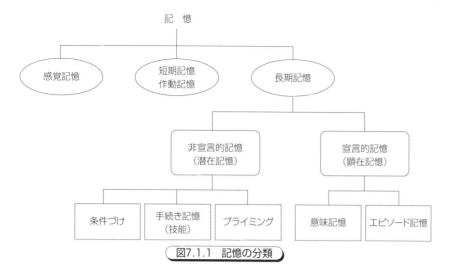

図7.1.1 記憶の分類

されています。

3 高齢者は全ての記憶が衰えるわけではない

　記憶は過去の経験やそこから得た知識を蓄え，蓄えた情報の中から必要な情報を取り出す役割を担っています。そしてこれまでの心理学，認知神経科学の研究から，記憶機能は一つではなく質的に異なった複数の記憶機能によって構成されていることが明らかとなっています（図7.1.1）。

　たとえば，記憶は情報が保持されている時間によって，感覚記憶，短期記憶（作動記憶），長期記憶に分類されます。

　感覚記憶は聴覚や視覚といった受容器から入力された刺激をそのままの状態で蓄える機能をいいます。今あなたが見ている光景を写真のように憶えていられる期間（視覚的感覚記憶：アイコニックメモリー）は数百ミリ秒，聞いた音をそのまま憶えていられる期間（聴覚的感覚記憶：エコイックメモリー）は数秒程度です。

　短期記憶と長期記憶については，短期記憶は数秒から30秒程度保持される記憶，長期記憶は半永久的に保持される記憶をいいます。また長期記憶は情報を思い出す際に言語化できる，あるいは思い出していることを意識できる顕在記憶と，思い出したことを言語化できない，あるいは思い出していることを意識できない潜在記憶に分かれます。そして顕在記憶や潜在記憶はさらにいくつかの記憶に分類されます。

　これらの記憶が加齢によって全て低下するかといえば，そうではありません。低下する記憶と低下しない記憶が存在します。

（増本康平）

▶8　Ⅶ-2〜Ⅶ-9を参照。

Ⅶ 認知情報処理③記憶と学習

短期記憶と作動記憶（ワーキングメモリ）

1 短期記憶

　数秒から30秒程度保持される記憶のことを短期記憶といいます。あなたが友達との食事のためにお店を予約するとき，たとえば，インターネットでお店の電話番号を調べて，お店に電話をかけた後，その電話番号はすぐに忘れてしまうのではないでしょうか？　短期記憶はお店の電話番号を保持する記憶にあたり，記憶の保持期間も短いため，電話をした後その番号はすぐに忘れてしまいます。

　表7.2.1の上段 a のアルファベットを読み上げ，できるだけ憶えてみてください。一度読み上げただけで憶えられる短期記憶の容量は5〜9個程度だといわれています。また，短期記憶の容量は物理的な情報量で決まりません。表7.2.1の下段 b を見てください。下段 b は上段 a と同じアルファベットを使用していますが，下段の方がアルファベットをよく憶えられると思います。これは短期記憶の容量が物理的な情報量ではなく，意味的な情報量に依存しているためです。短期記憶は高齢者では，低下はほとんどみられず，年を重ねても比較的保持される記憶だということが明らかになっています。

2 作動記憶（ワーキングメモリ）

　短期記憶は高齢者でもあまり低下しませんが，表7.2.1の上段 a で憶えたアファベットを TSCL……というように逆の順番で答えるよう求めた場合，加齢による低下は顕著にみられます。読み上げたアルファベットを逆の順番から答えるには，読み上げて憶えたアルファベットの順番を頭の中で逆転させる必要があり，このように蓄えた短期記憶の情報に操作を加える記憶のスペースは作動記憶（ワーキングメモリ）と呼ばれています。短期記憶は一次的な情報の保持に焦点をあてていますが，作動記憶は情報の能動的な変換処理に焦点をあてた，短期記憶をより拡張した記憶だといえます。

　作動記憶は聴覚的な情報を保持する音韻ループ，視覚的な情報を保持する視空間スケッチパッド，長期記憶と情報のやり取りをするエピソードバッファ，これらの情報処理を制御する中央実行系で構成されていると考えられています[1]（図7.2.1）。たとえば，私たちが文章を読む際にも，作動記憶が使用されています。文章を読むとき，単語を頭の中で読みあげながら，文章を目で追う必要が

▶1　Grady, C. L., & Craik, F. I. 2000 Changes in memory processing with age. *Current Opinion in Neurobiology*, **10** (2), 224-231.

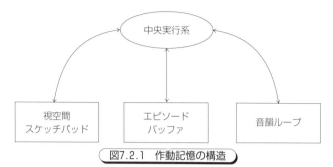

表7.2.1 短期記憶の容量

| a | N W J O T N H A H O B T K I L C S T |
| b | NHK　JAL　WHO　IOC　TBS　NTT |

図7.2.1 作動記憶の構造

出所：Baddely, A. D. 2003 Working memory: Looking back and looking forward. *Nature Reviews Neuroscience*, 4(10), 829-839.

ありますが，文章の音韻的な情報は音韻ループ，文章を目で追うことで得られる視覚的な情報は視空間スケッチパッドに蓄えられます。私たちは音韻ループに蓄えられた情報と視空間スケッチパッドに蓄えられた情報をマッチングさせることにより，同じ場所を繰り返すことなく，文章を読むことが可能となります。また，文章の意味を理解する際には，長期記憶から意味情報や経験に基づく情報を引き出すエピソードバッファが働きます。そしてこれら3つのシステムの働きは中央実行系によって制御されていると考えられています。

作動記憶が低下すると，このような文章理解だけでなく，頭の中で憶えた数字の操作が必要となる暗算など，いくつかの作業を同時にこなさなければならない難易度の高い作業に支障をきたします。

高齢者で作動記憶が低下する理由としては，作動記憶の中でも中央実行系の機能を担う前頭前野と呼ばれる脳機能の低下が挙げられます。

❸ 作動記憶の測定

作動記憶の測定方法としては，「6-3-4-9-8…」というように数字が読み上げられ，聞いた数と一つ前の数を足したものを答える，定速聴覚的連続加算テスト（Paced auditory serial addition test：PASAT）や，たとえば「農民たちは稲も麦も豊かに実ってくれることを期待した」という文を読みながら，下線部の単語を憶えるリーディングスパンテストがあります。この他にも視覚的な課題としては，ロンドン塔課題やウィスコンシンカード分類課題などたくさんの種類がありますが，いずれの作動記憶課題でも，何らかの情報を頭の中に留めながら別の情報を処理するという二重課題となっているのが特徴です。

（増本康平）

▶2　三村将　2004　第13章　前頭葉機能の評価　田川皓一（編）神経心理学評価ハンドブック　西村書店　pp.111-128.

VII 認知情報処理③記憶と学習

思い出の記憶（エピソード記憶）

1 高齢者が思い出せない記憶

「めがねを置いた場所を忘れた」，「昨日晩ご飯に何を食べたのか思い出せない」など，年をとると物忘れが激しくなる，ということをよく耳にします。このような物忘れにはエピソード記憶と呼ばれる記憶機能の低下が関与しています。エピソード記憶とは，いつ，どこで，といった時間や場所の情報を伴った過去の出来事の記憶のことを指し，一般的に「思い出」と呼ばれる記憶はエピソード記憶に分類されます。

高齢者のエピソード記憶の低下は，海馬や前頭前野の萎縮による機能低下の結果，いつ・どこでといった時間や場所の文脈情報に関する記憶が低下するために起こると考えられています。

▷ 1 Grady, C. L. 2000 Functional brain imaging and age-related changes in cognition. *Biological Psychology*, **54**(1-3), 259-281.

▷ 2 Ⅶ-4 参照。

2 記憶のプロセスの老化

○情報を記憶して思い出すまでのプロセス

長期記憶の中でも顕在記憶であるエピソード記憶や意味記憶は，情報を記憶しそれを思い出すまでに符号化・貯蔵・検索というプロセスを経ます。

私たちの周りには，多くの情報があふれています。私たちは，環境からの情報を視覚や聴覚などの感覚器官から取り入れています。しかし，取り入れた感覚情報はわずかな時間しか保持できないため，そのままの状態では情報を長い期間保持することができません。そこで，感覚情報の中でも記憶する必要のある重要な情報に対して何らかの意味づけが行われます。この情報の意味づけの段階は符号化と呼ばれています。次に，意味づけられた情報は頭の中に蓄えられます（貯蔵）。この貯蔵には海馬と呼ばれる脳部位が重要な役割を担っています。そして，私たちが何かを思い出そうとするとき，貯蔵された多くの情報を検索し，必要な情報を思い出しています。加齢は，符号化・貯蔵・検索，それぞれの段階に影響を及ぼします。

○記憶のプロセスに加齢が及ぼす影響

符号化の段階では，複雑で憶える際に努力を必要とするような情報の場合に，高齢者でとくに符号化処理が低下することが示されています。貯蔵に関しては，新たな情報を長期間保持することが難しくなります。しかしながら，すでに長期記憶として貯蔵されている情報については，その情報を忘れる割合（忘却率）

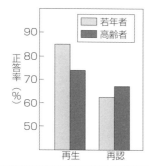

図7.3.1 高齢者と若年者の再認と再生の比較

出所：Craik, F. I. M., & McDown, J. M. 1987 Age differences in recall and recognition. *Journal of Experimental Psychology: Learning, Memory, and Cognition*, 13(3), 474-479.

に，高齢者と若年者で差がないことがわかっています。検索については，単語や物語をいくつか憶えてもらい，しばらくして憶えた単語や物語を思い出すというような，記憶した情報をそのまま再構成して思い出す能力（再生）の低下が顕著です。しかし，単語や物語のリストが呈示され，その中から憶えたものを選択する能力（再認）は，若年者と同等の処理が可能であることも報告されています[3]。図7.3.1は単語の再生と再認の成績を高齢者と若年者で比較したものです。分析の結果，再生では加齢による低下がみられましたが，再認ではみられませんでした。再認はできるが再生が低下するという状態は，高齢者の日常生活の中で，「知っているけど思い出せない」という現象を引き起こします。

記憶のプロセスに加齢が及ぼす影響を検討した研究結果は，高齢者が効率的に情報を記憶するための少なくとも2つの大きな示唆を与えてくれます。一つは，高齢者は符号化のプロセスに低下がみられるため，一度に複数の情報を与えるのではなく，一つ一つわかりやすく情報を提供することが高齢者の記憶を促進するということです。2つ目は，高齢者は憶えているのに思い出すことができないことが多くあるため，こういった検索のエラーを防ぐ手段として，思い出すための手がかりとなるメモや手帳を用いることが効果的だということです。

▷3 増本康平 2008 第10章 記憶のエイジング 藤田綾子・山本浩市（監訳）エイジング心理学ハンドブック 北大路書房 pp.151-164.

3 高齢者のエピソード記憶の低下と認知症の記憶障害との違い

高齢になると発症するリスクが高くなる脳梗塞，脳出血などの脳血管障害や，脳萎縮によるアルツハイマー病による認知症が，記憶障害を引き起こすことはよく知られています。このような認知症にみられる記憶障害は一般的にエピソード記憶の障害を指します。認知症ではない高齢者でもエピソード記憶は低下しますが，認知症にみられるエピソード記憶の障害とはその程度が異なります。「昨日の晩ご飯に何を食べたか」を聞かれて思い出せないのが一般的な物忘れだとすると，記憶障害では「昨日晩ご飯を食べたかどうか」を思い出すことができなくなります。

（増本康平）

Ⅶ 認知情報処理③記憶と学習

 知識の記憶（意味記憶）

1 知識に関する記憶

　九九や歴史上の人物，日本の首都は東京，といった一般的な知識に関する記憶は意味記憶と呼ばれています。Ⅶ-3 で解説したエピソード記憶と意味記憶は，どちらも思い出す際に意識を伴い，思い出した内容を言語化できるため，顕在記憶に分類されますが，この2つは「いつ・どこで」といった文脈情報を伴っているかいないかで区別されます。たとえば，「小学校のときにお風呂で九九の練習をした。」という記憶は「いつ・どこで」といった文脈情報を伴っているためエピソード記憶に分類されますが，「9×9＝81（ククハチジュウイチ）」という九九そのものは文脈情報を伴わない一般的な知識であるため意味記憶に分類されます。

2 老化の影響を受けにくい知識

　高齢者を対象とした意味記憶やエピソード記憶といった長期記憶に関する研究は数多く報告されていますが，大規模な研究や，複数の研究データをまとめ再分析をするメタ分析から，意味記憶は加齢による低下が緩やかであることが明らかになっています。また，いくつかの研究は，60歳以降も意味記憶が増加することを示しています。

　たとえばパーク（Park, D. C.）ら[1]は，20〜89歳までの345人を対象として，意味記憶を含む複数の認知機能を測定する横断研究[2]を実施しました。この研究では意味記憶を測定するために，呈示された単語ともっとも近い意味を持つ単語を選択する課題，呈示された単語の同義語を選択する課題，呈示された単語の反義語を選択する課題を実施し，これらの得点から意味記憶の得点を算出しました。図7.4.1は意味記憶とその他の認知機能の得点を年代ごとにプロットしたものです。これをみると，年代が上がるにつれて処理速度，作動記憶（ワーキングメモリ）や，エピソード記憶は顕著に低下していますが，意味記憶だけは70歳代まで得点が増加していることがわかります。

　ただし，この結果は横断的な研究で得られたものであるため，年齢以外の要因，たとえば，世代間の教育水準のちがいなどが結果に影響している可能性を否定することはできません。この問題を排除するために，レーンルンド（Rönnlund, M.）ら[3]は35〜85歳の829人を5年間にわたり追跡して，年齢による

▷1　Park, D. C., Lautenschlager, G., Hedden, T., Davidson, N. S., Smith, A. D., & Smith, P. K. 2002 Models of visuospatial and verbal memory across the adult life span. *Psychology and Aging*, **17**(2), 299-320.
▷2　ⅩⅨ-1 参照。
▷3　Rönnlund, M., Nyberg, L., Bäckman, L., & Nilsson, L.-G. 2005 Stability, growth, and decline in adult life span development of declarative memory: Cross-sectional and longitudinal data from a population-based study. *Psychology and Aging*, **20**(1), 3-18.

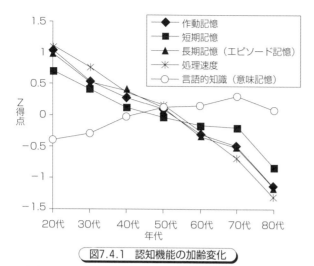

図7.4.1 認知機能の加齢変化

出所：Park et al., 2002

記憶機能の変化を検証しました。その結果，横断的研究とは異なり意味記憶は55歳まで増加し，それ以降徐々に減少していました。このように横断的研究と縦断的研究では，意味記憶が低下する時期が必ずしも一致しません。しかし，いずれにせよ意味記憶が他の記憶と比較して加齢の影響を受けにくいのは確かなようです。

3 意味記憶はなぜ低下しにくいのか

では，なぜ同じ顕在記憶であるエピソード記憶には加齢による低下がみられ，意味記憶では低下がみられないのでしょうか？　この理由としては，意味記憶が経験によって蓄積されるため，人生経験豊富な高齢者はそれだけ知識が多く，また蓄積された高齢者の知識は長い年月を経て強固に記憶として定着するからだと考えられています。

脳生理学的には，意味記憶やエピソード記憶の定着には，側頭葉内側の海馬とその周辺領域が重要な役割を担っていることがわかっています。この部位は，情報の内容だけでなく，「いつ・どこで」といった文脈情報の記憶にも関与しているのですが，高齢になると，この側頭葉内側部は他の脳部位と比較して顕著に萎縮することがわかっています。そのため高齢者は，文脈情報を伴うエピソード記憶に顕著な低下がみられます。しかし，意味記憶は一度記憶として構成されれば，その情報は側頭葉内側部ではなく，大脳皮質全体に蓄えられます。たとえば，物に関する知識は側頭葉，色に関する知識は後頭葉というように，その知識は脳の広範囲に保存されます。このように意味記憶は加齢の影響を受けやすい側頭葉内側部ではなく，大脳皮質のネットワークによって蓄えられているために，加齢の影響を受けにくいと考えられています。

（増本康平）

Ⅶ 認知情報処理③記憶と学習

 自伝的記憶

1 自伝的記憶とは

　甲子園に出場した，受験で第一志望の学校に合格した，といったよい思い出や，小さいころいじめられた，恋人にふられた，といった嫌な思い出は，きわめて個人的な経験の記憶です。しかしこのような記憶は，現在の自己形成に影響している重要な記憶でもあります。エピソード記憶の中でも，とくに自己に関連していて，現在のアイデンティティ形成の基になるような記憶は自伝的記憶と呼ばれています。

2 高齢者は20歳前後のことをよく思い出す

　自伝的記憶は，その出来事を何歳のときに経験したかに影響を受けるという特徴があります。図7.5.1は高齢者が人生のどの年齢で経験した自伝的記憶をよく憶えているかを検討した4つの研究結果をまとめたものです。横軸は思い出した自伝的記憶が起こった年齢を，縦軸はそれぞれの年代の自伝的記憶が全体の自伝的記憶に占める割合を表しており，この図から自伝的記憶に3つの特徴があることがわかります。1つは幼児期健忘と呼ばれるもので，3〜4歳以前の自伝的記憶が極端に少ないという現象です。高齢者に限らず，若年者でもこの時期の自伝的記憶はほとんど報告されません。2つ目の特徴は，高齢者が人生を振り返るとき，10代から30代に起こった出来事をよく憶えているというもので，レミニセンス・バンプと呼ばれています。就職や結婚，出産などその後の人生に大きく影響する出来事がこの時期に集中していることがレミニセンス・バンプの原因として考えられます。また，幸福な出来事の思い出にはレミニセンス・バンプがみられ，トラウマや悲しい出来事の思い出にはレミニセンス・バンプがみられないことも報告されています。3つ目の特徴は，30歳後半から50歳にかけての自伝的記憶は想起されにくいということです。またこの図にはありませんが，高齢者は1年以上過ぎた比較的最近の出来事の記憶も想起されにくい傾向にあります。

3 書き換えられる自伝的記憶

　自伝的記憶として思い出された記憶は必ずしも正しいものではなく，つねにその内容は更新されます。たとえば，第一志望の学校には入学できなかったと

▷1 Rubin, D. C., Rahhal, T. A., & Poon, L. W. 1998 Things learned in early adulthood are remembered best. *Memory & Cognition*, **26**(1), 3-19.

▷2 Berntsen, D., & Rubin, D. C. 2002 Emotionally charged autobiographical memories across the life span: The recall of happy, sad, traumatic, and involuntary memories. *Psychology and Aging*, **17**(4), 636-652.

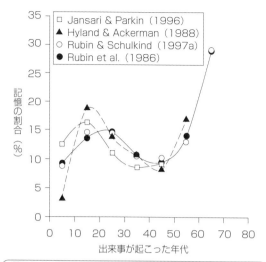

図7.5.1 想起された出来事が起こった年代と想起割合

出所：Rubin, Rahhal, & Poon, 1998

しても，その後，その学校でよい経験ができれば，第一志望に落ちたという嫌な思い出も，よい思い出として再構成されます。驚くことに，人生の印象的な出来事を思い出した後，1カ月後にもう一度思い出させると50％以上の出来事が他の出来事と入れ替わるという実験結果もあります。このように自伝的記憶の内容やよい思い出，嫌な思い出といった過去の出来事に対する評価はその後の経験や時間の経過とともに変化することがわかっています。

シュラグマン（Schlagman, S.）らはこのような自伝的記憶の再構成に加齢が及ぼす影響を検討しました。その結果，高齢者は若年者と比べて，よい出来事を思い出す傾向にあり，客観的にはネガティヴだと考えられる思い出であっても，高齢者はそれをポジティヴな出来事として思い出していることがわかりました。この理由としては，高齢者は感情的な満足を追求することに動機づけられているため，過去の嫌な思い出であってもよい思い出として再構成することで心理的安寧や幸福感を得ているという解釈がなされています。

4 人生の意味づけと自伝的記憶

エリクソン（Erikson E. H.）の心理社会的発達段階によると，高齢期の発達課題は「統合性」とされています。統合とは，高齢期になり死を意識する高齢者が，これまでの人生を振り返り，自分の人生に意味づけを行うことで，人生を受容し死を受け入れることをいいます。この統合がうまくいかず，人生を受容できないと，人生を修正するための時間的な猶予が残されていないため罪悪感や絶望感に苛まれます。自伝的記憶はまさに個人の人生の記録であるため，人生を意味づけ統合を促すために自伝的記憶の再構成に対してアプローチする回想法やライフレヴューと呼ばれる心理的な介入も行われています。

（増本康平）

▷3　高橋雅延　2000　11章　記憶と自己　太田信夫・多鹿秀継（編著）記憶研究の最前線　北大路書房　pp. 227-248.

▷4　Schlagman, S., Schulz, J., & Kvavilashvili, L. 2006 A content analysis of involuntary autobiographical memories : Examining the positivity effect in old age. Memory, 14(2), 161-175.

▷5　Ⅳ-4 参照。

▷6　Ⅹ-3 参照。

▷7　Ⅻ-4，Ⅻ-6 参照。

Ⅶ 認知情報処理③記憶と学習

ソースメモリと虚偽の記憶

▶1 Mitchell, K. J. & Johnson, M. K. 2000 Source monitoring: Attributing mental experiences. In E. Tulving & F. I. M. Craik (Eds.), *The Oxford handbook of memory*. New York: Oxford University Press. pp.179-196.

▶2 Schacter, D. L., Kaszniak, A. W., Kihlstrom, J. F., & Valdiserri, M. 1991 The relation between source memory and aging. *Psychology and Aging*, **6**(4), 559-568.

▶3 島内晶・佐藤眞一 2009 高齢者の虚偽記憶の特徴とその低減のための諸条件に関する展望　心理学評論, **52**(3), 311-321.

▶4 Roediger, H. L., & McDermott, K. B. 1995 Creating false memories: Remembering words not presented in lists. *Journal of Experimental Psychology : Learning, Memory, & Cognition*, **21**(4), 803-814.

▶5 Norman, K. A., & Schacter, D. L. 1997 False recognition in younger and older adults: Exploring the characteristic of illusory memories. *Memory & Cognition*, **25**(6), 838-848.

▶6　**意味プライミング効果**　先行する刺激（プライム）に対する処理が，後続の刺激（ターゲット）の処理に

1　情報源は失われやすい

　年をとると多くの病気にかかりやすくなり，決められた時間に決められた量の薬を飲むことが求められるようになります。自分が薬を飲んだのか飲んでいないのかを区別することは，高齢者にとってはとても重要なのです。このような，ある行為を自分が実際に実行したのか，それとも行為を行ったことを想像しただけなのかを区別するためには，ある出来事が起こったときの文脈に関する情報を思い出す必要があります。ある情報が，いつ，どこで，誰から，得られたものであるのかを思い出すことをソースメモリといいます。ソースメモリには，ある出来事が想像されたものなのか実際に実行されたものなのかを区別する能力（リアリティ・モニタリング）と，よく知った出来事の情報源を思い出す能力（ソース・モニタリング）とが含まれます。

　シャクター（Schacter, D. L.）らは，ある架空の事実（たとえば，「ボブのお父さんは漁師です」）は男性の声で，別の架空の事実は女性の声で若年者と高齢者に提示しました。その後，対象者は先に提示された事実を思い出すことと，ある事実が男性か女性のどちらの声で読み上げられていたかを答えるよう求められました。事実内容の記憶成績には，若年者と高齢者とで違いが認められなかったものの，情報源の記憶成績は高齢者の方が低くなるという結果が得られました。高齢者が情報源を思い出すことにはいくぶん困難を伴うようですが，若年者との差はそれほど大きいものではないともいわれています。

2　年をとると思い違いをしやすくなる

　虚偽の記憶とは，実際には生じていない事柄を覚えていること，あるいは，実際に生じた事実とまったく異なって覚えていることをいいます。実験室的な研究では，DRM（Deese-Roediger-McDermott）パラダイムを用いて検討されています。DRMパラダイムでは，対象者に学習段階では提示されないある特定の単語（たとえば，「医者」）と連想関係にある一連の単語（たとえば，「看護師」，「病院」，「患者」，「外科」…）を提示し，その後の記憶テストで，提示されていない「医者」という単語が誤って再生されたり再認されたりする程度を検討しています。ローディガー（Roediger, H. L.）とマクダーモット（McDermott, K. B.）は，学習段階で提示されていない「医者」という連想中心語が，強い確信をもって

虚再生されたり虚再認されたりする傾向があることを示しています。

　高齢者は，DRMパラダイムを用いた実験状況では，若年者よりも虚偽の記憶を引き起こしやすいと考えられています。ノーマン（Norman, K. A.）とシャクター（Schacter, D. L.）は，提示されていない連想中心語よりも提示された単語の再生率が若年者では高くなるものの，高齢者では両者は同程度の再生率になることを明らかにしています（図7.6.1）。高齢者で虚偽の記憶が起こりやすくなる原因の一つとして，先に述べたソースメモリとの関係が挙げられています。学習段階で一連の単語リストが提示されている間に，それらの単語と連想関係にある連想中心語が意味プライミング効果によって自動的に活性

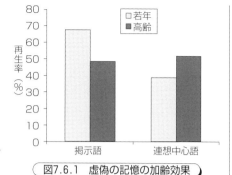

図7.6.1　虚偽の記憶の加齢効果

出所：Schacter et al., 1991を一部改変

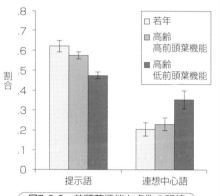

図7.6.2　前頭葉機能と虚偽の記憶

出所：Bulter et al., 2004を一部改変

化されます。テスト段階で，連想中心語が誤って再生されても，その単語の情報源を正しく評価できない（つまり，その単語が実際に提示されていたのか，自分で連想しただけなのかが評価できない）ために，虚偽の記憶が増えると説明されるのです。

3　前頭葉の働きが低下すると虚偽の記憶が増える

　高齢者は，なぜ情報源の記憶が不正確になったり，誤った記憶を想起したりするのでしょうか。近年の研究では，高齢者のソースメモリ課題や虚偽の記憶課題に対する遂行成績が，前頭葉の働きと関係していることが明らかにされています。バルター（Bulter, K. M.）らは，前頭葉の機能を神経心理学検査バッテリーで評価し，高齢者を前頭葉機能が高い群と低い群に分け，先に述べたDRMパラダイムを用いて虚再生がどの程度発生するのかを検討しました。その結果，前頭葉機能が高い高齢者は，単語リストの正再生率，連想中心語に対する虚再生率とも若年者と同じ程度の遂行成績を示しました（図7.6.2）。一方で，前頭葉機能が低い高齢者は，若年者や前頭葉機能が高い高齢者よりも，単語リストの正再生率が低く，連想中心語に対する虚再生率が高くなることが明らかになりました。高齢期におけるソースメモリの低下や虚偽の記憶の増加は，前頭葉の機能が低下している高齢者に限られる現象なのかもしれません。

（岩原昭彦）

自動的に影響を与えることをプライミングという。中でも，意味プライミング効果とは，プライムとターゲットが同じカテゴリに属し，両者が共通の意味を内包している場合に生じる現象のことを指している。たとえば，プライムが「医者」でターゲットが「看護師」である場合の方が，プライムが「バター」でターゲットが「看護師」の場合よりもターゲットに対する情報処理が速くなる。

▶7　Bulter, K. M., McDaniel, M., Dornburg, C. C., Price, A. L., & Roediger, H. L. 2004 Age differences in veridical and false recall are not inevitable: The role of frontal lobe function. *Psychonomic Bulletin & Review*, 11(5), 921-925.

▶8　**神経心理学検査バッテリー**　言語や記憶，注意などの認知能力が機能している程度を測定するための一連の検査のことを神経心理学検査という。脳の損傷などによって生じた機能障害のタイプを判別したり，その機能障害の程度を定量化したりするために用いられる検査である。正式な手続きによって標準化された神経心理学検査であれば，検査の結果から脳の損傷部位を推定することも可能になる。なお，認知機能をより多面的かつ正確に数量化することを目的として，複数の神経心理学検査を組み合わせたものを神経心理学検査バッテリーという。

参考文献

　金城光　2009　ソース・モニタリングと加齢　心理学評論, 52, 291-306.

Ⅶ 認知情報処理③記憶と学習

展望的記憶

1 し忘れと展望的記憶

 私たちの生活は仕事や家事，友人や家族との約束といった様々な予定から成り立っています。そして私たちは，それらの予定を決められた時間に，あるいは決められた順序で遂行しながら生活しなければなりません。予定を遂行するためには，予定の内容だけでなく，適切な時点でしなければならないことを思い出す必要があり，このような記憶は展望的記憶と呼ばれています。そして展望的記憶のエラーは，「7時に友達と食事に行く約束を忘れていた」というような「し忘れ」の形で現れます。

2 高齢者の展望的記憶

 高齢者の多くは，「人の名前が出てこない」，「財布をどこにしまったか忘れる」というように日常生活の中でも記憶に関する問題を訴えます。そして高齢者が訴える記憶の問題の中には，「薬を飲むのを忘れてしまう」や「外出時に火の元，戸締まりの確認を忘れてしまう」といった展望的記憶に関する問題が多く含まれており，このような「し忘れ」は，最悪の場合，生命を脅かす状況にもつながります。そのため，これまでに高齢者を対象とした展望的記憶に関する研究は数多く報告されています。しかしながら，現在のところ加齢が展望的記憶に及ぼす影響についてはよくわかっていません。
 たとえば，実験室で行う展望的記憶課題では，パソコンの画面に出てくる文字を記憶するという課題を行いながら，特定の文字が出てきたらキーボードを押すといった課題が実施されます。このような課題では若年者よりも高齢者の方がキーボードを押し忘れることが多いという結果が得られています。
 一方で，日常生活場面での展望的記憶課題では，実験室実験とは異なる結果が得られています。図7.7.1は若年者と高齢者を対象とし，1日3回指定された番号に電話をするという展望的記憶課題を1週間実施した結果を示したものです。この実験では8時，13時，18時に電話をすることが求められる時間ベース条件（TB）と朝・昼・晩の食事後に電話をすることが求められる事象ベース条件（EB）の2つの条件を比較しました。結果は，大学生の課題の達成率が70％程度だったのに対して，高齢者では昼の時間帯の時間ベース条件で成績が低下するものの，90％以上課題を遂行でき，し忘れはほとんどありませんでし

▶1 増本康平・林知世・藤田綾子 2007 日常生活における高齢者の展望的記憶に関する研究 老年精神医学雑誌, 18(2), 187-195.
▶2 Rendell, P. G., & Thomson, D. M. 1999 Aging and prospective memory: Differences between naturalistic and laboratory tasks. *The Journals of Gerontology, Series B: Psychological Sciences and Social Sciences*, 54(4), P256-269.

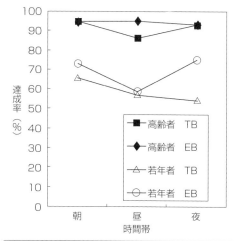

図7.7.1 時間帯ごとの展望的記憶課題の達成率

出所:増本ほか, 2007

た。つまりこの結果は，大学生の方が高齢者よりも，し忘れが多いという意外な結果を示しています。

日常生活場面での実験と実験室実験で，まったく異なる結果が得られる理由については，記憶機能以外の要因の影響が考えられています。たとえば，日常生活のし忘れには，記憶能力だけでなく，高齢者の規則正しい生活や，課題遂行に対するモチベーションの違いといった要因が関係している可能性があります。また，高齢者は記憶能力の低下を知っているからこそ，何らかの方法でし忘れを防いでいることも考えられます。反対に，日常生活場面での実験とは異なり実験室実験の多くは，メモをとるなど，し忘れを防ぐための方略の使用を禁止しています。このような状況では，記憶機能に依存して予定を遂行するしかなく，そのため高齢者よりも記憶機能が高い若年者の方が，成績がよいと考えられます。

▶3 Henry, J. D., MacLeod, M. S., Phillips, L. H., & Crawford, J. R. 2004 A meta-analytic review of prospective memory and aging. *Psychology and Aging*, **19**(1), 27-39.

3 し忘れを防ぐには

高齢者は加齢に伴い認知機能が低下するため，認知機能に依存する記憶術のような方法は，し忘れの予防に効果的ではないといわれています。一方で，手帳やカレンダーといった記憶補助ツールは，し忘れを防ぐ手段として有効です。とくに，アラームや携帯電話の予定通知機能は，予定の内容だけでなく，予定の直前に「何かしなければならないことがある」ということを知らせてくれるため，し忘れを予防するには効果的です。また，何らかの持病を抱え複数の薬を決まった時間に飲む必要がある場合には，飲み忘れを防ぐために，飲むべき薬を時間ごとに分類できる薬入れも有効です。このような道具の使用は薬の飲み忘れだけでなく，誤って薬を飲み過ぎることを防止する助けになります。

(増本康平)

Ⅶ 認知情報処理③記憶と学習

学習と動機づけ

▷1 橘覺勝 1931 高年者に於ける迷路學習過程の實驗的考察 心理學研究, **6**(2), 207-222.

▷2 Ball, K., Berch, D. B., Helmers, K. F., Jobe, J. B., Leveck, M. D., Marsiske, M., Morris, J. N., Rebok, G. W., Smith, D. M., Tennstedt, S. L., Unverzagt, F. W., & Willis, S. L. 2002 Eeffects of cognitive training intervention with older adults: A randomized controlled trial. *The Journal of the American Medical Association*, **288**(18), 2271-2281.

▷3 **自己効力感**
自分はこれから起こる状況をうまく処理することができるという自信を意味する。バンデューラ (Bandura, A.) が提唱した概念。XI-5 も参照。

▷4 **メタ認知**
自分自身の認知を内省する認知的過程と定義される。たとえば、自分が何を知っていると知っているか、自分が何を考えていると考えているか、といった認知の認知を指す。

▷5 Rebok, G., & Balcerak, L. J. 1989 Memory self-efficacy and performance differences in young and old adults: Effects of mnemonic training. *Developmental Psychology*, **25**(5), 714-721.

① 高齢者はどの程度学習可能なのか

高齢者は若年者と比較してどの程度学習可能なのでしょうか。また、学習可能なら、どのような特徴があるのでしょうか。こうした素朴な疑問から、高齢者の学習が古くから研究されてきました。

日本の高齢者心理学を拓いた橘覚勝は、89歳の女性 U.T.と21歳の女性 N.T.を対象に、約2週間、1回につき30秒間の課題を毎日10回連続で実施し、一日あたりの課題成績の変化を報告しています。課題は箸で豆を拾い上げるというもので、成績は拾い上げることができた豆の数の平均値です。結果を記した図7.8.1を見ると、若年女性は成績が向上した一方、高齢女性は成績がほとんど向上しませんでした。さらに橘は、他の課題で高齢者と若年者との課題成績の比較を行い、同様の結果が再現されることを確認しています。このように、日本の高齢者心理学の初期から高齢者の学習が研究されていましたが、高齢者は若年者と比べると学習が困難であることが報告されていました。

しかし今日では、健康な高齢者の認知症予防や健康でない高齢者の認知機能の改善を目指した支援が医療・福祉の現場に求められており、高齢者はどの程度認知機能改善の方法を学習可能なのかという疑問に対して、高齢者心理学は臨床現場に生かせる答えを社会から求められています。そして、高齢者は若年者と比べると学習が困難である一方、体系的な訓練によってある程度学習が可能であることが明らかになっています。

アメリカで行われてきた ACTIVE (Advanced Cognitive Training for Independent and Vital Elderly) は、健康な高齢者2,832名を対象に、記憶、推論、処理速度という認知機能の改善を目的に、3種類の訓練の効果を検証しました。3種類の訓練はそれぞれの認知機能の改善を目的としていました。たとえば記憶の訓練に参加した高齢者は、単語の記憶術を学習しました。訓練は、約5, 6週間にわたり、1回につき60分から75分で、合計10回実施されました。図7.8.2は、高齢者の記憶が、訓練前、訓練後、1年後、2年後の4時点でどのように変化したかを示しています。記憶の訓練に参加した高齢者は、記憶以外の推論と処理速度の訓練に参加した群および訓練に参加しなかった対照群よりも、訓練後2年間にわたって記憶が高く保たれていました。しかし、記憶以外の認知機能の訓練は記憶を改善していませんでした。ACTIVE の結果は、高

齢者は認知機能改善の方法を学習可能であるものの，ある認知機能改善の方法をその他の認知機能に用いることは困難であることを示唆しています。

2 高齢者の学習に対する動機づけは高められるか

高齢者の学習をどのように促すことができるでしょうか。高齢者の動機づけを高めて学習を促せないかが検討され，自己効力感とメタ認知が高齢者の学習への動機づけに影響するのではないかと考えられています。

自己効力感を高めることは，学習の効果向上につながると考えられています。高齢者を対象に記憶術の訓練をしたところ，記憶が改善した一方，記憶に対する自己効力感は改善しませんでした。次に，学習した記憶術を他の記憶課題で用いるかを調べた結果，39%の高齢者しかその記憶術を用いていませんでした。これは，高齢者は記憶術を学習しても，依然として記憶に自信がないためにその記憶術を用いないからだと考えられます。一方，若年者では，記憶に対する自信が高まると，他の記憶課題で記憶術を用いていました。

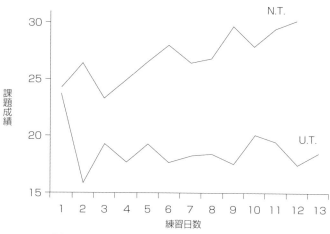

図7.8.1 高齢者と若年者各1名の課題成績の変化

出所：橘，1931

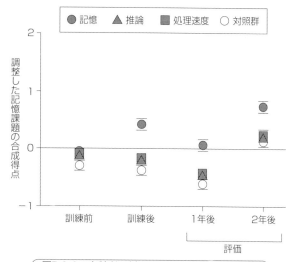

図7.8.2 高齢者に対する認知機能の訓練の効果

出所：Ball et al., 2002

また，学習した方法をどのような場合に用いると効果があるか，自分がどの程度学習した方法を理解できているか，といったメタ認知に働きかけることで，高齢者は自主的に学習すると考えられています。高齢者を対象に記憶課題を実施した後，正答と誤答を選別させ，誤答の課題を再学習させるというメタ認知の訓練を行いました。その結果，メタ認知の訓練によって記憶が改善したものの，記憶術自体の方が記憶改善の効果が大きかったことが示されました。さらに，メタ認知の訓練の効果を否定する結果もあります。高齢者が学習に向かう動機づけを高める支援を確立するために，研究の発展が待たれています。

（中川 威）

▶6 Dunlosky, J., Cavallini, E., Roth, H., McGuire, C. L., Vecchi, T., & Hertzog, C. 2007 Do self-monitoring interventions improve older adult learning? *The Journals of Gerontology, Series B: Psychological Sciences and Social Sciences,* **62** (Special Issue I), 70-76.

VII 認知情報処理③記憶と学習

9 忘れない記憶（手続き記憶とプライミング）

1 無意識的な記憶（潜在記憶）

○手続き記憶

　私たちは車を運転しているとき，「あそこのカーブを曲がるにはハンドルを30度右に曲げる」とか「ハンドルを曲げる前にブレーキを軽く踏む」というように，車の運転の仕方を意識することはありません。車の運転に限らず，ピアノの演奏，パソコンのタッチタイピングなど運動技能の基盤となる記憶は手続き記憶と呼ばれています。そしてこの手続き記憶は思い出そうとする意識を伴わないため，無意識的で自動的な潜在記憶に分類されます。

○プライミング

　無意識的な記憶は運動技能にのみ特化しているわけではありません。たとえば，みなさんが今まさに行っている「文章を読む」という行為にも，無意識的な記憶は働いています。図7.9.1のコラムの中に2つの文章があります。この2つの文章を読んで下さい。2つ目のひらがなとカタカナで書かれた文章を読むことができましたか？「あれ，何かがおかしい」と思う人もいれば，何がおかしいかに気づいた人，もしかするとまったく何も気づかなかった人もいるかもしれません。2つ目の文章をよく見ると，ところどころ文字の順番が入れ替わって，単語としてなりたっていないことがわかります。この文章はきちんと読めば意味がわからないはずなのですが，文章の意味がわからなかった人はいないはずです。

　では誤りだらけの文章をなぜ読むことができるのでしょうか？　それは無意識的な記憶であるプライミングが働いているからです。プライミングとは，先行する刺激が後続の反応に影響することをいいます。たとえば，この本の中には何度も「高齢者」という文字がでてきます（先行刺激）。高齢者という文字が出てくる度に「こ・う・れ・い・しゃ」と読むのは時間と労力がかかります。プライミングが働くと，例のように「こうれしぃゃ」を，「こうれいしゃ」と読んでしまうエラーを導くこともありますが，プライミングには以前に経験した情報に対するアクセスを促進し，次に同じ情報が提示されたときに情報の処理に必要な労力を軽減する働きがあります。

2 高齢者でも衰えにくい記憶

困難な作業や新しい課題を行っているとき，私たちの脳はそれに対応しようと活発に活動します。しかし，同じことを何度も繰り返すと効率のよいやり方（技能）が蓄積され，十数年も続ければその道のエキスパート（熟達者）と呼ばれるようになります。

このようなエキスパートの基盤には，高度な技能の獲得に関連する手続き記憶，問題の本質を瞬時に見抜くパターン認識や専門知識への素早いアクセスに関連したプライミングがあります。

伝統芸能や職人にみられるように，高齢になっても専門性の高い職業でその道のエキスパートとして活躍する人が多くいます。このことは，手続き記憶やプライミングが高齢になっても低下しないことを示唆していますが，心理学的な実験からも手続き記憶やプライミングが加齢の影響をほとんど受けないことが実証的に確認されています。

たとえば，エキスパートが熟練した課題を行っているときの脳の活動を計測すると，素人が同じことを行うときと比較して，脳の活動量が小さくなることがわかっています。人は誰でも加齢とともに認知機能は低下していきますが，無意識的で自動的な潜在記憶を利用することで，習熟した作業に費やすエネルギーが小さくてすみ，高齢になっても高いレベルで活躍することができるのです。[1]

> 2つの文章を順番に呼んでください。
>
> 高齢者の「もみじマーク」が見直されるらしい。75歳以上に義務づけたものの，差別だと反発されて努力義務に戻したあれだ。このドタバタで，「見分ける」ために社会に強いられている，という嫌悪がこびりついてしまった。「私はけが人じゃないぞ」と
> （朝日新聞 2009年7月25日天声人語 より抜粋，一部改変）
>
> こうれいしゃの 「もじみマーク」が みなおれさる らしい。75さいいじょうに ぎむづけものの さつべだと はんっぱされて どりくょぎむに もどたし あれだ。このドタバタで，「みわける」ために しゃいかに しいれらている，という けおんが こびつりいて しまった。「わしたは けがんにじゃ ないぞ」と

図7.9.1 プライミングの例

3 高齢ドライバーについて

現在，高齢ドライバーの交通事故の多さが問題となっています。しかし，一方で，高齢者の中には「私はまだまだ車の運転ができる」と自信をもっている人もいます。

たしかに，車の運転の仕方は手続き記憶なので，何十年と車の運転をしてきた高齢者は車の運転のエキスパートであり，急に車の運転の仕方を忘れることはありません。高齢ドライバーの問題の多くは，車の運転ができなくなるというような記憶に関することではなく，注意や抑制機能の低下による危険察知の遅れや，身体機能の低下による危機回避の遅れにあります。[2]

（増本康平）

▶1 ゴールドバーグ，E. 藤井留美（訳）2006 第7章 いつまでも消えない記憶 老いて賢くなる脳 NHK出版 pp.126-148.

▶2 V-2 参照。

Ⅷ 認知情報処理④高次の情報処理

意思決定・推論

1 意思決定と推論

　意思決定（decision making）や推論（reasoning）は、いずれも問題解決場面で働く高次な認知処理過程、すなわち、思考の一側面です。

　「意思決定」は、将来取るべき行動を選択することです。意思決定のプロセスでは、行動の選択肢を用意し、どの選択肢がもっともよい行動かを評価しなければなりません。そのために行われている情報処理の一部が推論です。

　「推論」は、すでに知っている情報（前提や証拠、仮定）から結論を導き出す働きやプロセスのことを指します。推論の例としては、三段論法や、仮説検証のプロセスを挙げることができます。推論で導き出される解決方法は、論理学的な規範＝合理的であることが最良であると考えられ、またそれに基づく意思決定は、やはり合理的＝意思決定者にとってもっとも利益が大きく、損失やリスクが少ない行動が選択される（期待効用理論）と考えられます。

　しかし、こうした意思決定過程は理想的な合理的人間を仮定した場合の話で、心理学研究は、人の意思決定や推論のプロセスがけっして合理的なだけではないことを明らかにしました。

2 人間の意思決定は非合理である

　人の意思決定場面では、非合理な選択をする現象（アノマリー：anomaly）がたびたび観察されます。対比される状況設定によって、ローリスクローリターンな選択肢が選ばれることもあれば、ハイリスクハイリターンな選択肢が選ばれたり（アレの逆説）、確率的には期待される効用やリスクが同じであるにもかかわらず、選択肢の表現のし方により選択が一貫しなかったり（フレーミング効果）、選択順序が変わったりする（選好逆転）現象です。

　規範的な法則に従って導き出される結論は、どのような状況でも一貫して意思決定者の最大限の利益を保障する、いわば合理的で正しいものかもしれません。しかし、問題状況が複雑になればなるほど、合理性の判断に必要な情報や規則、または確率の計算は、複雑かつ膨大なものとなる可能性があります。それでは、意思決定に時間がかかりすぎたり、多大な労力が必要になってしまいます。

　人間が実際に行っている思考は、つねに規則的または規範的な原則に従って

▷ 1　三段論法
代表的な演繹推論。演繹推論とは、普遍的命題から個別の命題を導くことと定義される。三段論法には、定言三段論法（大前提「人は死ぬ」→小前提「ソクラテスは人間」→結論「ソクラテスは死ぬ」）、仮言的三段論法（もしAならばB→Aである→ゆえにB）、線形三段論法（AはBより大→BはCより大→ゆえにAはCより大）がある。

▷ 2　仮説検証
帰納推論の一種。帰納推論とは、一般的に、個別的な命題（特殊事例や個々の事実）から普遍的命題（一般的知識やルール）を導くことと定義される。一般的に、前提事例＝証拠が増えることで、結果の蓋然性や確信度は増加する。

▷ 3　期待効用理論
人は意思決定に際して、行動の選択によって生じる結果がどの程度の確率で起こるかを評価し（不確実性の評価）、期待される自己の利益（期待効用）が最大になるような選択肢を選ぶとする考え方。結果の生起確率に関する情報がある場合とない場合で、意思決定する際の基準が異なると考えられている。

いるのではなく，100％うまくいくかはわからないけれども，効率的でおおむねうまくいく手続きを用いる傾向があります。この正解に近そうな解決方法を用いる意思決定プロセスをヒューリスティック（heuristic）といいます。たとえば，「Rで始まる英単語と，Rが3番目にくる英単語ではどちらが多いか」を判断させた場合，多くの人が「Rで始まる単語」と答える傾向があります。実際はRが3番目にくる単語の方が多いのですが，頭文字から単語を思い浮かべるほうが簡単なために，誤った回答をしてしまうことになります（利用可能性ヒューリスティックといいます）。一方で，「頭文字からの検索」が正解を導くための解決方法として最適であった場合は，短時間で簡単に（つまり，効率的に）正解を導き出すことができることになります。

ヒューリスティックは一つの例ですが，人間の思考は，問題解決状況の文脈や，意思決定者が経験の蓄積によって構築する知識構造（たとえば，スキーマやメンタルモデル）の影響を受けて行われています。それは，意思決定や推論過程における認知的負荷を減らし，短時間で，効率的に情報処理を行うためのメカニズムです。問題解決状況が，もっているスキーマやメンタルモデルと合致すれば，最適な選択を短時間でかつ少ない認知的負荷で実行できます。しかし，状況があてはまらなかった場合や問題の抽象度が高い場合，ある程度自動化されたそれらのメカニズムに頼るだけでは，最適な結論を導くことが困難であったり，逆に時間がかかることになります。

3 意思決定における加齢

意思決定プロセスの加齢変化を直接扱った研究はあまりありません。しかし，認知加齢に関する研究成果からは，いくつかの仮説が提案されています。その仮説によれば，記憶貯蔵容量の減衰や作動記憶（ワーキングメモリ）にかかわる能力の低下のために，高齢者では，若年者に比べ，意思決定能力が衰えている可能性が示唆されます。実際の意思決定課題を用いた研究からは，高齢者は，若年者に比べて，判断に利用する情報の量が少なかったり，学習や選択方略の修正が苦手で柔軟性を欠いていたり，時間がかかってしまったりといった傾向が示されています。しかしその一方で，高い認知能力が要求されない選択方法を好み，また，用心深く，少ない情報をより時間をかけて吟味し，それでいて，最終的な判断は若年者と変わらないという結果が示されました。このことから示唆されるのは，二重コンポーネントモデル等で想定されている，加齢に伴う機能低下を補償するプロセスの存在です。高齢者は，認知機能の低下を補うため，すでにもっている知識構造，文脈情報を利用して，認知的負荷を減らしつつ，経験的に「おおむね正しい意思決定」を行っているのかもしれません。ただ，そう結論づけるには研究が少なく，今後の進展が待たれます。

（稲垣宏樹）

▶4 ヒューリスティックには，具体例を想起しやすい出来事の確率を高く判断する「利用可能性ヒューリスティック」，最初に与えられた情報を起点とした判断を行うことで，最初の情報の特定の特徴を重視しやすくなる「係留と調整ヒューリスティック」，特定のカテゴリーに典型的と思われる事項の確率を過大に評価しやすい「代表性ヒューリスティック」，妥当である可能性が一定の基準値を超えるかどうかで判断される「確率ヒューリスティック」がある。

▶5 Tversky, A., & Kahneman, D. 1973 Availability : A heuristics for judging frequency and probability. *Cognitive Psychology*, **5**(2), 207-232.

▶6 **スキーマ**
対象や状況の理解のための型となる，一定程度まで抽象化された知識。

▶7 **メンタルモデル**
外界に実在する事物の代わりに，心内に構成され，心的操作の対象となるもの，モデル。

▶8 サンフェイ, A. G., & ヘイスティ, L. 2004 成人期を通しての判断と意思決定——心理学的研究の解説的概説 D. C. パーク & N. シュワルツ（編）口ノ町康夫・坂田陽子・川口潤（監訳）認知のエイジング 入門編 北大路書房 pp.227-246.

▶9 Ⅳ-5 参照。

参考文献

日本認知心理学会（監修）楠見孝（編）2010 現代の認知心理学3 思考と言語 北大路書房

Ⅷ　認知情報処理④高次の情報処理

知　能

1　知能とは何か

○知能の定義

　知能とはどのような能力を指すのでしょうか。これまでの知能研究でなされてきた代表的なものを挙げてみると，「抽象的な思考能力」（ターマン（Terman, L. M.）など），「学習する能力」（ディアボーン（Dearbone, W. F.）など），「新しい場面に適応する能力」（ピントナー（Pintner, R.）など），「総合的・総体的能力」（ウェクスラー（Wechsler, D.）など）などと定義されています。[1]

　この定義だけでは具体的な能力のイメージがわきにくいかもしれません。実際に，知能テストではどのような能力が測定されているのか例を挙げてみます。わが国でも広く利用されているウェクスラー検査では，表8.2.1のような課題が用いられています。[2] こうした個々の課題で測定される能力の総体が知能として扱われています。

○一般知能と知能のサブタイプ

　これら知能を構成する個々の能力は，それぞれ独立した別々の能力です。つまり，計算能力は，計算問題を解くことに関連しますが，言葉の意味を答える問題とは関連しないと考えられます。言葉の意味を答える問題と関連するのは，単語を記憶する能力と考えられます。しかし，実際のテストの結果を見てみると，個々の能力間に関連が示され，関連の強いもの同士でいくつかのまとまりになることが示されています。もっとも大きなまとまりで，全ての知的能力に関連する知能は「一般知能」または「g因子」と呼ばれます。次に，一般知能より小さなまとまりで，いろいろなタイプに分けられる知的能力のまとまりがあります。これらは，どのような能力をまとまりとするかで「結晶性知能／流動性知能」（ホーン（Horn, J. L.）とキャッテル（Cattell, R. B.）），[3]「言語性知能／動作性知能」「群因子」（ウェクスラー）[4] などとまとまりの数や名称が変わります。さらに，それらを構成する要素として，個々の課題で測定される個別的な知的能力が位置づけられます。キャロル（Carroll, J. B.）は数多くの知能研究をまとめ，一般知能（第3層），8つの知能のサブタイプ（第2層），個々の知的能力（第1層）の3層構造からなる知能の階層モデルを発見しました。[5]

▷1　ディアリ, I. J.　繁桝算男（訳）　2004　知能　岩波書店

▷2　ウェクスラー, D.　日本版 WAIS-Ⅲ刊行委員会（訳編）　2006　日本版 wais-Ⅲ理論マニュアル　日本文化科学社

▷3　Horn, J. L., & Cattell, R. B.　1967　Age differences in fluid and crystallized intelligence. *Acta Psychologica*, **26**, 107-129.

▷4　ウェクスラー　前掲書

▷5　Carroll, J. B.　1993　*Human cognitive abilities: A survey of factor analytic studies.* Cambridge, UK: Cambridge University Press.

表8.2.1 WAIS-Ⅲにおける下位検査

単語	絵画完成
類似	符号
算数	積木模様
数唱	行列推理
知識	絵画配列
理解	記号探し
語音整列	組み合わせ

出所：ウェクスラー，2006

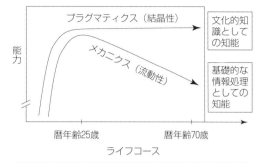

図8.2.1 流動性知能，結晶性知能における加齢変化の模式図

出所：Baltes, P. B. 1993 The Aging mind: Potential and limits. *The Gerontologist*, 33(5), 580-594.

2 年を取ると，知能は衰えるのか

　この質問に対する答えは，知能のどの側面をみるかによって変わってきます。前項で示したように，知能には様々な側面があります。知能には，年をとっても変化しにくい側面と，年を取ることで衰えていく側面があることが知られています。ホーンとキャッテルが提唱した結晶性知能，流動性知能はその代表的なものです。▷6 結晶性知能とは，知識や経験の蓄積を反映する知能で，加齢の影響を受けにくく，低下が起こるのはかなり高齢になってからであることが示されています。一方，流動性知能は，未経験の問題を制限時間内に柔軟に解決することが求められる課題で，中年期の前にピークを迎え，以降は低下する側面であることが示されています（図8.2.1）。年を取ることによって知能は衰えると考えられがちですが，一概にそういえるわけではないのです。

3 年を取ると，何が変わるのか

　年を取ることによって，どうして知能が変化したり，変化しなかったりするのでしょうか。知能の低下を説明する原因の一つとして，脳の加齢変化が挙げられます。脳の特定の部位（海馬，前頭葉など）の萎縮は，知能を構成する個々の認知機能（記憶，注意など）の低下と関連があることが知られています。▷7 また，全体に情報を処理するスピードが低下することが原因であるとする考え方（全般的速度低下理論）▷8 が提案されています。その一方で，機能低下を健康な部位で補ったり，若いころの，または継続的な知的活動が機能低下を抑制したりといった機能低下を補償する働き（認知の予備力）▷9 も知られています。総合的能力としての知能の変化は，複数の要因が複雑に関係しあって起こっているため，簡単に説明することはできません。

　先述したように，高齢者の知能は，全てにおいて若い人より劣っているわけではありません。それどころか，老年学研究は，高齢期にこそ発達する知能の側面があることを報告しています。知恵，創造性，日常知能と呼ばれる，より成熟した知能の側面が，近年注目されています。▷10

（稲垣宏樹）

▷6 Horn & Cattell 前掲書

▷7 ルーター-ローレンツ，P. A. 2004 脳のエイジングの認知神経心理学 D. C. パーク & N. シュワルツ（編）口ノ町康夫・坂田陽子・川口潤（監訳）認知のエイジング——入門編 北大路書房

▷8 全般的速度低下理論
一般知能における情報処理のスピード低下が認知機能全般の低下を引き起こすとする考え方。
Salthouse, T. A. 1996 The processing-speed theory of adult age difference in cognition. *Psychological Review*, **103**(3), 403-428.
Ⅴ-1 も参照。

▷9 認知の予備力
教育歴や知的活動が，脳機能の損傷に対する予備力を高め，認知症などを原因とする知能の低下を抑制するという仮説。
Stern, Y. et al. 1994 Influence of education and occupation on the incidence of Alzheimer's disease. *The Journal of the American Medical Association*, **271**(13), 1004-4010.
Ⅸ-4 も参照。

▷10 Ⅷ-3 ～ Ⅷ-5 参照。

VIII 認知情報処理④高次の情報処理

3 日常知能

1 知能の成熟が進むとどうなるか

　知能研究は，そもそも児童期の学業成績や成人期の就業成績を予測，評価する目的で開始されましたが，生涯発達的な立場から高齢期の知能の実証的研究が進展すると，成人期以降または高齢期にこそ成長する知能の別の側面が明らかになってきました。

　従来の知能検査を用いた研究でも，高齢期で維持される，または，成長する知能の側面は，経験の蓄積により獲得もしくは形成される能力であることは多くの研究で示されてきました。結晶性知能は，そうした知能の代表的なものの一つです。それでは，高齢期にさらに知識や経験が蓄積され，知能がますます成長していったら，最終的にそれはどのような能力になるのでしょうか。知能検査で満点が取れるようになるのでしょうか。それとも，それ以前とはまったく別の能力になるのでしょうか。

　一般的に高齢者になることで，学業成績や就業成績に関連した能力を獲得したり維持したりすることは重要ではなくなることは容易に想像できると思います。高齢期の生活にとって重要なのは，実用的だったり，日常生活場面の問題解決に直結した能力です。個人の生活や属する社会，文脈に埋め込まれた知能ということができます。

　こうした知能の側面として，日常知能，知恵（英知），社会性知能，創造性，熟達化などを挙げることができます。いずれも，知能検査がおもに取り扱う知能の認知機能的側面だけでなく，より幅広い社会的側面や情動的側面や，より精緻化，専門化，純化した知能の側面を含んでいます。

2 日常知能とは何か

　日常知能や知恵は，成人の知能を特徴づける知能のタイプ，しかも加齢によって低下しない側面として注目され，研究されてきました。日常知能も知恵も，日常生活上の問題に対する判断を行うための能力ですが，日常知能は知恵に比べて，より個人的で実際的な問題を取り扱う知能として区別されています。

　日常知能が取り扱う問題は，それがどのような文脈，つまり，前後関係や背景に埋め込まれているのかによって様々です。サンソン（Sansone, C.）とバーグ（Berg, C. A.）は，成人期には仕事や家族といった領域が重要であるし，高

▷1 VIII-2 参照。

▷2 ウォールマン，B. B. 杉原一昭（監訳）1992 知能心理学ハンドブック 第1編 田研出版 p.329.
▷3 Berg, C. A. 2000 Intellectual development in adulthood. R. J. Sternberg (Ed.), *Handbook of intelligence*. New York: Cambrigde University Press. p.129.

▷4 知恵については VIII-5 参照。

齢期には家族と健康といった領域が重要であるというふうに，日常知能の扱う問題は，生涯にわたって様々であると述べています。また，バーグらは，日常的問題の解決のためにどのようなストラテジー（戦略）や行動が用いられるかは，問題の存在する文脈に依存すると述べています。◁5

まとめると，日常知能は，職業や教育，人生経験といった具体的場面で蓄積され体系化された手続きや，事実に基づく知識体系ということができます。

では，日常知能は，従来研究されてきた知的能力と関連があるのでしょうか。つまり，日常知能が高い人は，他の知的能力，たとえば，結晶性知能や流動性知能も高くなるということはいえるのでしょうか。結晶性・流動性知能と強い◁6 関連があることを示す研究がある一方で，そうした関連はそれほど強くないこ◁7 とを示した研究もあり，今のところ結論づけることはできません。こうした結◁8◁9 果の食い違いは，何を日常知能とするか，また日常知能をどのように測定し評価するかが，研究によって一貫していないためであるとの指摘もあります。◁10

③ 日常知能の加齢変化

日常知能は，個々人の生活様式や，属する社会，価値観によって変わってきますし，時代の変化によっても変わってきます。そのため，知能検査のように画一的で一般性の高い課題を設定して測定するのが非常に困難です。

デミング（Demming, J. A.）とプリシー（Pressey, S. L.）は，成人の日常行動を調査し，実際的知能を測定するためのテストを作成しました。その内容は，くだけた言葉使い，法律用語，職業的知識，電話帳の使い方，社会的マナーなどに関するものでした。これらのテストでは，中高年者の成績が高い結果となりました。

また，プリシーとクーレン（Kuhlen, R. G.）は，中年者および高齢者の生活経験や特有の能力，つまり社会的な知識，洞察力，注意深さ，広い理解力に関して調査を行いました。彼らは，こうした側面が成人期以降も成長していくことを明らかにしました。◁11

このように，高齢期に成長する知能の側面として注目される日常知能ですが，測定の困難さから，十分な研究がなされているとはいえません。バルテス（Baltes, P. B.）らの二重コンポーネントモデルにおける知能のプラグマティクス◁12 （Pragmatics of intelligence），スターンバーグ（Sternberg, R. J.）らの実際的知能（Practical Intelligence），対人場面におけるソーシャル・スキル（Social Skill）などの関連概念や類似した能力の研究と併せて，ますますの研究が望まれます。

（稲垣宏樹）

▷5　Berg　前掲書

▷6　Ⅷ-2 参照。
▷7　Willis, S. L., & Shaie, K. W. 1986 Practical intelligence in later adulthood. In R. J. Sternberg & R. K. Wagner (Eds.), *Practical intelligence : Nature and origins of competence in the everyday world.* New York : Cambridge University Press. pp. 236-268.
▷8　Camp, C. J., Doherty, K., Moody-Thomas, S., & Denney, N. W. 1989 Practical problem solving in adults : A comparison of problem types and scoring methods. In J. D. Sinnot (Ed.), *Everyday problem solving : Theory and applications.* New York : Praeger. pp. 211-228.
▷9　Cornelious, S. W., & Caspi, A. 1987 Everyday problem solving in adulthood and old age. *Psychology and Aging, 2*(2), 144-148.
▷10　Berg, C. A. 2000 Intellectual development in adulthood. In R. J. Sternberg (Ed.), *Handbook of Intelligence.* UK : Cambridge University Press. pp. 117-137.
▷11　ウォールマン　前掲書　p.312.
▷12　Ⅳ-5 参照。

Ⅷ　認知情報処理④高次の情報処理

4　創造性

1　創造性とは何か

「創造性（creativity）」とは，新しい何かを作り出す能力であったり，既存の枠にとらわれない柔軟な発想力であったり，問題に対するたくさんの回答を見つけだす能力と考えられています。スターンバーグ（Sternberg, R. J.）は，創造性とは「知能の合成的（アイディアを思いつくこと），分解的（アイディアの質を評価すること），実用的（アイディアを効果的に伝達する方法を形にし，その価値を他者に説くこと）な側面である」と述べています。また，彼は創造性と知能，知恵を比較することで，その特徴を述べています。その比較によれば，知能や知恵においては経験や知識の集積とその利用に重点が置かれているのに対し，創造性は知識を超えた，新しい課題への応用力や発想力に重点が置かれています（表8.4.1）。それらは高齢者の属性というよりは，より若い人々の属性と考えられがちです。こうしたイメージは実証されているのでしょうか。

▷1　高山緑　1997　心理学的英知研究の流れ　東京大学大学院教育学研究科紀要, **37**, 185-194.

2　創造性の加齢変化

レーマン（Lehman, H. C.）は，人間の創造的成果として，芸術作品や科学的成果を取り上げ，これらの業績の生産性と年齢の関係を検討しました。その結果，10～20歳台にかけて創造性が急速に高まり，30～40歳台前半にピークを迎え，その後急速に衰えるという逆V字型の加齢曲線を見出しました。これは，まさに「創造性は若者のもの」というイメージを支持する研究結果です。しかし，レーマンの研究は，寿命を考慮していない点（若くして亡くなった者を含んでいる），もっとも評価の高い業績しか取り上げていない点（業績の総数を考慮していない）という欠点がありました。

▷2　Lehman, H. C.　1953　*Age and achievement*. Princeton, NJ: Princeton University Press.

デニス（Dennis, W.）は，この点を修正して，年齢と業績数との関係などを検討し，いくつかの興味深い結果を報告しました。まず，年齢と業績数（生産性）との関係で，生産性のピークはレーマンが報告した時期よりも遅くなること（おおむね40歳台の半ばから後半），また，ピーク後の低下もレーマンがいうように急速なものではなく，緩やかに低下していくことを報告しました。さらに，分野により年齢と生産性の関係に違いのあることが明らかになりました。デニスの報告では，芸術分野（音楽や小説など）では，ピークが30～40歳台でその後の低下も急ですが，自然科学分野（地質学，生物学など）では，40歳台でピーク

▷3　Dennis, W.　1966　Creative productivity between ages of 20 and 80 years. *Journal of Gerontology*, **21**(1), 1-8.

を迎え，その後は60歳台まで生産性は低下していませんでした。さらに人文科学分野（哲学，歴史など）では，30歳台以降緩やかに上昇し，生産性のピークは60歳台になることが報告されました。つまり，創造性は，若者に特有の能力ではなく，高齢期にも発揮されること，また，分野によっては高齢期にこそ高まることが示されました。

下仲と中里は，ギルフォード（Gilford, J. P.）が考案した創造性テスト（S-A創造性検査）を用いて25～84歳の成人を対象に創造性の年齢差を調査し，創造性の量的な側面は加齢とともに低下する一方，質的な側面は成人期の間じゅう維持されることを見出しました。

表8.4.1 スターンバーグによる創造性と知能の比較

側面	創造性	知能
知識	知りうる以上のことを行う	再生・分析・活用
知的過程	新しい課題への応用	手続きの自動化
知的スタイル	立方体的発想力	効率的実行力
人格	あいまいさへの耐性と障壁の再定義	あいまいさを排除し普通の枠組みにおける障壁を乗り越える
動機	知られていることをこえて前進する	知っていることと知られていることの活用
環境的布置状況	現在知られている環境をこえて前進するような評価	環境を幅広く理解するような評価

出所：高山，1997より抜粋

3 知能のモデルと創造性

ギルフォードは，自身の知性構造モデル（Structure of intellect model）において，創造性と関連の深い知的因子として拡散的思考（divergent thinking）を提唱し，また，拡散的思考に基づく創造性を測定するテストを考案しました。拡散的思考とは，幅広く情報を探索し，問題に対してたった一つの正解ではなくたくさんの新奇な回答を生みだす思考のことです。つまり，一つの正解にたどり着くことを要求する一般的な知能検査とは全く正反対の思考が求められます。彼の考案した拡散的思考テストは，創造性を測定する課題として用いられていますが，年齢が上がるにつれて低下する傾向が示されています。また，キャッテル（Cattell, R.）は，創造的成果が一般知能，とくに流動性知能，およびパーソナリティによって決定されると考えていました。

ギルフォードやキャッテルが知能の一部として創造性を考えたのに対し，スターンバーグらは，知能，知識，思考スタイル，パーソナリティ，動機づけ，環境の6つの要素から創造性が構成されるとするモデルを考案しました。このモデルでは，創造性の発達的変化は，認知機能の変化だけでなく，人格的な側面，環境的な側面の変化も重要であると述べられています。下仲と中里の研究でも，創造性と人格（「開放性」）や日常生活における問題解決能力との関連が報告されています。

創造性は，その測定の困難さからいまだ十分な実証的データがあるとはいえません。ただ，後期高齢期や超高齢期になってもなお創造的活動を送った高齢者のケースは数多く報告されています。高齢期の生活を豊かなものにするためにも，創造性を備えていることは非常に重要であるといえます。　（稲垣宏樹）

▶4　下仲順子・中里克治　2007　成人期から高齢期に至る創造性の発達的特徴とその関連要因　教育心理学研究，55(2)，231-243．

▶5　ウォールマン，B. B. 杉原一昭（監訳）1992　知能心理学ハンドブック　第1編　田研出版

▶6　Sternberg, R. J., & O'hara, L. A. 2000 Intelligence and creativity. R. J. Sternberg (Ed.) Handbook of intelligence. New York: Cambridge University Press. pp.612-613.

▶7　Sternberg & O'hara 前掲書　pp.614-617.

▶8　下仲・中里　前掲書

▶9　Ⅷ-5 参照。

Ⅷ 認知情報処理④高次の情報処理

知　恵

1 知恵とは何か

　生涯発達的な観点からの知能の実証的研究は，高齢期にも発達的変化を示す側面があることを示しましたが，「知恵（Wisdom）」はその中でも代表的な能力といえるかもしれません。知恵はイメージの上でも，高齢者と結びつけられることが多く[1]，また，年齢とともに増大する望ましい変化として考えられています[2]。

　それでは，知恵とはどのような能力を指すのでしょうか。高山は，知恵研究のレビューを行い，知恵には大別して「認知的側面」と「人格・感情的側面」の２つの側面があるとまとめています[3][4]。認知的側面は，知識，教養，知性，論理的思考，理解力，判断力などを含む側面です。人格的・感情的側面は，向社会的態度，内省的態度，感情的要素などを含む側面です。

　知恵は，「知能」や「日常知能」とは異なる能力なのでしょうか。

　バルテス（Baltes, P. B.）らの研究グループは，認知的側面から知恵のモデル化と実証的研究を積み重ねています。彼らは，知恵を「重大，かつ，人生の根本に影響を与えるような実践場面における熟達した知識」と定義しています。実践場面での問題解決のための能力という意味では，日常知能と関連が強いのですが，人生のより重大な問題を取り扱う点で，対人的，社会的，歴史的な要素をも含み，長期間にわたる問題に関連する能力といえ，日常知能とは区別されます[5]。

　また，スターンバーグ（Sternberg, R. J.）は，知能との比較において，①洞察力，判断力，アドバイスする能力，②年齢を重ね，経験豊かであり，人生の問題を大きな文脈の中で把握することができる能力が，知恵に特有の要素であると論じています[6]（表8.5.1）。

2 知恵のモデル化と実証的研究の試み

　バルテスらは，彼らの知恵の定義に基づきモデル化を行っています。知恵に必要な５つの知識として，①宣言的知識（人生の問題に対する幅広く深い知識），②手続き的知識（問題解決のために必要な情報探索，状況分析などの知識），③文脈理解（問題の背後にある文脈の理解），④価値相対性の理解（価値観や目標により問題解決の方向性が変わることの理解），⑤不確実性の理解（人生の予測不可能性，不

▷1　ウォールマン，B. B. 杉原一昭（監訳）1992 知能心理学ハンドブック第1編　田研出版　p.331.

▷2　高山緑　2003　加齢による知恵（Wisdom）と創造性（Creativity）の変化　柴田博・長田久雄（編）　老いのこころを知る　ぎょうせい　pp.18-32.

▷3　高山緑　1997　心理学的英知研究の流れ　東京大学大学院教育学研究科紀要，**37**，185-194.

▷4　高山緑　2008　知恵　権藤恭之（編）　高齢者心理学　朝倉書店　pp.104-109.

▷5　高山緑・下仲順子・中里克治・権藤恭之　2000　知恵の測定法の日本語版に関する信頼性と妥当性の検討——Baltesの人生計画課題と人生回顧課題を用いて　性格心理学研究，**9**(1)，22-35.

▷6　高山，1997　前掲書

表8.5.1　スターンバーグによる知恵と知能の比較

側面	知恵	知能
知識	その限界と同様に前提や意味を知る	再生・分析・活用
知的過程	自動的なこととその理由を理解する	手続きの自動化
知的スタイル	批判的判断力	効率的実行力
人格	あいまいさや障壁の理解	あいまいさを排除し普通の枠組みにおける障壁を乗り越える
動機	知っていること，それが意味していることを理解する	知っていることと知られていることの活用
環境的布置状況	環境を深く理解するような評価	環境を幅広く理解するような評価

出所：高山，1997より抜粋

確実性の理解）を仮定しました。そうした知識＝知恵をもつことは問題に対する卓越した洞察や判断，また助言を可能にし，未来の人生を計画したり，過去の人生を回顧したりする場面で活かされることになります。彼らは，こうしたモデルに基づいた知恵の測定法を開発し実証的研究を行っています。この尺度は，高山らによって日本語版が作成され利用されています。

▶7　高山，2008　前掲書

▶8　高山ほか　前掲書

3　知恵の加齢変化

知恵は，年齢と経験の積み重ねを基礎とし長期間にわたる問題を取り扱うという時間依存的な性質上，高齢者の方がより発達していると考えられています。知恵の加齢変化は，期待通り成長的または成熟的変化を示すのでしょうか。

先に紹介したバルテスらや高山は，高齢者を青年・中年群と比較した結果，年齢差は認められなかったことを報告しています。この結果は期待に反するやや残念なものでしたが，一方で，知恵が内包する複雑で多様な能力に鑑みれば，たんに年齢を重ねるだけで獲得できるようなものではないということを示しているのかもしれません。知恵の発達に関連する要因として，知能などの認知的側面だけでなく，性格や自己効力感といった人格的側面の関連が指摘されています。またこれら個人に備わった要因だけでなく，生活習慣や人生経験，動機づけ，人生の受容といった知恵の獲得や成熟を促進する要因との関連も報告されています。

▶9　XI-5 参照。

知恵に関する実証的研究は，まだ始まったばかりで，多様で複雑な要因の全てについて充分なデータが揃っているとは言い難い状況です。しかしながら，知恵研究は，人が人生の後期に至るまで成長する可能性を示す非常に重要な研究テーマであり，今後のさらなる知見の積み重ねが望まれます。　（稲垣宏樹）

IX　認知情報処理⑤その他の側面

 # メタ記憶

▷1　Ⅶ-3 参照。
▷2　**記憶方略**
新しい事柄を効果的に覚えたり思い出したりするための方法を記憶方略という。とくに，覚える過程に関するものは符号化方略，思い出す過程に関するものは検索方略といわれている。覚えるべき項目をすでに知っていることに関連付けて記憶することが，符号化方略としては有効であることが知られている。
▷3　Murphy, M. D., Sanders, R. E., Gabriesheski, A. A., & Schmitt, F. A. 1981 Metamemory in the aged. *Journal of Gerontology*, **36**(2), 185-193.
▷4　Light, L. L. 1991 Memory and aging: Four hypotheses in search of data. *Annual Review of Psychology*, **42**, 333-376.
▷5　**自己効力感**
バンデューラ（Bandura, A.）が提唱した社会的学習理論における中心的な概念。自己効力感とは，人がある課題をうまく成し遂げることができると感じることを意味している。私たちが目標を定めるときに行っている，自分の能力と相談することや，結果がうまくいきそうかどうかを予測することは，自己効力感の働きに支えられている。私たちが状況をどのように捉えるのか，個々の状況にどのよう

1　記憶についての知識と信念

○記憶の働きと気づき

　私たちが記憶の働きについてどのような気づきをしているのか，それをどのように評価しているのかについては，古くから心理学や哲学の関心事でした。記憶に関する知識は主に次の2つのタイプに分けられます。
　一つは，記憶がどのように働いているのかについての知識や，記憶についての信念のことで，メタ記憶と呼ばれています。私たちは，再生より再認の方が難しいと感じますし，記憶方略を使った方がうまく物事を覚えられると感じています。また，年とともに記憶が悪くなることや名前の記憶が難しくなることを知っています。
　もう一つは，モニタリングと呼ばれるものです。私たちが記憶を使って今何をしているのかについて意識したり気づいたりすることが，モニタリングに相当します。私たちは思い出している過程や学んでいる過程に気づいています。忘れてはならないことがあるとき，覚えておくのが難しそうだからメモをとろうと考えることは，記憶の働きに気づいているからこそ可能になるのです。
　マーフィー（Murphy, M. D.）らは，高齢者のメタ記憶が若年者よりも低下していることを実験的に検証しました。若年者よりもけっして記憶成績が優れているという訳ではないのに，高齢者は後にテストされるとわかっている項目を学習することに，若年者ほど時間を割かないことが明らかになりました（図9.1.1）。そこで，高齢者に学習時間を追加して項目を学習させると，記憶成績は若年者のレベルまで向上しました（図9.1.2）。この実験は，高齢者は自分たちが最高の結果を得るのにどのくらいの時間が必要かを正しく評価できない可能性を示しています。自分たちがどの程度テストの準備をしなければならないかという側面を正しく評価できない一方で，記憶がどのように働いているのかにかかわる知識やどちらの項目が覚えやすいのか覚えにくいのかに関する確信は，若年者とはさほど変わらないという結果も得られています。

○記憶と自己評価

　メタ記憶に対する加齢の影響を調べるために，多くの質問紙調査が行われてきました。そこで得られた主な研究成果として，①高齢者は若年者よりも記憶の働きやその容量についてあまり知らない，②記憶を不安定なものと認識し，

③記憶が年齢とともに衰えると予期している，④記憶を制御する力を持ち合わせていないと受け止めていることが明らかにされています。研究者は，どのように記憶が働くのかにかかわる信念や知識に若年者と高齢者とで違いがあるのかということに興味を持ち続けてきました。というのも，高齢者が記憶の働きを正確に理解していないと，思い出すのを手助けするはずの符号化方略や検索方略を使用し損なうからです。高齢者の記憶成績が低下する一因として，自身の記憶処理過程を正しくモニターできていないがゆえに有効な方略が適切に使用されなかったことがあるとすれば，訓練によって記憶力が改善される可能性もあるのです。

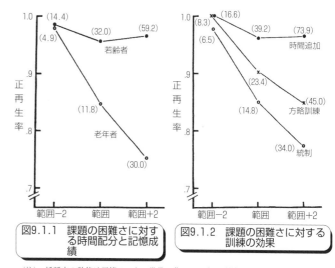

図9.1.1 課題の困難さに対する時間配分と記憶成績

図9.1.2 課題の困難さに対する訓練の効果

(注) 括弧内の数値は記憶テストの準備に費やした時間（秒）を示している。「範囲」は本人が記憶できると評価した長さの記憶リストが，「範囲-2」・「範囲+2」はそれぞれ「範囲」から2語少ない記憶リストと2語多い記憶リストが提示されたことを意味している。

出所：Murphy et al., 1981を一部改変

2 記憶に対する自己効力感

記憶に対する自己効力感とは，自己の記憶力やその自信に対する信念や判断にかかわる自己評価システムであると考えられています。ウェルチ（Welch, D. C.）らは，記憶に対する自己効力感という考え方が，高齢者が記憶の加齢性の変化を理解して，記憶を必要なときに効果的に使用できる能力を獲得する過程を理解するのに役立つとしています。

記憶力が年齢とともに低下することは避けられないもので，実際に多くの高齢者は，記憶力の低下を経験してきています。しかし，年をとっても日常的に課題遂行を成功させている人は記憶の自己効力感を高く維持しています。一方で，失敗を経験してきた人の効力感は低下してしまっています。効力感を維持している人はもっと認知機能を必要とする環境に挑戦しようとするでしょうし，低下させている人はそのような状況を避けようとするでしょう。事実，質問紙法によって記憶の自己効力感を測定した研究では，概して，自己効力感が低い高齢者は，実際の記憶成績が低くなることが示されています。とはいえ，記憶の自己効力感が低い高齢者は，他人をうまく利用したり記憶を向上させるような方略（たとえば，メモをとる）を使用したりすることで，低い記憶成績を補おうとしていることも明らかにされています。

（岩原昭彦）

に反応するかには個人差があるが，この個人差は過去の経験に基づいて構築された自己効力感の違いによってもたらされている。XI-5 も参照。

▶6 Welch, D. C., & West, R. L. 1995 Self-efficacy and mastery: Its application to issues of environmental control, cognition, and aging. *Developmental Review*, 15(2), 150-171.

▶7 de Frias, C. M., Dixon, R. A., & Bäckman, L. 2003 Use of memory compensation strategies is related to psychosocial and health indicators. *The Journals of Gerontology, Series B: Psychological Sciences and Social Sciences*, 58(1), P12-22.

(参考文献)

Cavanaugh, J. C., & Blanchard-Fields, F. 2006 Memory. In *Adult development and aging*. CA: Thomson Wadsworth. pp.218-261.

IX 認知情報処理⑤その他の側面

言語能力（コミュニケーション）

1 高齢者の言語機能

言語の運用には，記憶や理解，意志決定などの認知的過程が深くかかわっています。記憶や思考といった多くの認知機能は加齢とともに低下します。しかしながら健常な高齢者であれば，言語を効果的に運用する能力はさほど低下しないと考えられています。言語機能が保たれていることで，高齢者は，文章を読んだり書いたりできるだけでなく，会話の中で言われていることを理解したり，他者との関係性を保ち続けたりできるのです。

2 言語機能の認知的側面

年をとっても言語機能は比較的保たれているとはいえ，言語を効果的に運用する能力がまったく加齢の影響を受けないという訳ではありません。たとえば，視覚機能が衰えていなくても読む速度は遅くなることや，聴覚機能が低下し会話を理解することが難しくなること，記憶を検索する能力が低下するために知っているはずの綴りが思い出せなくなること，さらには作動記憶（ワーキングメモリ）が低下するために会話の内容を保持できずに話についていけなくなることなどが明らかにされています。

しかし，これらの能力が加齢とともに低下するという事実があっても，日常生活で使用している高齢者の言語機能は比較的保たれているように見えます。これは私たちの言語情報処理過程がトップダウン処理の影響を強く受けていることに起因しています。聴覚器官に入力された発話は，聴覚的な感覚記憶として一時的に保持された後，作動記憶に送られその内容が理解されます（ボトムアップ処理）。しかし，発話内容の理解は，ボトムアップ処理だけでなされるのではなく，意味論的情報や統語論的情報，あるいはパラ言語的情報に基づいたトップダウン処理との相互作用によって実現されているのです。高齢者は語彙や知識を人生経験が長いがゆえにたくさん持ち合わせています。豊富な語彙や知識をうまく利用することで，入力された情報が聞き取りにくかったりしても，文脈に適合する事柄を的確に推定しながら発話内容を理解できるのです。

ウィングフィールド（Wingfield, A.）とスタイン・モロウ（Stine-Morrow, E. A. L.）は，高齢者がトップダウン処理をうまく使える会話場面について明らかにしています。この研究の成果からは，①普通の速さで話されている，②長す

▶ 1 Burke, D. M. 1997 Language, aging, and inhibitory deficits: Evaluation of a theory. *The Journals of Gerontology, Series B: Psychological Sciences and Social Sciences*, **52**(6), P254-264.

▶ 2 Just, M. A., & Carpenter, P. A. 1992 A capacity theory of comprehension: Individual difference in working memory. *Psychological Review*, **99**(1), 122-149.

▶ 3 トップダウン処理とボトムアップ処理
ノーマン（Norman, D. A.）らによって提唱された情報処理アプローチの考え方。トップダウン処理とは入力された情報を知識や予期などを利用して処理していく過程のことを，ボトムアップ処理とは感覚情報の特徴を分析してより高次の構造にまとめあげていく過程のことをいう。

▶ 4 Kemper, S., & Sumner, A. 2001 The structure of verbal abilities in young and older adults. *Psychology and Aging*, **16**(2), 312-322.

▶ 5 Wingfield, A., & Stine-Morrow, E. A. L. 2000 Language and speech. In F. I. M. Craik & T. A. Salthouse (Eds.), *Handbook of aging and cognition*. pp. 359-416.

▶ 6 Kemper, S. 1994

ぎたり文法的に複雑すぎたりしない文である，③イントネーションやアクセントなどのプロソディーが典型的である，といった事柄が，高齢者が発話内容をうまく推定するためには必要とされるのです。

3 言語機能の社会的側面

高齢者は年を取ると耳も聞こえにくくなるので，聞き取りやすいように話をしないといけないとは思っていませんか。たしかにそのような配慮は必要でしょうが，行き過ぎた対応はかえって高齢者のためにならないのです。高齢者とのコミュニケーション場面で，若年者が短くて単純な文法構造をした文を使ったり，あえて簡単な単語を選び抑揚を強調したりすることを年寄り言葉（elderspeak）といいます。加齢によるコミュニケーション苦境モデル（Communication Predicament of Aging Model：図9.2.1）によると，高齢者の身体能力や認知能力に対してステレオタイプ的な観念（耳が聞こえにくい，理解力が低いなど）を持つことで，年寄り言葉をお年寄りに対して使うようになると，高齢者の認知機能はいっそう低下し，自立心も失われてしまうことになると考えられます。さらには，高齢者が子どものように扱われると，基本的な日常生活動作（Activities of Daily Living：ADL）さえも自分ではしようとしなくなり，ついには，他者とのかかわりが減少し孤立の道を歩んでいくことになります。

年寄り言葉は，若年者が思っているほど，高齢者の会話の理解に対しては有効でないことが明らかにされています。たとえば，発話中の文章を単純化したり繰り返したりすることは高齢者の理解を助ける一方で，文を短くしたりプロソディーを強調したりすることはさほど役に立ちません。したがって，必要以上に年寄り言葉を使わないことが，高齢者の自己のイメージや自信を，ひいては認知機能を保つことにつながります。高齢者の発話内容は同じことの繰り返しが多いかもしれません。しかし，それは高齢者が自我を統合したり新たな自分像を確立したりするためにはとても重要な過程なのです。思い浮かんだことや感じたことを伝えるというコミュニケーション活動が，他者との関係を強化したり，孤立することを防いだりしているのです。

（岩原昭彦）

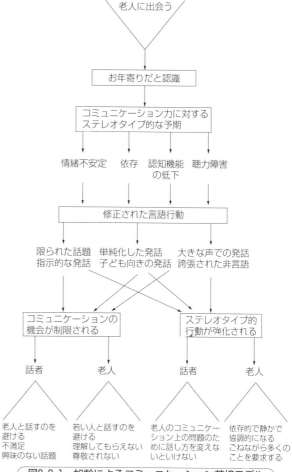

図9.2.1　加齢によるコミュニケーション苦境モデル
出所：Ryan et al., 1995を一部改変

▶7 Ryan, E. B., Hummert, M. L., & Boich, L. H. 1995 Communication predicaments of aging: Patronizing behavior toward older adults. *Journal of Language and Social Psychology*, 14(1-2), 144-166.

▶8 Kemper, S., & Harden, Y. 1999 Experimentally disentangling what's beneficial about elderspeak from what's not. *Psychology and Aging*, 14(4), 656-670.

Ⅸ 認知情報処理⑤その他の側面

熟達化

1 熟達化とは

　高齢者の情報処理能力は，たしかに若者よりも劣っています。とはいえ，60歳を過ぎても，記憶力を必要とする仕事や難しい判断や意志決定が求められる仕事についている人がいるのもまた事実です。なぜ一部の高齢者は，年をとっても高度な認知能力を使い続けることができるのでしょうか。その答えは，熟達化という概念にあります。高い認知能力を保った高齢者は，問題を解決したり意志を決定したりするのに役立つ豊かな知識を，様々な経験や実践を通して築いています。この豊かな知識をうまく使うことで，若者が行っている情報処理過程の一部を省略することができるのです。いいかえると，熟達化した高齢者は，すばやさが求められるような情報処理過程を経験や知識で補うことで，若いころと同じような遂行能力を保っているのです。

2 認知機能は衰える一方なのか

　認知の加齢に関する実験室的研究から得られた結果は，どちらかというと高齢者にとっては悲観的なものでした。というのも，処理速度や作動記憶（ワーキングメモリ），推論といった流動性知能を必要とする課題においては，加齢に伴う機能低下が繰り返し示されてきたからです。しかし，ソルトハウス（Salthouse, T. A.）はそのような見解に反論しました。実験室で高齢者が認知機能の低下を示すのは，実験室場面で遭遇する課題は高齢者にとっては新奇なものばかりであるために，普段の生活の中で使用している認知機能とは別の能力が課題の遂行に求められていたからだと考えました。事実，彼は仕事上の遂行成績は年齢とは無関係であるというデータを示し，仕事や家事といった日常的な状況で使用する認知機能に関しては，それほど悲観する必要はないと唱えました。仕事や家事は経験により蓄えられた知識や技術，つまりは結晶性知能に支えられているといえるのです。

　ソルトハウスのこのような見解は，彼自身が以前にタイピストを対象として行った熟達化研究に端を発していると思われます。その研究で，彼はタイピストに課題文をタイプライターで複写するように求めました。経験値が高いタイピストでは，年齢と遂行成績とに関連性が認められませんでした。その一方で，情報処理速度では年齢が高くなるほど反応が遅くなるという加齢性の機能低下

▷1 Ericsson, K. A., & Charness, N. 1994 Expert performance: Its structure and acquisition. *American Psychology*, 49(8), 725-747.

▷2 Ⅷ-2 参照。
▷3 Salthouse, T. A., & Maurer, J. J. 1996 Aging, job performance, and career development. In J. E. Birren & K. W. Shaie (Eds.), *Handbook of the psychology of aging*, 4th ed. New York: Academic Press. pp.353-364.
▷4 Ⅷ-2 参照。
▷5 Salthouse, T. A. 1984 Effects of age and skill in typing. *Journal of Experimental Psychology: General*, 113(3), 345-371.
▷6 Vicente, K. J., & Wang, J. H. 1998 An ecological theory of expertise effects in memory recall. *Psychological Review*, 105(1), 33-57.

を示していました。一般的な認知能力は他の高齢者と同じように低下しているにもかかわらず、タイピング課題の遂行成績が高くなったのは、経験豊富なタイピストが熟達化しているからだと考えられました。実際、熟練したタイピストはキーストロークをしながら「先を見る」ことで高い遂行成績を実現していました。処理速度の遅れを補うためにこの「先を見る」という方略をうまく使うことで、若年者と同じ水準で遂行していたのです。

3 高齢期における熟達化

熟達者の処理速度や作動記憶といった認知機能も、非熟達者のそれらと同じように、加齢に伴って低下していきます。熟達者が優れた認知機能を発揮できるのは、高度に体制化された知識構造が解決すべき問題を抽象化（一般化）できるからなのです。与えられた課題を処理する際に、熟達化させた領域に関する制約がたくさんあるほど（課題を解決するための道筋がいくつもあり、どれを選択するかによってその効率が変わるような状況）、熟達者はその能力をいかんなく発揮します。実際、そのような制約がなくなってしまった場面では、熟達者が他の高齢者を凌駕するような事態にはならないのです。

このように、熟達者は、領域（固有）の知識を使うことで、課題の目標を効果的に成し遂げることができるのです。具体的には、熟達者には次のような情報処理過程があることが知られています。①効率的な注意方略や抽象化された問題表象を利用することで、与えられた問題に対処するために必要となる情報に焦点を絞ることができる。②複雑に発達した検索システムを使うことで、長期記憶内の知識構造に素早く正確にアクセスすることが可能になり、作動記憶の制限を超えた処理ができる（長期作動記憶（long-term working memory））。③専門的な知識をもった領域に関連する課題を処理する場合、高い経験値が、知覚―運動技能を自動化し注意資源への依存を弱める。④外的方略（たとえば、メモをとる）をうまく利用することで、心的負荷を下げたり認知的複雑性を減じたりしている。

また、高齢者の熟達化に関しては、長期作動記憶以外にも、被包化（encapsulation）という概念が提唱されています。被包化とは、特定の思考が効率的になされ、低下した情報処理能力が補われる現象のことをいいます。成人期から高齢期に知識や経験に基づいて脳内の情報処理過程が特殊化されていくのは、低下していく脳機能を補償するためであると同時に、熟練者としての振る舞いを求める社会の要求に対応するためだと考えられています。被包化された知識の出現は成人期以降に特異なものであり、その出現過程が複雑であるために変化にも強いことが知られています。

（岩原昭彦）

▷7　Morrow, D. G. 2009 A contextual approach to aging and expertise. In W. C Chodzko-Zajko, A. F. Kramer & L. W. Poon (Eds.), *Enhancing cognitive functioning and brain plasticity*. United States: Human Kinetics. pp.49-60.

▷8　Ericsson, K. A., & Kintsch, W. 1995 Long-term working memory. *Psychological Review*, **102**(2), 211-245.

▷9　長期作動記憶
作動記憶内に保持される情報量には制限があるにもかかわらず、なぜ日常生活では複雑で困難な課題を遂行することができるのかというジレンマを解消するためにエリクソン（Ericsson, K. A.）とキンチ（Kintsch, W.）が提唱した理論。長期記憶の一部を作動記憶のように利用できることを意味している。作動記憶内にある検索手がかりによって急速かつ正確にアクセスされる長期記憶の一部と定義される。しかし、誰でも長期作動記憶を利用できるわけではなく、専門的な知識や技能を身につけた熟達者だけが使えると考えられている。熟達者の高度に体制化された長期記憶内の知識は、課題遂行の場面で素早く適切に検索されることで、問題解決や推論にかかわる負荷を下げている。

▷10　Hoyer, W. J., & Rybash, J. M. 1994 Characterizing adult cognitive development. *Journal of Adult Development*, **1**(1), 7-12.

Ⅸ 認知情報処理⑤その他の側面

認知の予備力

1 知的な活動を続けていると認知症になりにくい

▷1 Scarmeas, N., Levy, G., Tang, M-X., Manly, J., & Stern, Y. 2001 Influence of leisure activity on the incidence of Alzheimer's disease. *Neurology*, **57**(12), 2236-2242.

▷2 Schooler, C., & Mulatu, M. S. 2001 The reciprocal effects of leisure time activities and intellectual functioning in older people: A longitudinal analysis. *Psychology and Aging*, **16**(3), 466-482.

▷3 Katzman, R. 1993 Education and the prevalence of dementia and Alzheimer's disease. *Neurology*, **43**(1), 13-20.

▷4 Stern, Y. 2002 What is cognitive reserve? Theory and research application of the reserve concept. *Journal of the International Neuropsychological Society*, **8**(3), 448-460.

▷5 もともとは脳損傷患者や神経病理学的な兆候を示す患者に認められる認知機能の個人差を説明するために提唱された仮説である。アルツハイマー病に関連する神経病理学的な兆候（βアミロイドの沈着や神経原線維変化）があっても、かなりの数の人が行動的側面においては認知症の症状を示さなかったのは、知的活

　スカーメアス（Scarmeas, N.）らは、1,000名以上の高齢者を対象として余暇活動と認知機能との関連性を7年間の縦断研究から検討しています。知的活動（新聞や雑誌を読む、トランプやカードゲームをする）や社会的活動（友人や親戚を訪ねる）、身体的活動（ウォーキングやトレーニング）に従事する頻度が高い高齢者では、数年後に認知症を発症する確率が12％減少すること、認知症を発症しても症状が進行する確率が38％程度軽減することを示しています。また、知的活動と認知機能との関連性を20年間にわたって追跡した研究によると、美術館や博物館を訪れた回数や読んだ本の数が少ないほど、高齢期になってから認知機能が低下しやすいことが明らかにされています。このようなライフスタイルと高齢者の認知機能との関連性については近年盛んに検討されていますが、以前より教育程度の高い人や職業的地位が高い人は認知症になりにくいことが知られていました。教育程度や職業的地位が高い人は、若いころからあらゆる形で認知機能を使用してきたために、年をとっても認知機能が低下しにくくなったと考えられています。

2 「認知の予備力」という考え方

　人生経験（教育程度や職業的地位、ライフスタイル）と高齢期の認知機能とが深い関係にあることは先に述べたとおりです。ここでは、なぜ人生経験が豊かであると認知機能の低下を防止できるのかについて考えてみたいと思います。スターン（Stern, Y.）は、知的な活動に従事することで、新たなシナプスが形成されたり、シナプスの活動が高まり豊かな神経ネットワークが構築されたりする可能性について示唆しています。豊かな神経ネットワークが構築されることで、加齢に伴って神経ネットワークが崩壊し始めても、神経ネットワークの使用効率が高められたり、本来使用すべき神経ネットワークとは別の神経ネットワークが構築されたりすることで、ある一定の課題遂行成績を保つことが可能になると考えられています。このような認知機能を刺激するような知的活動に従事することが認知症の発症を遅らせたり、認知機能の低下を防止したりするという考え方を、「認知の予備力」仮説といいます。

　認知の予備力が高まると、なぜアルツハイマー病の病理が進行していても臨

床的な症状が出現しないのかにかかわるモデル（図9.4.1）がスターンによって提唱されています。認知の予備力が低い高齢者においては，神経ネットワークの崩壊が始まるとともに機能が徐々に低下し始め，ある一定量の神経ネットワークが崩壊

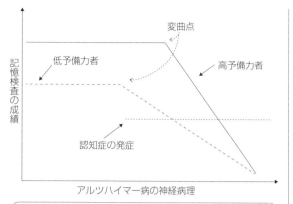

図9.4.1 認知の予備力仮説とアルツハイマー病の発症
出所：Stern, Y. 2009 Cognitive reserve. *Neuropsychologia*, 47, 2015-2028. を一部改変

した時点で認知症の症状が出現し始めます。一方で，認知の予備力が高い高齢者では，神経ネットワークが崩壊し始めても他のネットワークが補償的に働くためにすぐには機能低下が始まりませんが，予備力を使い果たした時点で認知機能が急低下し始め認知症の症状が出現します。認知機能が急低下するのは，予備力が高いことによって機能が補償されていたものの，アルツハイマー病にかかわる病理は徐々に進行していたため，いったん症状が現れると病理が進行している分だけ症状が重くなるからだと説明されます。とはいえ，予備力が高いことが，認知機能を高めるとともに機能低下が始まる時期を遅延するために，結果的に認知症を発症する時期を遅くするのです。

3 年とともに変化する脳の機能

加齢に伴って生じる認知機能の低下に対して，高齢者は脳の働きを変化させることで対応していることが近年明らかにされました。たとえば，ルーターローレンツ（Reuter-Lorenz, P. A.）らは，言語的な作動記憶（ワーキングメモリ）課題と空間的な作動記憶課題とを健常高齢者と若年成人に実施し，両課題を遂行している際の脳の賦活を脳機能イメージングによって測定しました。若年成人では，言語的な作動記憶課題の遂行時には左側頭葉に，空間的な作動記憶課題の遂行時には右前頭葉に優位な賦活がみられました。一方で，健常高齢者においては，言語的な作動記憶課題および空間的な作動記憶課題の遂行時に両側性の賦活パターンがみられました。健常高齢者ではラテラリティのない賦活パターンを示した一方で，若年成人では賦活パターンにラテラリティが認められたことになります。このような高齢者の皮質活動においてはラテラリティが減弱されること，つまり，高齢者の脳の賦活は左右どちらかに偏るというよりは左右を共働させる傾向があることを図式化したものはHAROLDモデル（Hemispheric Asymmetry Reduction in Older Adults）と呼ばれています。

（岩原昭彦）

動に従事することで，認知機能の蓄えが脳内にできたからだと考えられたのである。

▶6 Stern, Y. 2007 The concept of cognitive reserve: A catalyst for research. In Y. Stern (Ed.), *Cognitive reserve: Theory and applications*. New York: Taylor & Francis. pp.1-4.

▶7 Reuter-Lorenz, P. A., & Stanczak, L. 2000 Differential effects of aging on function of the corpus callosum. *Developmental Neuropsychology*, 18(1), 113-137.

▶8　ラテラリティ
身体機能に存在する左右の非対称性のことをラテラリティという。中でも，左右の大脳半球の機能的な非対称性のことは大脳半球機能差と呼ばれている。左大脳半球は，言語や数学といった時系列的で論理的な情報処理を担っており，右大脳半球は，感情や空間といった全体的で直観的な情報処理を担っていると考えられている。

▶9　I-3 参照。

参考文献

八田武志　2009　「記憶のはたらき・注意する力・言葉を操る」これらの機能を維持するために　唐沢かおり・八田武志（編）幸せな高齢者としての生活　ナカニシヤ出版　pp.53-73.

岩原昭彦・八田武志　2009　ライフスタイルと認知の予備力　心理学評論，**52**(3), 416-429.

Ⅸ　認知情報処理⑤その他の側面

 終末低下

1 寿命を予測する

　身体の機能がいつ低下し始めるのか，あるいは，いつ大きな病気を患い死亡するのかには大きな個人差があります。この個人差と認知機能が低下し始める時期とには関連性があることが知られており，認知機能が低下する仕組みを検討すれば，人が死に至る過程を深く理解することができるのではないかと考えられています。ある人が長生きできるのかできないのかは研究者だけでなく，多くの人にとっても大きな関心事であります。死を正確に予測することができれば，寿命を最大にするための介入策を考えることができるかもしれません。

　クリーミアー（Kleemeire, R. W.）は，70人の高齢者に異なる2回の時期に知能検査を実施しました。数年後に3回目の調査をしたところ，半数の対象者が死亡していました。死亡した高齢者とそうでない高齢者の1回目と2回目の認知機能の変化を調べたところ，死亡した対象者には激しい認知機能の低下が認められました。このように認知機能の急低下が高齢者の寿命と関連している現象を終末低下と呼びます。クリーミアーの研究は終末低下にかかわるごく初期のものではありますが，最近報告された大規模な縦断研究の一つであるベルリン加齢研究においても，認知機能の変化と死亡との関連性が様々な認知課題で認められています。また，ウィルソン（Wilson, R. S.）らは各種の認知機能の低下と死亡までの期間との関連性を明らかにしています。知覚速度は死亡前2.75年で低下し始め，視空間機能は6年前に，全般的認知機能は3.6年前に低下し始めると報告されています。他の研究では，もう少し期間が長いものもあるため，正確な期間は断定できませんが，機能ごとに低下勾配が異なることは事実のようです。

　認知機能だけでなく，主観的な健康観や幸福観といった指標が寿命を予測することも知られています。リーゲル（Riegel, K. F.）らは，55歳から75歳までの中高年者に5年間隔で2回の認知機能検査を実施しました。1回目の検査から10年後に追跡調査を実施したところ，2回目の検査に進んで参加した対象者の死亡率が低いことが明らかにされました。検査に対するモチベーションが寿命を予測したという知見は重要であると思われます。というのは，認知機能が低下したかしないかという事実だけでなく，その背後にある精神的な健康にかかわる問題をも考慮する必要があることをこの研究は示唆しているからです。

▷1　Kleemeier, R. W. 1962 Intellectual change in the senium. *Proceedings of the Social Statistics Section of the American Statistical Association*. pp.290-295.
▷2　Ⅺ-1 参照。
▷3　Ghisletta, P., McArdle, J. J., & Lindenberger, U. 2006 Longitudinal cognition-survival relations in old and very old age. *European Psychologist*, **11**(3), 204-223.
▷4　Wilson, R. S., Beckett, L. A., Bienias, J. L., Evans, D. A., & Bennett, D. A. 2003 Terminal decline in cognitive function. *Neurology*, **60**(11), 1782-1787.
▷5　Riegel, K. F., Riegel, R. M., & Meyer, G. 1967 A study of dropout rates in longitudinal research on aging and the prediction of death. *Journal of Personality and Social Psychology*, **5**(3), 342-348.

2 終末低下にかかわる諸問題

　終末低下は若年成人においてのみあてはまるという考え方があります。リーゲル（Riegel, K. F.）とリーゲル（Riegel, R. M.）は，検査後10年の時を超えて生存している者と，若くして（55～65歳）死亡した者と，年老いて（65歳以上）死亡した者の間では，言語能力が異なっていたことを横断研究で示しました。若くして死亡した対象者の認知機能は低下していたが，年老いて死亡した対象者の認知機能は生存者とそれほど変わらなかったことが明らかにされました。一方で，年老いて死亡した者にも終末低下が認められるという研究結果もあります。ベルリン加齢研究では，516人の対象者が認知機能検査を受けました。その3～6年後に約半数の対象が死亡しました。そこで，対象者を70～84歳と85歳以上に分けて解析してみると，どちらの年齢群においても，認知機能検査の結果が悪かった対象者の死亡率が高いことが明らかにされたのです。▷6

　一方，認知機能の低下が寿命を予測するというよりは，晩年期における認知機能の個人差は，他の病気と連動しているだけかもしれないという考え方があります。つまり，死亡の数年前から認知機能が低下するのは，脳細胞の死滅といった神経病理学的な問題（生物学的な低下）や，アルツハイマー病や心血管障害や脳血管障害などの病気のためであるというのです。スモール（Small, B. J.）らは，7年間の追跡期間における認知機能の変化が死亡率と関係があることを，横断的分析においても縦断的分析においても示すことで，この考え方が間違っていることを示しました。▷7 スモールらの研究で重要な部分は，終末低下が心血管障害に起因しているのかを検討したことでしょう。この研究では，心血管障害があってもなくても終末低下のパターンは同じ傾向を示すことが明らかにされました。その後の研究で，このような傾向は心血管障害だけでなく，がんや脳血管障害といった他の病気でも概して認められることがわかっています。▷8

3 認知症の発症を予見できるか

　これまでにみてきた終末低下という考え方で，認知症という特定の疾患の罹患率を予測することができるのでしょうか。ルビン（Rubin, D. C.）らは，認知機能検査がアルツハイマー病を早期に発見することに役立つのかを検討しました。▷9 62～83歳の高齢者を15年間追跡し，定期的に認知機能検査を実施したところ，59％の対象者が追跡期間中に認知症と診断されました。認知症との関連が認められたのは論理的記憶検査の結果であり，認知症と診断された人の方がそうでない人よりも，それ以前の検査において論理的記憶が急低下していました。近年では，軽度認知障害（MCI）の早期発見にこの試みを応用しようという流れができつつあります。また，終末低下と認知症との関連性は，認知の予備力仮説とも深い関係にあります。▷11

（岩原昭彦）

▷6　Riegel, K. F., & Riegel, R. M. 1972 Development, drop, and death. *Developmental Psychology*, 6(2), 306-319.

▷7　Small, B. J., Fratiglioni, L., von Strauss, E., & Bäckman, L. 2003 Terminal decline and cognitive performance in very old age: Does cause of death matter? *Psychology and Aging*, 18(2), 193-202.

▷8　Anstey, K. J., Mack, H. A., & von Sanden, C. 2006 The relationship between cognition and mortality in patients with stroke, coronary heart disease, or cancer. *European Psychologist*, 11(3), 182-195.

▷9　Rubin, D. C., Rahhal, T. A., Poon, L. W. 1998 Things learned in early adulthood are remembered best. *Memory & Cognition*, 26(1), 3-19.

▷10　論理的記憶検査
国際的によく使用されているウェクスラー式の記憶検査の一部である。ウェクスラー記憶検査は，記憶の様々な側面を測定することができるように構成された神経心理学検査で，本邦でも標準化されている。論理的記憶検査では，25個のアイディアユニット（統語上の単位）からなる短い物語を記憶し，その内容を直後再生および遅延再生することが求められる。

▷11　IX-4 参照。

X 情動・感情①パーソナリティ（性格）

1 性格特性：性格テストによる知見

1 年を取ると性格は変わるのか

　この問いに答えることは一見単純そうにみえますが，実はこれが意外と難しいのです。一つ例を挙げてみましょう。AさんとBさんは高校の同級生でした。Aさんは活動的で社交的。クラスのアイドル的存在でした。Bさんはごく普通の人柄で，いつもAさんが輝いて見えていました。その2人が68歳になり，50年ぶりに同窓会で出会いました。BさんはAさんと話をして，彼女が昔同様，活発でたくさんの友達がいるのにびっくりしました。何しろ，今日の同窓会にも50も年下のボーイフレンドを連れてきたのですから。Bさんは「やっぱり，性格って変わらないものね。高校生のときと同じように活発なのね。それに比べて私なんて昔からダメだわ」と思いました。そんな風に落ち込んでいると，Aさんのボーイフレンドの声が聞こえてきました。「やっぱり，自分より50も年上の人たちってAさんと同じように，落ち着いているものなんだね。僕も50年先にはこういう風になることができるかな？」。Bさんはびっくりしました。「Aさんが落ち着いている？　私よりずっと活発じゃない！」

　さて，AさんやBさんの性格は，50年前と比べて変わらないのでしょうか，それとも変わったのでしょうか。これらの発言が一見，矛盾するようにみえるのは，加齢による性格の変化を異なる視点から捉えているためです。Bさんの「Aさんは昔と変わらない！」という発言は，同年代の人たちの中での相対的な位置関係について問題にしています。一方，Aさんのボーイフレンドの「50年も年を取ると落ち着きのある性格になる」という印象は，若いときや若い年代と比較した場合について問題にしている訳です。

2 性格の加齢変化に関する2つの見方

　前者の「加齢によって，性格の集団内での相対的な位置が変化するか」という問いに対しては，意外なことに，年を取るほど相対的な位置は変化しないという結果がたくさんあります。152の縦断研究をメタ分析した研究では，児童期における性格の一致度は0.54，青年期から30歳台では0.64，50歳台から70歳台では0.74，というように年齢が高くなるほど一致度が高くなることが報告されています。つまり，同年代の中での比較から自分の性格を捉えようとすると，年を取るほど「性格は変わらない」と感じられるようになるのです。

▷1　メタ分析
複数の研究結果を統合し，より信頼性の高い，統一的な結果を導きだすこと。またはそのための手法や統計解析のこと。

▷2　Roberts, B. W., & DelVecchio, W. F. 2000 The rank-order consistency of personality traits from childhood to old ages: A quantitative review of longitudinal studies. *Psychological Bulletin*, 126(1), 3-25.

▷3　性格特性のビッグ・ファイブ理論
性格特性とは，個人の中で一貫して現れる行動や感情の傾向を指すものである。このような性格特性をパーソナリティの単位とみなして，複数の特性の組み合わせによりパーソナリティを記述する立場を「特性論」と呼ぶ。ビッグ・ファイブ理論は，特性論の一つであり，5つの性格特性によって性格の全体像を把握しようとするものである。5つの性格特性の内容は研究者により多少異なっているが，おおむね，感情の安定，関心の方向，知的好奇心，他者への協調，自己の統制といった内容となっている。X-2 も参照。

X-1 性特性：性格テストによる知見

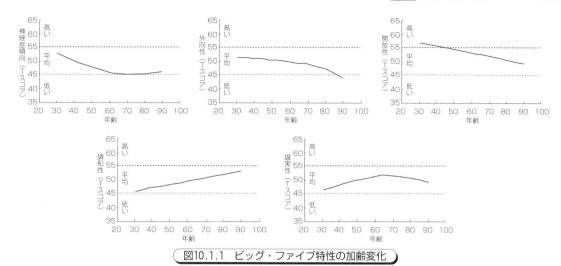

図10.1.1 ビッグ・ファイブ特性の加齢変化

出所：Terracciano et al., 2005

　一方，後者の「加齢によって，若いときや若い年代集団と比較した場合に，性格は変化するのか」という問いに対しては，性格特性によって，変化するものもあれば変化しないものもあるようです。ここでは，性格特性のビッグ・ファイブ理論の5つの性格特性，神経症傾向（Neuroticism），外向性（Extraversion），開放性（Openness），調和性（Agreeableness），誠実性（Conscientiousness），の加齢による変化を見てみましょう。図10.1.1は，異なる年齢集団の15年間の変化を統計的に統合し，20歳から96歳までの加齢変化を示したものです。神経症傾向に関してはやや低下，つまり感情的に安定することがわかります。外向性と開放性は加齢に伴い低下しています。一方，調和性は加齢に伴い上昇します。そして，誠実性については，中年期以降高齢期前半までは上昇していますが，高齢期後半では低下しています。

　したがって，加齢に伴う性格特性の変化を，ある年齢集団の中での位置関係の変化と，その集団全体の変化の両面から捉えようとすると図10.1.2のようになるでしょう。この図からは，性格特性の得点は加齢によって変化するが，どの個人も同様の変化をするので，同一の年齢集団の中での相対的な位置は変わらないと考えられます。しかし，集団全体でみられる加齢変化とは異なる変化傾向を示す個人がいる，つまり，加齢変化の傾向にも個人差があることを示す研究も近年では多くなってきました。性格特性の加齢変化が縦断研究により詳細に検討されるようになってきたのはここ10年のことです。今後も新たな発見が続いていくことでしょう。

(増井幸恵)

▶4 Terracciano, A., McCrae, R. R., Brant, L. J., & Costa, P. T., Jr. 2005 Hierarchical linear modeling analyses of the NEO-PI-R scales in the Baltimore Longitudinal Study of Aging. *Psychology and Aging*, **20**(3), 493-506.

▶5 Mroczek, D. K., & Spiro, A., Ⅲ. 2003 Modeling intraindividual change in personality traits: Findings from the normative aging study. *The Journals of Gerontology, Series B: Psychological Sciences and Social Sciences*, **58**(3), P153-165.

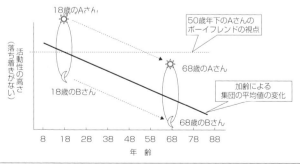

図10.1.2 性格の集団内での位置の変化の問題と，集団全体の加齢変化の問題を統合的に説明する仮説図

X 情動・感情①パーソナリティ（性格）

 ## パーソナリティと幸福感

▷1 Lykken, D., & Tellegen, A. 1996 Happiness is a stochastic phenomenon. *Psychological Science*, **7**(3), 186-189.
▷2 X-1 も参照。
▷3 Costa, P. T., & McCrae, R. R. 1980 Influence of extraversion and neuroticism on subjective well-being: Happy and unhappy people. *Journal of Personality and Social Psychology*, **38**(4), 668-678.
▷4 Roberts, B. W., & DelVecchio, W. F. 2000 The rank-order consistency of personality traits from childhood to old age: A qualitative review of longitudinal studies. *Psychological Bulletin*, **126**(1), 3-25.
▷5 Diener, E., & Lucas, R. E. 1999 Personality and subjective well-being. In: D. Kahneman, E. Diener & N. Schwarz (Eds.), *Well-being: The foundations of hedonic psychology*. New York: Russell-Sage. pp. 213-229.
▷6 Gray, J. A. 1987 The neuropsychology of emotion and personality. In: S. M. Stahl, S. D. Iversen & E. C. Goodman (Eds.), *Cognitive neurochemistry*. New York, NY, US: Oxford University Press. pp. 171-190.
▷7 Schinka, J. A., Busch, R. M., & Robichaux-Keene,

1 パーソナリティは幸福感に影響する

　パーソナリティは幸福感に影響することが明らかにされています。中年期までの双子を調べた研究によれば，幸福感に対する影響力は，教育，収入，結婚といった社会経済的な要因は3％に過ぎず，パーソナリティは44～52％であるといわれています。このように，パーソナリティは幸福感にもっとも大きな影響力をもつと考えられています。

　パーソナリティはいくつかの要素から構成される概念ですが，どの要素が幸福感に影響しているのでしょうか。ビッグ・ファイブ理論というパーソナリティの構成要素の捉え方の枠組みがあります。この枠組みはパーソナリティを神経症傾向，外向性，開放性，調和性，誠実性という5つの要素で捉えます。さらに，これら5つのうち，外向性はポジティヴな感情に影響する一方，神経症傾向はネガティヴな感情に影響することが示されています。外向性が高い人はポジティヴな感情を感じやすい一方，神経症傾向が高い人はネガティヴな感情を感じやすい傾向があるのです。パーソナリティのどの要素が高く，どの要素が低いかというパターンはどの年齢でもほぼ一貫しており，高低の程度は50歳から70歳まではそれ以前に比べて安定しているという報告があります。したがって，ポジティヴな感情を感じやすい傾向とネガティヴな感情を感じやすい傾向は，生涯にわたって比較的一貫していると考えられます。

2 なぜパーソナリティは幸福感に影響するのか

　パーソナリティが幸福感に影響する機序として，いくつかの仮説が提案されてきました。これらの仮説は，直接的機序と間接的機序に大きく分けられます。直接的機序は，気質的，内的，あるいはトップダウン的な考え方に基づいており，間接的機序は，道具的，外的，あるいはボトムアップ的な考え方に基づいています。直接的機序として，パーソナリティと幸福感は，共通する生物学的機序あるいは神経基盤と関わっていると考えられています。また，間接的機序として，パーソナリティがさまざまな行動を介して幸福感に影響すると考えられています。

○直接的機序

　これまでいくつかの理論が，パーソナリティは何らかの生物学的機序に規定

されると考えてきました。たとえば，強化感受性理論がそのような考え方に基づいています。この理論では，パーソナリティと幸福感の両方が行動賦活システムと行動抑制システムという2つのシステムによって制御されると考えられています。行動賦活システムは外向性と関連しており，報酬を知らせる刺激によって行動が賦活され，ポジティブ感情が喚起されます。一方，行動抑制システムは神経症傾向と関連しており，罰を知らせる刺激によって行動が抑制され，ネガティブ感情が喚起されます。これらの結果，外向性が高い人は報酬に注意を向け，自らを肯定的に評価する一方，神経症傾向が高い人は罰に注意を向け，自らを否定的に評価すると考えられます。

近年では，パーソナリティと幸福感に共通する生物学的機序を直接的に特定しようとする研究が進められています。セロトニンという神経伝達物質が，神経症傾向，気分障害や不安障害といった精神疾患と関連すると考えられています。一方，ドーパミンという神経伝達物質は，外向性と関連すると考えられています。さらに，幸福感は，扁桃体，前頭前皮質，海馬，前帯状皮質といった神経基盤と関連しており，外向性の神経基盤と共通していると考えられています。

ただし，パーソナリティと幸福感に共通する生物学的機序は明らかではありません。さらに，パーソナリティは環境の影響を受けることもわかっています。青年期の双子を調べた研究によれば，パーソナリティに対する遺伝の影響力は，開放性62％，神経症傾向43％，外向性43％，調和性40％，誠実性53％とされています。これらの割合の残りが環境の影響を指します。

○間接的機序

パーソナリティは幸福感に寄与する環境の形成に役立つと考えられています。社会関係は幸福感を高めることが知られており，外向性が高い人は人との交流が多いため，幸福感が高いと考えられます。また，外向性は家庭や職場での社会関係の形成や維持を促す一方，神経症傾向は社会関係を妨げることが知られています。そのため，外向性が高い人は，豊かな社会関係を形成することで，幸福感を高く維持すると考えられます。さらに，パーソナリティは，社会関係に加え，健康といった幸福感を維持する資源に寄与することが知られています。

ただし，パーソナリティと幸福感の関連が加齢につれて変化するかもしれません。高齢期では，外向性が高い人は加齢を肯定的に捉え，神経症傾向は否定的に捉えることが知られていますが，パーソナリティよりも心身の健康が幸福感に強く影響することが示されています。パーソナリティと幸福感の関連が加齢につれてどう変化するかに関する研究の蓄積が待たれます。

(中川　威)

N. 2004 A meta-analysis of the association between the serotonir transporter gene polymorphism (5-HTTLPR) and trait anxiety. *Molecular Psychiatry*, **9**(2), 197-202.
▷8 Lasky-Su, J. A., Faraone, S. V., Glatt, S. J., & Tsuang, M. T. 2005 Meta-analysis of the association between two polymorphisms in the serotonin transporter gene and affective disorders. *American Journal of Medical Genetics*, **133B**, 110-115.
▷9 Depue, R. A., & Collins, P. F. 1999 Neurobiology of the structure of personality ; Dopamine, facilitation of incentive motivation, and extraversion. *Behavioral and Brain Sciences*, **22**(3), 491-517.
▷10 Davidson, R. J. 2004 Well-being and affective style : Neural substrates and biobehavioural correlates. In F. A. Huppert, N. Baylis & B. Keverne (Eds.), *The science of well-being.* Oxford, England : Oxford University Press. pp.107-139.
▷11 Ono, Y., Ando, J., Onoda, N., Yoshimura, K., Kanba, S., Hirano, M. et al. 2000 Genetic structure of the five-factor model of personality in a Japanese twin population. *The Keio Journal of Medicine*, **49**(4), 152-158.
▷12 X-4 も参照。
▷13 Bryant, C., Bei, B., Gilson, K. M., Komiti, A., Jackson, H., & Judd, F. 2016 Antecedents of attitudes to aging : A study of the roles of personality and well-being. *The Gerontologist*, **56**(2), 256-265.

Ⅹ　情動・感情①パーソナリティ（性格）

エリクソンの理論

 エリクソンの心理社会的発達理論とは

　人は，誕生してから亡くなるまで人生において様々な課題や問題と向き合い成長していきます。生まれたばかりの赤ちゃんでさえそうです。赤ちゃんは一人では何もできないので，十分なお世話と愛情を周囲の人から受けなければなりません。しかし，赤ちゃんもまったくの受け身ではなく，人の声に反応し，アイコンタクトをするなど，生まれもって人の注意や愛情を引きつけるための方略を身につけています。このような周囲の人との愛情のある交流を重ねていくうちに，赤ちゃんは，十分な成長と「自分がここで生きていっても大丈夫だ」という基本的信頼感を獲得し，発達の最初の階段を登るのです。
　このような人間の成長と社会的な要請との相互作用の中で，人格の成長がなされると考えたのがエリクソン（Erikson, E. H.）の心理社会的発達理論です。図10.3.1に示すように，当初彼は，生涯において8つの段階を仮定しました。そして，各段階において重要な発達課題があり，その課題を解決することにより「同一性」などの人格の発達がなされ，次の発達段階に進むことができるようになります。しかし，課題が解決されなかった場合には，「同一性混乱」などの心理的な危機に陥り，その段階で発達が停滞してしまうのです。[1]

▶1　Erikson, E. H.　1959 *Identity and the life cycle.* International Universities Press.

高齢期の発達課題：統合性

　おおむね60歳以上の高齢期は8つめの発達段階にあたります。第8段階の発達課題は「統合性」つまり，自分の人生を自らの責任として受け入れていくことができ，死に対して安定した態度をもてること，とされています。たとえば，高齢になり，人生の最終段階に至ったと自覚したとき，あなたは自分の人生を意義あるものと受け入れられるでしょうか，反対にもう一度別の人生をやり直したいと思うでしょうか。エリクソンは，失敗した出来事や失望などのネガティヴな現実でさえも自分自身の大切な人生を作りあげるものとして受容することが大切であると述べています。そして，自分の人生全般に対する肯定的な受容が，死をポジティヴに受容し，また，自分の死後の世界に対して現在の自分ができることを前向きに考えることにつながっていくとしています。逆に，自分の人生に対する不完全感がなくならない限り，「絶望」に陥ることになります。
　近年では，自分の人生に対する後悔やネガティヴな評価からうつ的になって

いる高齢者への心理的なケアとしてライフレヴューが取り入れられることがあります。ライフレヴューとは，自分の過去の経験や未解決の問題を振り返り語ることにより，ネガティヴな過去経験への再評価や再意味づけをうながし，人生に対する新しい意味づけを持ってもらおうとする技法です[2][3]。過去を語ることで，自分の過去，現在，未来の意味をもう一度捉えなおし，一つにつなぎ，統合していくことが，高齢期の心理発達に重要であると考えられます。

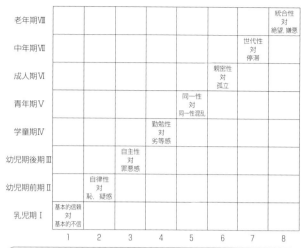

図10.3.1 エリクソンの生涯発達理論における各段階の発達課題と心理・社会的危機
出所：Erikson & Erikson, 1997/2001

3 中年期の発達課題「世代性」が高齢期に持つ意味

近年，第7段階（中年期）の発達課題である「世代性」の発達が高齢期においても重要であるという指摘がされています[4][5]。世代性とは，新しい存在やもの，そして概念などを生み出すことにより，次の世代を守り，確立させていくことです[6]。高齢期における世代性の発現は，直接的な養育行動だけでなく，次世代に対する間接的な，利他的な行動として現れることが予想されています。

このような高齢期の世代性の向上は，自分のいのちが若い世代に引き継がれていくという実感を高め，ひいては「死をポジティヴに受け入れること」「自分の死後の世界に対してできることを考えること」といった統合性の向上に寄与することが考えられます。

4 第9段階の発達の可能性

エリクソンはその最晩年，第8段階よりも先の第9の発達段階があることを指摘しました[7]。この第9段階にあたる80～90歳以上では，身体機能や健康状態は大きく悪化し，同年代の知人や友人の死亡により社会的ネットワークも非常に小さくなっていきます。これらの出来事は大きな心理的な危機を引き起こすものであり，第8段階において統合性を達成した者であっても，新たな絶望に見舞われると予想したのです。

しかし，一方で，この重篤な危機は，自分と自分を取り巻く人や環境に対する基本的信頼感をもう一度獲得すること，また，トルンスタム（Tornstam, L.）が提唱した老年的超越の獲得により乗り越えることができるのではないかという予測もしています[8]。現在，先進諸国で生じている80歳台，90歳台の超高齢者層の増加は，エリクソンも予想したように虚弱で心理的問題を抱えた高齢者も生み出しています。現代そして近い未来の社会の問題に立ち向かう視点をエリクソンの理論は与えてくれるのです。

（増井幸恵）

▷2 Haight, B. K., & Webster, J. D. 1995 *The art and science of reminiscence*. New York：Taylor and Francies.
▷3 [XII-4]も参照。
▷4 Cheng, S. T. 2009 Generativity in later life：Perceived respect from younger generations as a determinant of goal disengagement and psychological well-being. *The Journals of Gerontology, Series B：Psychological Sciences and Social Sciences*, **64**(1), P45-54.
▷5 [XIV-5]も参照。
▷6 Erikson, E. H., & Erikson, J. M. 1997 *The life cycle completed*. New York：W, W Norton & Company.（エリクソン，E. H.・エリクソン，J. M. 村瀬孝雄・近藤邦夫（訳）2001 ライフサイクル，その完結 増補版 みすず書房）
▷7 Erikson & Erikson 前掲書
▷8 [IV-3]参照。

X 情動・感情①パーソナリティ（性格）

4 性格と健康・長寿

▷1 Friedman, M., & Rosenman, R. 1974 *Type A behavior and your heart.* New York : Knopf.
▷2 Bogg, T., & Roberts, B. W. 2004 Conscientiousness and health-related behaviors. *Psychol Bull*, **130**(6), 887-919.
▷3 Wilson, R. S., Mendes de Leon, C. F., Bienias, J. L. et al. 2004 Personality and mortality in old age. *J Gerontol B Psychol Sci Soc Sci*, **59**(3), P110-116.
▷4 Brummett, B. H., Siegler, I. C., Day, R. S., & Costa, P. T. 2008 Personality as a predictor of dietary quality in spouses during midlife. *Behav Med. Spring*, **34**(1), 5-10.
▷5 Iwasa, H., Masui, Y., Gondo, Y. et al. 2009 Personality and participation in mass health check-ups among Japanese community-dwelling elderly. *J Psychosom Res*, **66**(2), 155-159.
▷6 Iwasa, H., Masui, Y., Gondo, Y. et al. 2008 Personality and all-cause mortality among older adults dwelling in a Japanese community : A five-year population-based prospective cohort study. *Am J Geriatr Psychiatry*, **16**(5), 399-405.
▷7 Masui, Y., Gondo, Y., Inagaki, H., & Hirose, N.

1 健康や長寿に関連する性格特性

高齢者の寿命を左右する心筋梗塞や脳卒中などの病気は生活習慣病とも言われており，運動習慣がないことや食生活の偏りなど長年続いてきた習慣がその大きな発生原因の一つとなっています。このように，習慣，すなわち個人の恒常的な行動パターンが健康状態に影響し，最終的には寿命にもかかわってくることは半ば常識にもなってきました。そして，近年では，健康や最終的な寿命の長さに性格特性，つまり個人の行動や感情状態，意志の比較的変化しにくいパターン，がかかわっていることが指摘されるようになってきました。

性格と疾病との関連においては，以前（1970年代）から心筋梗塞と関連するType A 性格など特定の疾病罹患に関連する特定の性格傾向が存在することが報告されていました。現在では，神経症傾向や外向性など一般的で包括的な性格特性との関連が検討されるようになり，性格特性は主に2つの側面から健康や長寿に関連していることが指摘されるようになってきました。

2 健康関連行動を媒介とした影響

性格特性が健康や寿命と関係する一つ目の経路は，冒頭で述べたような，飲酒・喫煙や運動習慣などのいわゆる健康関連行動を通じてのものです。とくに，ビッグ・ファイブ理論の5つの性格特性の中でも，約束を守る，目標に向かって努力を続ける，几帳面であるという特徴をもつ誠実性（Conscientiousness）は健康関連行動と強い関係をもっています。健康関連行動と誠実性の関係を検討した194の研究のまとめからは，誠実性が高いほど，①エクササイズなど健康増進的な活動をよく行う，②危険運転や自殺，暴力などそれ自体が死亡を招く事態に巻き込まれることが少ない，③過度の飲酒，喫煙，ドラッグの使用，不健康な食行動，危険な性交渉などの重篤な疾病の原因となる行動をあまりしないという結果が示されています（図10.4.1）。このような健康関連行動と誠実性とのポジティブな関連は寿命にも影響するようです。誠実性の高い人の寿命について，縦断的に調べた追跡研究においても，誠実性が高かった高齢者は低かった高齢者に比べて死亡率が低いことが報告されています。

その他の性格特性では，近年，新しいものを柔軟に受け入れる，知的好奇心が高いという開放性（Openness）と健康関連行動との関係が報告されています。

開放性が高いほど，よい食習慣をもっているという結果や，健康診断に参加する人が多いという結果が報告されています。これらの結果からは，開放性が高い人は，柔軟に新しい健康関連行動を取り入れることができ，そのことがよい健康状態につながる可能性があります。実際に，開放性が高い方が10年後の死亡率が低いという報告や，日本の100歳以上の高齢者は一般的な高齢者よりも開放性が高いという報告もあります。

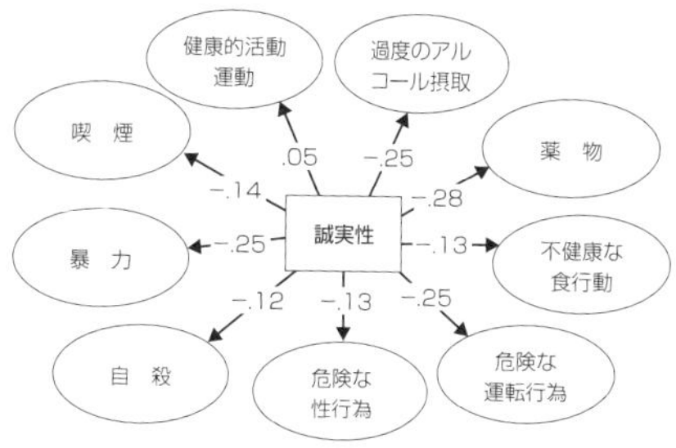

図10.4.1　誠実性と健康関連行動の関係
出所：Bogg & Roberts, 2004

3 ストレス対処を媒介した影響

性格と健康・長寿を結びつける2つ目の経路としては，ストレス処理過程における役割があります。近年のストレス学説では，同じストレッサーに曝されても，どの程度脅威に感じ，どのように対処するかによって，最終的にストレスが心身に及ぼす影響が変わるとされています。つまり，ストレス処理過程のいくつかの段階で，個人の認知や対処行動などを通じて性格特性が影響すると考えられるのです。たとえば，情緒的に不安定でネガティヴな感情を経験しやすい神経症傾向（Neuroticism）の高い人は低い人よりも，ストレッサーの脅威をより強く感じるため，うつ病を罹患しやすいことが報告されています。一方，活動的で社交的な外向性（Extraversion）の高い人は，同時に楽観的傾向があり，失敗の原因を自分の内部に求めないので，ストレッサーの脅威を弱く感じます。また，ストレスの対処においても，外向性が高い人はソーシャルサポートをよく受けるため，ストレスの悪い影響を受けにくいとされています。

実際に，追跡研究による，神経症傾向や外向性の高さと死亡率との関係を示す知見も多くあります。ある研究では，神経症傾向が高いグループでは，より低いグループよりも6年後の死亡率は33％高く，外向性が高いグループでは21％低いという報告がなされています。うつ病の罹患は認知症の発症率を高めるという報告もなされていることを考えると，神経症傾向の高さや外向性の低さ→うつ病罹患の高さ→認知症罹患の高さ→死亡率の高さという順序による経路も考えられ，注目されるところです。

4 時代が変わると性格の影響も変わるのか

性格と健康長寿との関連を考える上で面白いデータがあります。1960年代から1970年代に数多く報告されていたType A性格と冠動脈疾患の発症との関連について，1980年代後半には否定する報告が多くなってきたそうです。その理由として，80年代以降，Type Aが多い社会階層の高い人々がエクササイズやストレス解消に積極的に取り組む習慣が生まれたためではないかという考察もあります。時代や社会の変化により，どのような性格が健康や寿命と関連するかが変わってくるのかもしれません。

（増井幸恵）

▷ 2006 Do personality characteristics predict longevity? Findings from the Tokyo Centeanarian Study. *Age*, 28(4), 353-361.

▷8 Steunenberg, B., Beekman, A. T., Deeg, D. J., & Kerkhof, A. J. 2006 Personality and the onset of depression in late life. *J Affect Disord*, 92(2-3), 243-251.

▷9 Marshall, G. N., Wortman, C. B., Vickers, R. R. et al. 1994 The five-factor model of personality as a framework for personality-health research. *J Pers Soc Psychol*, 67(2), 278-286.

▷10 Swickert, R. J., Rosentreter, C. J., Hittner, J. B., & Mushrush, J. E. 2002 Extraversion, social support processes, and stress. *Pers Individ Dif*, 32(5), 877-891.

▷11 Wilson, R. S., Krueger, K. R., Gu, L. et al. 2005 Neuroticism, extraversion, and mortality in a defined population of older persons. *Psychosom Med*, 67(6), 841-845.

▷12 Ownby, R. L., Crocco, E., Acevedo, A. et al. 2006 Depression and risk for Alzheimer disease: Systematic review, meta-analysis, and metaregression analysis. *Arch Gen Psychiatry*, 63(5), 530-538.

XI 情動・感情②感情

感情の経験

1 情動・感情とは何か

○情動・感情・気分の違い

日々私たちは様々な出来事を体験し，喜ぶ，怒る，悲しむなどといった思いを抱きますが，これらは感情と呼ばれます。この感情の類には「気分」や「情動」というものもあります。これらの言葉が実際に用いられるときに区別されているかというと，必ずしもそうではありません。感情は気分と情動とに分類されるとする場合もあれば，感情と情動との違いに言及する場合もあります。後者ですと，感情は特定の対象がなく長時間持続するものであるのに対して，情動は特定の対象があり短時間しか持続しないものとしてまとめられています。このような整理がなされていますが，誰もが共通のものとして理解できるよう区分けされ使い分けられているかというと，まだまだ整理が必要と思われます。

○基本的な情動・感情

イザード（Izard, C. E.）は，人間の基本的情動と呼ばれるものには，それぞれ特定の神経的な基盤があり，特定の表情があり，意識にのぼる特定の感情をもつとしています。この考えに従うと，基本的情動は興味，喜び，驚き，悲しみ，怒り，嫌悪，軽蔑，恐れの8つとされています。

2 ポジティヴ感情とネガティヴ感情の経験

○高齢者はネガティヴ感情をもちやすいのか

高齢者は様々な喪失を体験します。そのため高齢者とはネガティヴな感情を抱きやすいものと考えられていますが，それは事実でしょうか。

25～74歳を対象にした研究によると，ポジティヴ感情は加齢とともに増大し，ネガティヴ感情は加齢差がないことがわかりました。とくに男性の場合は，外向的な人は内向的な人よりもポジティヴ感情が高いのですが，加齢とともにその差が小さくなっていき，結婚生活を続けている人は離別・死別など一人でいる人よりも，歳を重ねていくにつれネガティヴ感情が低下していくようです。

70歳以上を対象とした研究では，怒りや不機嫌，苛立ち感は加齢とともに減少していくのですが，ポジティヴ感情全体・ネガティヴ感情全体で捉えると，ネガティヴ感情は加齢による変化はみられず，ポジティヴ感情は80歳以降に低下していくことが示されました。さらに，22年間の縦断的研究によると，8年

▷1 上淵寿 2008 感情研究と動機づけ研究の関係 上淵寿（編著）感情と動機づけの発達心理学 ナカニシヤ出版 pp.1-24.

▷2 Fredrickson, B. L. 2001 The role of positive emotions in positive psychology: The broaden-and-build theory of positive emotions. *American Psychologist*, **56**(3), 218-226.

▷3 イザード，C. E. 荘厳舜哉（監訳）1996 感情心理学 ナカニシヤ出版

▷4 Mroczek, D. K., & Kolarz, C. M. 1998 The effect of age on positive and negative affect: A developmental perspective on happiness. *Journal of Personality and Social Psychology*, **75**(5), 1333-1349.

▷5 Staudinger, U. M., Freund, A. M., Linden, M., & Maas, I. 1999 Self, personality, and life regulation: Facets of psychological resilience in old age. In P. B. Baltes & K. U. Mayer (Eds.), *The Berlin Aging Study: Aging from 70 to 100*. Cambridge: Cambridge University Press. pp.302-328.

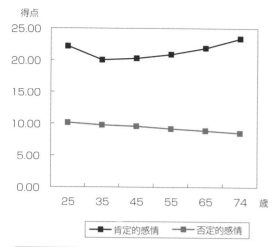

図11.1.1 肯定的感情と否定的感情の経験に関する年齢差

出所：Mroczek & Kolarz, 1998の図を改変

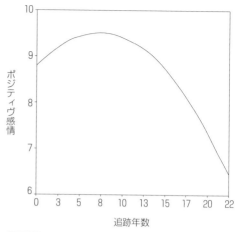

図11.1.2 加齢によるポジティヴ感情の変化（縦断的研究）

出所：Gana et al., 2015の図を改変

目（平均年齢81.01歳，SD＝5.73）がポジティヴ感情のピークでした。

用いられた尺度が異なるということもあり，一般化することは控えなければなりませんが，これらの結果から，ポジティヴ感情は高齢のある年齢でピークを迎えるものであり，ネガティヴ感情は年齢による変化があまりないものであるといえるのかもしれません。また，高齢者が経験する感情は，ネガティヴなものよりポジティヴなものの頻度が多いことも指摘されていますが，このことの意味については社会情動的選択性理論で説明できると考えられています。

21世紀に入って，ポジティヴ心理学という研究領域が流行し始め，抑うつ・怒りなどのネガティヴな感情ではなく楽観主義や寛大さといったポジティヴな感情に焦点が向けられるようになりました。たしかにポジティヴ感情には，心理的な緊張感や興奮状態を和らげるだけではなく，情報をうまくまとめる，ある現象が生じるという期待が高まる，逆境場面において前向きな対処ができるなどといった効果のあることが報告されています。とくにアメリカにおいて，ポジティヴ感情の追求は幸福につながることが強調されていますが，その考えをそのまま日本に当てはめるのは早計でしょう。大石は，ネガティヴ感情をたくさん経験してきた人が人生の終わりにwisdomという領域に到達でき，ポジティヴ感情ばかりを追求する人がその領域に到達することは困難であるとする研究を踏まえて，理想の人生を送っている人とは，悲しみや苦しみを味わい，それを乗り切ってきた人であるという意義深い見方を提示しています。

○高齢者を対象とした研究

高齢者の感情については，怒りなど基本的情動とされるものの他に，孤独感や罪悪感，羞恥心，不安，恥，後悔，軽蔑，嫉妬，劣等感，抑うつ，悲嘆，無力感，絶望感，喪失感，自尊感情，希望，むなしさなど，ポジティヴ感情・ネガティヴ感情ともに研究が積み重ねられています。

（大橋　明）

▷6 Gana, K., Saada, Y., & Amieva, H. 2015 Does positive affects change in old age? : Results from a 22-year longitudinal study. Psychology & Aging, 30(1), 172-179.

▷7 IV-4 参照。

▷8 山崎勝之 2006 ポジティブ感情の役割——その現象と機序 パーソナリティ研究, 14(3), 305-321.

▷9 大石繁宏 2006 文化と Well-Being 島井哲志（編）ポジティブ心理学——21世紀の心理学の可能性 ナカニシヤ出版 pp. 114-131.

▷10 wisdom
知恵あるいは英知と表現される。人生を整理しまとめるという高齢期の課題を達成する中で培われていくものとして考えられている。

▷11 Kunzmann, U., & Baltes, P. B. 2003 Wisdom-related knowledge : Affective, motivational, and interpersonal correlates. Personality and Social Psychology Bulletin, 29(9), 1104-1119.

XI 情動・感情②感情

感情の表出

▷1 ジェームズ=ランゲ説
身体の反応が脳に伝達することで感情が生み出されるという考え方。

▷2 Strack, F., Martin, L. L., & Stepper, S. 1988 Inhibiting and facilitating conditions of the human smile: A nonobtrusive test of the facial feedback hypothesis. *Journal of Personality and Social Psychology*, **54**(5), 768-777.

▷3 正高信男 2000 老いはこうしてつくられる——こころとからだの加齢変化 中央公論新社

▷4 Sullivan, S., Ruffman, T., & Hutton, S. B. 2007 Age differences in emotion recognition skills and the visual scanning of emotion faces. *The Journals of Gerontology, Series B*, **62**(1), P53-60.

▷5 Borod, J. C., Yecker, S. A., & Brickman, A. M. 2004 Changes in posed facial expression of emotion across the adult life span. *Experimental Aging Research*, **30**(4), 305-331.

▷6 これについては相反する結果や別の考察もある。ビリン, J. E.・シャイエ, K. W.（編）2008 藤田綾子・山本浩市（監訳）エイジング心理学ハンドブック 北大路書房 p.239.

▷7 Lawton, M. P., Kle-

1 感情とその表出の関係

感情は言葉や顔などで表されることが多いですが，そもそも「悲しいから泣く」のでしょうか，それとも「泣くから悲しい」のでしょうか。後者はジェームズ=ランゲ説という古典的な論ですが，近年はこの説を支持する顔面フィードバック効果が提示されています。これは表情によって感情が湧き立つ現象をいいます。ある刺激を提示したときに笑えないように表情を固定された被験者は，笑顔を作れた被験者よりも刺激の面白さを低く評定したというのです。感情と表出行動は複雑に影響し合っているようです。

2 加齢とともに感情は乏しくなるのか？

高齢者は感情が乏しいとよくいわれますが本当でしょうか。笑いに着目した正高は，デイケアセンターを利用する高齢者と若年者にお笑い番組のビデオ映像を視聴させ，番組の面白さに関する評価と表情筋の反応を測定しました（図11.2.1）。その結果，表情筋の動きは若年者の方が高齢者よりも大きいことが示されたのですが，番組の面白さについては両者に差がありませんでした。また視聴したときの表情を録画し，そのビデオを観ているときにどれだけ面白さを感じているかを他者に評定させました。すると他者は，高齢者自身が「ビデオ内容が面白い」と感じている程度よりも，面白さを高齢者の表情から低く評価したことがわかりました。つまり面白みを感じる程度は高齢者も若者と同じなのですが，高齢者の場合はそれが表情として表れてこず，感情の動きを他者に伝え切れていないわけです。ちなみに高齢者が他の高齢者の表情から感情を判断するときも，実際より弱く見積もるという結果が生じているのです。

高齢者と若者に喜び・悲しみ・嫌悪・恐れ・怒り・驚きの感情を表す写真

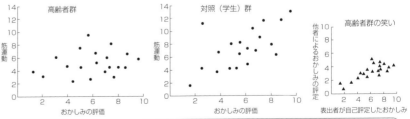

図11.2.1 笑いの表情と感じたおかしみの程度の関係（左・真ん中），および笑いが表出するおかしみの他者評定と自己評定の関係（右）

出所：正高，2000を改変

（顔全体・目のみ・口のみ）をみせて感情を同定させる実験では，若者は高齢者よりも感情を正しく捉えていました。また若者では口のみの写真より目のみの写真の方で感情（恐れ・怒り・悲しみ）を正しく同定しており，目に関する情報が感情の判別に重要であることがわかったのですが，高齢者では目の有効性が認められたのは恐れの感情のみでした。さらに高齢者・中年・若者に2つのポジティヴ感情と2つのネガティヴ感情を表現させて写真に撮り，その写真がその感情を表現しているかを他者に評定させた研究では，高齢者は若者や中年よりも感情を適切に表現できていないことがわかりました。つまり，高齢者は感情が乏しくなるといわれますが，感情自体が乏しくなっているわけではなく表情での表現が変わってきている，そして高齢者自身も他の高齢者の表情をみてその人の感情を正しく捉えていないことを示していることが考えられます。

3 感情の統制（コントロール）・調整

　高齢者の感情は乏しくなっているのではないということですが，ロートン（Lawton, M. P.）らによると，「自分の気持ちが当たり障りのない状態であるようにしたり，感情的な場面を避けようとしたりする」という気持ちが若者よりも高齢者に強くみられました。また，高齢になると攻撃的感情，衝動的感情などの統制（コントロール）が増大することが指摘されています。加えて，若者から高齢者までを対象とした研究では，高齢者では人間関係における問題について，若者や中年よりも怒りの感情が表現されないことがわかっています。このような現象を感情調整といいますが，高齢になると発達するメカニズムとして，近年多くの研究が積み重ねられています。

　カーステンセン（Carstensen, L. L.）らの社会情動的選択性理論によると，未来がある者は自分の世界を広げようと動機づけられるのですが，人生を折り返し，残された時間が少ないと認識するようになると，既存の関係を深め，感情的な満足を得るように動機づけられます。つまり高齢者の場合，感情に注意が向けられるようになると同時に，感情的な利益を最大限にするような社会的関係を形成しようと，よく知った人とは交流して知らない人とは交流を減らすといったように，相手を選択してかかわるようになるのです。このようなメカニズムが生じているために，高齢者では感情の調整がみられたり，感情がポジティヴであったりすると考えられています。感情の統制や調整は，高齢者にとって重要な適応の手段と考えることができるかもしれません。

　なお，「不安を見せようとはしない」などと感情を抑制する傾向にある人は不健康であることが指摘されているように，過度の感情抑制は望ましくありません。だからといって，聞き手が「話せば楽になる」などと高齢者の心に土足で踏み込むようなことは問題外です。臨床現場で高齢者とかかわるときは，感情調整の意味や対象者の背景に十分思いを馳せたいところです。　　（大橋　明）

ban, M. H., Rajagopal, D., & Dean, J. 1992 Dimensions of affective experience in three age groups. *Psychology and Aging*, **7**(2), 171-184.

▷8　Gross, J. J., Carstensen, L. L., Pasupathi, M., Tsai, J., Skorpen, C. G., & Hsu, A. Y. C. 1997 Emotion and aging: Experience, expression, and control. *Psychology and Aging*, **12**(4), 590-599.

▷9　Birditt, K. S., & Fingerman, K. L. 2003 Age and gender differences in adults' descriptions of emotional reactions to interpersonal problems. *The Journals of Gerontology, Series B*, **58**(4), P237-245.

▷10　たとえば中川威・権藤恭之・石岡良子・田渕恵・増井幸恵・呉田陽一・髙山緑・冨澤公子・高橋龍太郎 2013 中高年期における感情調整の発達に関する横断的研究——年齢，身体機能，感情調整，精神的健康の関係に注目して　パーソナリティ研究, **22**(1), 13-22.

▷11　Ⅳ-4参照。

▷12　Consedine, N. S., Magai, C., & Horton, D. 2005 Ethnic variation in the impact of emotion and emotion regulation on health: A replication and extension. *The Journals of Gerontology, Series B*, **60**(4), P165-173.

▷13　黒川由紀子 1998　高齢者の心理　黒川由紀子（編著）老いの臨床心理——高齢者のこころのケアのために　日本評論社 pp.9-32.

XI 情動・感情②感情

健康感

▷1 4つの喪失
高齢者にみられる喪失体験。「身体および精神の健康を失う」「経済的自立を失う」「家族や社会とのつながりを失う」「生きる目的を失う」ことをいう。
長谷川和夫 1975 老人の心理 総論 長谷川和夫・賀集竹子（編）老人心理へのアプローチ 医学書院 pp.10-24.
▷2 内閣府 2015 平成27年版高齢社会白書
▷3 小澤利男 2009 老年医学と老年学 ライフ・サイエンス
▷4 水上喜美子 2005 高齢者の主観的健康感と老いの自覚との関連性に関する検討 老年社会科学, **27**(1), 5-16.
▷5 鈴木みずえ・金森雅夫・山田紀代美 1999 在宅高齢者の転倒恐怖感（fear of falling）とその関連要因に関する研究 老年精神医学雑誌, **10**(6), 685-695.
▷6 Borchelt, M., Gilberg, R., Horgans, A. L., & Geiselmann, B. 1999 On the significance of morbidity and disability in old age. In P. B. Baltes & K. U. Mayer (Eds.), *The Berlin Aging Study: Aging from 70 to 100.* Cambridge: Cambridge University Press. pp.403-429.
▷7 権藤恭之・古名丈

1 健康の重要性

健康は高齢者研究において大変重要な領域です。長谷川が身体および精神の健康の喪失を「4つの喪失」の一つに挙げていること，65歳以上のおよそ半数で病気やけがなどの自覚症状があること，複数の疾患を併有することで生活機能が低下し自立が困難になる高齢者が加齢とともに増加することを考えると，高齢者と健康とは切っても切れない関係にあるといえるでしょう。

2 健康の指標とは

高齢者における客観的健康の指標としては，脳卒中の既往，虚血性心疾患，呼吸困難などといった具体的な疾病やその数，入院日数，喫煙の有無などが用いられています。たとえば水上は過去1年間の入院経験の有無，現在の薬の服用の有無，疾病の有無を通して客観的健康を捉えています。

一方，客観的な指標だけではなく，自分がどう考えるか，健康だと感じるかどうかという主観的な感覚を主観的健康感といいますが，後述するように健康の重要な指標となっています。

3 客観的健康が低下すると主観的健康感も低下するのか

客観的な健康が低下すると主観的な健康感も低下するような気になります。たとえば，主観的健康感が低い高齢者や転倒（その結果として生じた骨折）を経験した高齢者は転倒恐怖感をもつことがありますが，これらが身体的機能への不安をもたらし，抑うつや廃用性症候群（身体を使わないことで筋肉がやせ衰えるなど機能が低下してしまうこと）を生じさせることが報告されていることからも，客観的健康と主観的健康感には密接な関係があると考えられます。

しかし，ベルリン加齢研究では，罹患率や日常生活動作能力・視力・聴力などの機能的健康といった客観的な健康状態が加齢によって低下している一方で，「あなたの現在の体調はいかがですか」と尋ねて測定された主観的健康感は維持されたことが指摘されています。日本でも権藤らが研究を行い，握力や自立度，疾病の有無には加齢による明確な影響がみられたものの，主観的健康感では加齢の影響がそれほど認められないなど，ベルリンでの研究と類似した結果を報告しています。この理由について権藤らは，身体的機能の低下は顕著にな

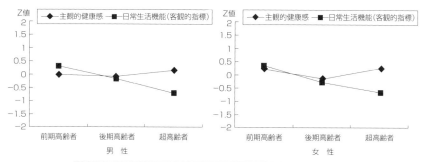

図11.3.1 主観的健康感・日常生活機能の加齢に伴う変化
出所：権藤ほか，2005を改変

りつつも，その低下に対する補償がより強くなって心理的適応がなされたからではと推測しています（図11.3.1）。

客観的な健康と主観的健康感との間の関係についてはまだ明確な結論は出ていませんが，日本は2015年9月現在で100歳以上の人口が6万人超という長寿社会であり，加齢とともに個人差が大きくなることなどを考慮すると，高齢者という段階を一つにまとめて論じようとすると理解を損なう可能性があります。[8] 高齢者の健康を理解する際は，「健康とは」「高齢者とは」など様々な視点を携えておきたいところです。

④ 主観的健康感と死亡率とは関係がある

近年，主観的健康感は健康を理解する上で重要な指標であることがわかってきました。またこれまでの研究をみてみると，主観的健康感は，客観的な健康状態とだけではなく，老いの自覚など心理的な要因，社会参加など社会的要因，性格特性といった様々な要因と関連していることが報告されています。

その中でも死亡率，生命予後が主観的健康感と直接的に関係していることが数多く指摘されています。[9,10] たとえば自分の体調を「悪い・芳しくない」と回答した人の，その調査のおよそ3年～3年半後の死亡率は，「すぐれている」と回答した人の死亡率の2倍強であったことが報告されています。[11] 日本でも，「健康ではない」と自己評価した高齢者の死亡リスクは，肯定的な回答をした者よりも高くなっているという報告があります。[12]

医学的な根拠に基づく判断ではない主観的健康感が生命予後をなぜ予測できるのか，その解釈についてはなかなか難しいところです。しかし『夜と霧』[13]では，ナチスドイツによって囚人となり，いつ命を奪われるかもわからず栄養もとれずに病気になってしまうような状況の中で，未来を失ったと「感じた」人，自分は役に立たないと「感じている」人は早く死に，自分には生きる意味が与えられていると「感じている」人は生き抜いたということが記されています。ここに理解のヒントがあるように思いますし，私たちが生きていく上での豊かな示唆を与えてくれているように思うのです。

（大橋　明）

人・小林江里香・岩佐一・稲垣宏樹・増井幸恵・杉浦美穂・藺牟田洋美・本間昭・鈴木隆雄　2005　超高齢期における身体的機能の低下と心理的適応——板橋区超高齢者訪問悉皆調査の結果から　老年社会科学，27(3)，327-338．

▷8　佐藤眞一　2007　高齢期のサクセスフル・エイジングと生きがい　谷口幸一・佐藤眞一（編著）エイジング心理学　北大路書房　pp.37-54．

▷9　Benyamini, Y., & Ilder, E. L. 1999 Community studies reporting association between self-rated health and mortality. Research on Aging, 21(3), 393-401.

▷10　三徳和子・高橋俊彦・星旦二　2006　主観的健康感と死亡率の関連に関するレビュー　川崎医療福祉学会誌，16，1-10．

▷11　Menec, V. H., Chipperfield, J. G., & Perry, R. P. 1999 Self-perceptions of health: A prospective analysis of mortality, control, and health. The Journals of Gerontology, Series B, 54(2), P85-93.

▷12　岡戸順一ほか　2004　主観的健康感が高齢者の生命予後に及ぼす影響　星旦二（編著）高齢者の健康特性とその維持要因　東京都立大学出版会　pp.151-161．

▷13　『夜と霧』
著者のユダヤ人医師・心理学者のフランクル（Frankl, V. E.）がナチスドイツによって強制収容所に送られ解放されるまでの心身の状況が克明に記述されている。

XI 情動・感情②感情

 幸福感と人生満足感

1 主観的幸福感の構造

　主観的幸福感（subjective well-being）は高齢者を理解する上で重要な概念であり，多くの研究が積み重ねられています。この主観的幸福感を捉える方法としてよく用いられるのが生活満足度尺度（Life Satisfaction Index）とPGCモラールスケール（Philadelphia Geriatric Center Morale Scale）です。生活満足度尺度は「一致」「気分」「生活への熱意」，PGCモラールスケールは「老いについての態度」「心理的動揺」「不満足感」という因子で構成されます。

　これらの尺度について検討・整理した古谷野は，主観的幸福感が認知なのか感情なのか，短期のもの（変化しやすい）なのか長期のもの（変化しにくい）なのかという2軸の視点から表11.4.1のようにまとめました。生活満足度尺度は主観的幸福感の「認知−長期的」「感情−短期的」な要素を含み，PGCモラールスケールは「認知−短期的」「感情−短期的」な要素を含んでいると考えられています。一方，ディーナー（Diener, E.）たちは主観的幸福感を整理し，快感情，不快感情および人生満足度という3つの領域からなることを述べています（表11.4.2）。また，岡林は自身の研究でディーナーたちとほぼ同じ結果が出たことを踏まえ，高齢者が幸福を感じるには，感情的に安定していることと，自分の人生を肯定的に評価できることが重要であると論じています。

　以上のことからも，主観的幸福感とは自分の生活にどのような感情を抱いているか，自分の人生や置かれた状況などについてどのように捉えているかを包括的に示す，かなり大きな概念であると考えられています。なお，高齢期にお

▶1　subjective well-beingの訳として主観的幸福感が採用されているが，古谷野（1996，2003）によると本来，subjective well-beingはwell-beingの程度を測定していることとその限界を示すために採用された用語であり，幸福「感」と訳すのは誤りである。

▶2　life satisfactionについては，「生活満足度」「人生満足度」など，表現が日本人研究者によって異なっている。従来の多くの翻訳に従い，ニューガーテン（Neugarten, B. L.）の論では前者，ディーナーの論では後者を採用した。

▶3　生活満足度尺度
ニューガーテンたちによって作成された尺度。「自分の人生をふりかえってみて，まあ満足だ（一致）」「今が，自分の人生で一番幸せな時だ（気分）」「若い時とくらべて，今やっていることはおもしろい（熱意）」など

表11.4.1　モラールスケール，生活満足度尺度の下位次元

	短　期	長　期
認知	老いについての態度（PGC）	一致（LSIA）
感情	心理的動揺（PGC） 不満足感（PGC） 気分（LSIA） 生活への熱意（LSIA）	

（注）PGC：PGCモラールスケール　LSIA：生活満足度尺度A
出所：古谷野亘・柴田博・芳賀博・須山靖男　1989　生活満足度尺度の構造——主観的幸福感の多次元性とその測定　老年社会科学，11，99-115．

表11.4.2　主観的幸福感の構成要素

快感情	不快感情	人生満足度
喜び	罪悪感や恥ずかしさ	生活を変える望み
高揚感	悲しみ	現在の生活への満足
満足	不安や懸念	過去に対する満足
誇り	怒り	未来に対する満足
愛情	ストレス	重要な他者の生活に対する見通し
幸福	うつ	
恍惚	ねたみ	

出所：Diener et al., 1999を改変

表11.4.3　改訂PGCモラール・スケール

あなたの現在のお気持ちについてうかがいます。当てはまる答の番号に○をつけてください。

1. あなたの人生は，年をとるにしたがって，だんだん悪くなっていくと思いますか〔Ⅱ〕
　　1．そう思う　　　2．そうは思わない
2. あなたは去年と同じように元気だと思いますか〔Ⅱ〕
　　1．はい　　　　　2．いいえ
3. さびしいと感じることがありますか〔Ⅲ〕
　　1．ない　　　　　2．あまりない　　　3．しじゅう感じる
4. 最近になって小さなことを気にするようになったと思いますか〔Ⅰ〕
　　1．はい　　　　　2．いいえ
5. 家族や親戚，友人の行き来に満足していますか〔Ⅲ〕
　　1．満足している　　2．もっと会いたい
6. あなたは，年をとって前よりも役に立たなくなったと思いますか〔Ⅱ〕
　　1．そう思う　　　2．そうは思わない
7. 心配だったり，気になったりして，眠れないことがありますか〔Ⅰ〕
　　1．ある　　　　　2．ない
8. 年をとるということは，若いときに考えていたよりも，よいことだと思いますか〔Ⅱ〕
　　1．よい　　　　　2．同じ　　　　　3．悪い
9. 生きていても仕方がないと思うことがありますか〔Ⅲ〕
　　1．ある　　　　　2．あまりない　　　3．ない
10. あなたは若いときと同じように幸福だと思いますか〔Ⅱ〕
　　1．はい　　　　　2．いいえ
11. 悲しいことがたくさんあると感じますか〔Ⅲ〕
　　1．はい　　　　　2．いいえ
12. あなたには心配なことがたくさんありますか〔Ⅰ〕
　　1．はい　　　　　2．いいえ
13. 前よりも腹を立てる回数が多くなったと思いますか〔Ⅰ〕
　　1．はい　　　　　2．いいえ
14. 生きることは大変きびしいと思いますか〔Ⅲ〕
　　1．はい　　　　　2．いいえ
15. いまの生活に満足していますか〔Ⅲ〕
　　1．はい　　　　　2．いいえ
16. 物事をいつも深刻に考えるほうですか〔Ⅰ〕
　　1．はい　　　　　2．いいえ
17. あなたは心配事があると，すぐにおろおろするほうですか〔Ⅰ〕
　　1．はい　　　　　2．いいえ

（注）下線部を1点として合計得点を出す。〔　〕内は因子名。Ⅰ：心理的動揺　Ⅱ：老いに対する態度　Ⅲ：孤独感・不満足感
出所：翻訳は古谷野，1996，因子の分類はLawton，1975

いて主観的幸福感と関係している要因として，健康，ソーシャルサポート，社会経済的地位，結婚生活などが指摘されています。また，近年増加している高齢受刑者の社会復帰と再犯防止にも主観的幸福感の向上が不可欠のようです。

❷ 主観的幸福感を考える上で配慮したいこと

　幸福感とは「幸せと感じる」ことを指しますし，人生満足感は自分の人生・生活についての自己評価となります。ただし，何によって得られるかは十人十色です。家族に囲まれていることに幸福を感じる人もいれば，逆に不幸にしか思えない人もいます。また自分が育てた植物が花を開いたことで幸せを感じる人もいれば，大変多くのものを得ても幸せに感じられない人もいます。幸福感はその人の置かれた状況によっても左右されるものですので，その人の背景や体験，考え方などを勘案して理解を試みることが必要です。また，たとえば熱意はアメリカの主観的幸福感を構成する一部分ですが，日本の高齢者でも熱意があることが「主観的幸福感」が高いことでもあると果たしていえるのでしょうか。文化差を考慮した吟味が今後も必要です。

（大橋　明）

XI-4　幸福感と人生満足感

の項目からなる。

▷4　PGCモラールスケール
ロートン（Lawton, M. P.）によって開発された尺度。もともとは22項目だったが17項目に改訂された。具体的な内容は表11.4.3に示した。
Lawton, M. P. 1975 The Philadelphia Geriatric Center Morale Scale : A revision. *Journal of Gerontology*, **30**(1), 85-89.

▷5　一致
自分のもっていた目標や願いと現実とが合致すること。

▷6　古谷野亘　1996　QOLなどを測定するための測度(2)　老年精神医学雑誌，**7**(4), 431-441.
古谷野亘　2003　幸福な老いの研究　古谷野亘・安藤孝敏（編著）　新社会老年学　ワールドプランニング　pp.141-153.

▷7　Diener, E., Shu, E. M., Lucas, R. E., & Smith, H. L. 1999 Subjective well-being : Three decades of progress. *Psychological Bulletin*, **125**(2), 276-302.

▷8　岡林秀樹　2007　高齢期のメンタルヘルスのアセスメント　下仲順子（編）　高齢期の心理と臨床心理学　培風館　pp.234-245.

▷9　XV-1，XV-2参照。

▷10　日下菜穂子・石川眞理子・桂薫・小橋弘子・下村篤子・増田香織・土田宣明　2015　さぱい創造プログラムによる介入の高齢女子受刑者の主観的well-beingにおける影響　心理臨床学研究，**33**(3), 263-274.

▷11　たとえば，唐澤真弓　2012　幸福なエイジング――文化比較研究からみえてくること　心理学評論，**55**(1), 137-151.

XI 情動・感情②感情

5 自尊感情と自己効力感

1 自分には価値があると思える感情はどう変化するか

自尊感情は加齢とともに弱まっていくという思いにとらわれがちですが，実際にはどうなのでしょう。対象者をインターネット上で募り，9〜90歳のデータを分析したロビンス（Robins, R. W.）らによると，60〜69歳の自尊感情が一番高く，それ以降の年代は低いことがわかりました（図11.5.1）。70歳以降に自尊感情が低下するのはなぜでしょうか。ロビンスらは，加齢とともに慎み深く自分に対してつりあいのとれた見方をするようになることや，加齢に伴う自己愛の低下，根強い自尊心を維持しつつも自分の欠点や限界を積極的に認めるようになることをその理由として挙げています。加えて，高齢期では配偶者の喪失をはじめ，ソーシャルサポートの減少，身体的健康の減退，認知機能障害，社会経済的地位の劇的な変化などを体験することも，その理由としています。実際に，配偶者との死別を経験した高齢者は自尊感情が低くなる，身体的機能が高い高齢者は2年後の自尊感情も高いという報告があります。これらの結果や高齢者の置かれた状況を考慮すると，ロビンスらの指摘にも頷けます。

一方で，高齢者の自尊感情に関する研究が少ないことから，ロビンスたちの研究結果には検討の余地もありそうです。これまでの研究を概観したジョージ（George, L. K.）は，加齢による減少がみられない研究も散見されることから，

▶1 自尊感情
自分に価値があると感じること，あるいは自分の価値に関する自己評価をいう。

▶2 Robins, R. W., Trzesniewski, K. H., Tracy, J. L., Gosling, S. D., & Potter, J. 2002 Global self-esteem across the life-span. *Psychology and Aging*, **17**(3), 423-434.

▶3 Robins, R. W., & Trzesniewski, K. H. 2004 Self-esteem development across the life span. *Current Directions in Psychological Science*, **14**(3), 158-162.

▶4 Reitzes, D. C., & Mutran, E. J. 2006 Self and health: Factors that encourage self-esteem and functional health. *The Journals of Gerontology, Series B*, **61**(1), S44-51.

▶5 van Baarsen, B. 2002 Theories on coping with loss: The impact of social support and self-esteem on adjustment to emotional and social loneliness following a partner's death in later life. *The Journals of Gerontology, Series B*, **57**(1), S33-42.

▶6 George, L. K. 2006 Self-esteem. In R. Schulz,

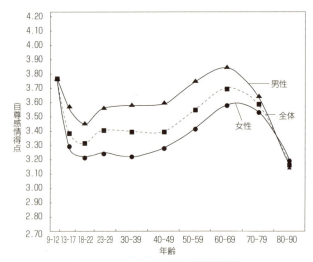

図11.5.1 自尊感情の発達的変化

出所：Robins et al., 2002を改変

高齢者の自尊感情は高い水準で維持されているとしています。自尊感情とは自分を全体として認めていくことでもあり，高齢者の支援を考えていく上でも重要な概念ですので，今後も研究の積み重ねが望まれます。

図11.5.2 バンデューラの期待理論

出所：Bandura, 1977

❷ 自己効力感は行動に影響を及ぼす

自己効力感とはバンデューラ（Bandura, A.）が示した概念で，ある課題をうまく解決できる自信や確信をいいます。行動が身につくメカニズムや人の行動を決める要因には様々ありますが，バンデューラは「良い結果がもたらされるからその行動をする」という見方だけではなく，「できるという予期」という視点を取り入れました。つまり，自分はその行動ができるという確信（効力期待）と，その行動をすれば望む結果がもたらされるという確信（結果期待）が高くなるときに行動が身につく・行動が変わることを指摘しています（図11.5.2）。

次のような例があります。ある医師が赴任した地域で脳梗塞などによって死亡する高齢者の多いことに胸を痛め，地元の看護師と協力して地域在住高齢者の生活スタイルを変えようと試みたそうです。脳梗塞を減らすには塩分過多の食生活を変えることが重要なのですが，塩分の多いお漬物を食べるなどの食生活はなかなか変わりません。そこで冷奴に醬油をかけるのではなく，小皿に醬油を少し入れ，豆腐を箸で切ってその醬油につけて食べることを推奨したのです。このやり方は誰でもできますし，健康にもいいし醬油代も減るからお得であると。もちろんこれ以外の努力や保健師など他の人々による住民へのかかわりもあったわけですが，この医師が赴任した地域では脳梗塞による高齢死亡者の割合が激減したとのことです。これは高齢者の効力期待（自分にもできる）と結果期待（自分にとって望む結果がもたらされる）に伴う行動の変容（食生活の変化）と考えることができるかもしれません。

近年，閉じこもりの高齢者について焦点が当てられていますが，他者に対しての自己効力感が低い人は孤独感や心理的苦悩がもたらされる可能性が考えられます。高齢者に身体・社会活動への自発的な参加を促すためには，自分の能力に自信を高められるようなプログラムを考えることが必要ともいえます。また，自己効力感の高さは体調や魅力的な身体に関する自尊感情をもたらし，最終的に全体的な自尊感情に至ることが報告されています（図11.5.3）。これらのことからも，「自分はできる」という感覚も高齢者の生活において不可欠なものといえるでしょう。　　　　　　（大橋　明）

L. S. Noelker, K. Rockwood & R. L. Sprott (Eds.), *Encyclopedia of aging*, 4th ed. New York: Springer. pp.1055-1056.

▷7 Bandura, A. 1977 Self-efficacy: Toward a unifying theory of behavioral change. *Psychological Review*, 84(2), 191-215.

▷8 たとえばオペラント条件づけ，原因帰属などが挙げられる。

▷9 鎌田實 2000 がんばらない 集英社

▷10 Perkins, J. M., Multhaup, K. S., Perkins, H. W., & Barton, C. 2008 Self-efficacy and participation in physical and social activity among older adults in Spain and the United States. *The Gerontologist*, 48(1), 51-58.

▷11 McAuley, E., Elavsky, S., Motl, R. W., Konopack, J. F., Hu, L., & Marquez, D. X. 2005 Physical activity, self-efficacy, and self-esteem: Longitudinal relationships in old adults. *The Journals of Gerontology, Series B*, 60(5), P268-275.

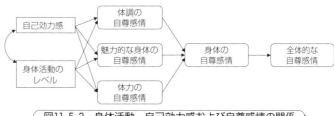

図11.5.3 身体活動，自己効力感および自尊感情の関係

出所：McAuley et al., 2005を改変（実際の結果はより詳細に記されている）

XII 情動・感情③老いの自覚

 老いの自覚と主観的年齢

老いのイメージと老性自覚

若い世代に「老い」のイメージを尋ねると，暗い，悲しい，退屈などの否定的な回答が多くみられます。いきいきとしている，楽しいなどの肯定的な回答はごくわずかです。老いに対するこのようなイメージは，容貌の衰え，病弱，認知症などが連想される老人像と関連しています。こうした社会のステレオタイプ化した老年観は，若年世代の「長生きはしたくない」という老いへの拒否感を形成し，また，中年世代には健康食品から整形手術に至るまでの様々なアンチエイジング活動を促進させる一因にもなっているようです。[1]

若年世代の否定的な老人像は，高齢者自身の自己概念にも影響し，高齢者をストレスフルな精神状態に追い込むきっかけにもなっています。このストレスによって，日常のささいな出来事をきっかけに突然攻撃的になってしまう高齢者を見かけることがあります。また，高齢者自身が無能，非効率，社会から引退すべき存在などの自己観をもつことによって，社会的接触を拒否する原因になってしまうこともあります。[2]

自らの老いを自覚することを老性自覚といいますが，これは「内からの自覚」と「外からの自覚」に分けることができます。物が見にくくなる，耳が聞こえにくくなる等の五官の能力低下や，歯が抜けたり，しわや白髪が増えたり，禿げたり，疲れやすくなったり，性欲が減退したり等々の身体的徴候や，物忘れが激しくなったり，計算が遅くなったり，物事をするのが億劫になったり，根気がなくなったりなどの精神的な減退によって自己の老いを自覚することを「内からの自覚」と呼んでいます。一方，子の成長や独立，孫の誕生，配偶者や友人の死，定年退職，他人からの老人扱いなどの社会的な経験や出来事から老いの自覚に至ることを「外からの自覚」といいます。一般的には，内からの自覚によって自己の老いを実感することが多いようです。[3]

いずれにしても，老いを自覚するきっかけが，どれも否定的な意味合いのものばかりであることが問題です。なぜなら，社会の否定的な老年観と高齢者自身の否定的な老性自覚が一致してしまうことが心理的圧力となって，高齢者の活力を奪い取ってしまうからです。それによって，積極性は減退し，希望は失われ，ついには人生そのものを諦めてしまう人さえあります。

▶1　佐藤眞一　2003　心理学的超高齢者研究の視点——P. B. Baltes の第 4 世代論と E. H. Erikson の第 9 段階の検討　明治学院大学心理学紀要，13，41-48.

▶2　**自己概念**
経験を通して内面化した自分自身に対する知識やイメージのこと。過去の自分自身を捉えるだけでなく，未来の行動の基礎を形成すると考えられる。老いを自覚するきっかけが否定的であれば，高齢者としての自己概念も否定的となり，消極的な行動傾向に至ることが予想される。

▶3　佐藤眞一　1998　高齢者福祉の心理　佐藤泰正・山根律子（編著）福祉心理学　学芸図書　pp. 98-117.

▶4　Carstensen, L. L., Mikels, J. A., & Mather, M. 2006 Aging and the intersection of cognition,

2 年齢アイデンティティと主観的年齢

人が自らの老いを自覚するきっかけは、若い世代の老いのイメージに沿うかのように否定的なのですが、高齢者は自らを本当に否定的に感じているのでしょうか。最近では、長寿者ほど自己像が肯定的であるとの研究もありますし、記憶の中から想起される内容は加齢とともに肯定的になる傾向があるといわれています。

自己を肯定的に捉えるための無意図的な自己概念の一つに主観的年齢があります。私たちは8〜94歳まで約1,500名を対象に、自分が実感する年齢、すなわち主観的年齢（Subjective Age）を測定し、実際の年齢（暦年齢）とのズレを調べました。その結果、子どものころは暦年齢より主観的年齢の方が高く、子どもは実際の年齢よりも自分は大人だと感じているのですが、20歳台の前半にはすでにその関係は逆転し、30歳台では男性で2〜3歳、女性で3〜4歳程度暦年齢よりも若いと感じており、さらに40歳台では4〜5歳、50, 60歳台では6歳、70, 80歳台では6〜7歳と徐々に主観的年齢と暦年齢の差は大きくなる傾向にありました（図12.1.1）。

青年期以降の主観的年齢は暦年齢よりも若いため、人は実際の年齢よりも若いと感じているだけでなく、他者の想像よりも若く振る舞うことになります。それは日頃の態度や言葉遣い、衣服や髪型などの外見、さらには金銭の使い方にまで及びます。このように主観的年齢は暦年齢よりもその人の行動に大きな影響を与えるのです。自己に内面化したこの年齢規範は、その人の年齢アイデンティティとなり、行動や態度を規定します。

（佐藤眞一）

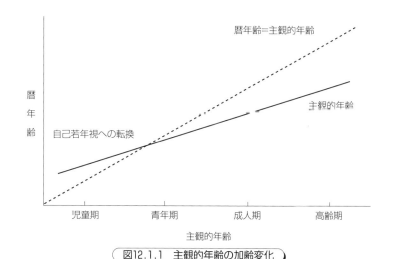

図12.1.1 主観的年齢の加齢変化

出所：佐藤ほか，1997を参考に模式化して作成

▷4 motivation and emotion. In L. E. Birren & K. W. Schaie (Eds.), *Handbook of the psychology and aging* (6th ed.). Burlington, MA: Elsevier Academic Press. pp.343-362.（藤田綾子・山本浩市（監訳）2008 エイジング心理学ハンドブック 北大路書房 pp. 237-248.）

▷5 佐藤眞一・下仲順子・中里克治・河合千恵子 1997 年齢アイデンティティのコホート差，性差，およびその規定要因——生涯発達の観点から 発達心理学研究, 8(2), 88-97.

▷6 **年齢規範**
年齢に基づく判断や行動の基準のこと。人は様々な社会的規範に沿うように他者から期待されるとともに、自らもその期待に応えるように行動しようとする。したがって、子どもは子どもらしく、若者は若者らしく、そして高齢者は高齢者らしく振る舞うことが期待される。しかし、中年期以降は主観的年齢が暦年齢よりもかなり若く、他者の期待と本人の行動は乖離するので、中高年者に対してはその主観的年齢を考慮して対応することが重要となる。

▷7 **アイデンティティ**
自己が時間の変化や環境の変化にかかわらず同一であるいう認識をいい、その内容は、自分とはどのような人間なのか、何を成すべき存在として生まれてきたのかという問いに対する答えとなる。年齢アイデンティティによって、人は物理的時間とは異なる主観的な時間経過を内面化し、それが行動の基礎となると考えられる。

XII 情動・感情③老いの自覚

 ## ストレスとコーピング

▷ 1 Aldwin, C. M., Levenson, M. R., & Spiro, A., Ⅲ. 1994 Vulnerability and resilience to combat exposure: Can stress have lifelong effects? *Psychology and Aging*, 9, 34-44.

▷ 2 ソーシャルサポート
話をする，相談にのる，傍にいるなどの情緒的支援は，サポートの受け手の自尊感情や意欲を高め，受け手自らが課題に向き合えるように精神的に支えることをいう。道具的支援は，情報や物品の提供，具体的な手助けなどによる，サポートの受け手の問題解決のための直接的な支援をいう。XV-1，XV-2参照。

▷ 3 ライフイベント
人が人生において体験する様々な変化。ホームズ（Holmes, T. H.）とレイ（Rahe, R. H.）は，ライフイベントに伴う状況の変化に再適応する困難さをストレスとしてとらえ，人生周期における様々なライフイベントのストレス強度を数値化した社会的再適応評定尺度（SRRS）を作成した。尺度には，配偶者との死別や離婚，家族の死，失業などの喪失を伴うイベントだけでなく，結婚や転職，習慣の変更などの生活上の変化も含まれる。評価点数が高い方がよりストレスが強い事を意味する。XIII-4参照。

1 ストレスとコーピングとは

現代は「ストレスの時代」ともいわれますが，その際のストレスという言葉には非常に多くの意味が含まれています。ストレスは元来，外から圧力が加わるときに生態に生じる歪みを意味しています。こうしたストレスを生じさせる原因となる圧力をストレッサー（ストレス源），圧力への反応をストレス反応とよびます。

ラザラス（Lazarus, R. S.）とフォルクマン（Folkman, S.）は，環境からの要求と個人の対処のしかたとの間の相互作用からストレスが生じるということを強調し，ストレッサーの経験から，認知的評価とコーピングを経てストレス反応を表出する一連の過程をストレスと定義しました（図12.2.1）。直面した出来事の重要さなどの認識や，出来事によってもたらされる変化に対処できるかどうかの評価を認知的評価といいます。そしてそれらによって影響される，出来事への対処のしかたをコーピングといいます。

コーピングの働きは，ストレス反応を和らげたり増悪させたりする緩衝効果と，コーピングを行うことによって直接心身への負荷となる直接効果があります。直接効果については共通の見解は得られていませんが，緩衝効果については，一般に問題解決的なコーピングがストレス反応を緩和し，回避的な対処がストレス反応を高めるとされています。

コーピングや認知的評価へは，家族や周囲の人からの支えであるソーシャルサポートが影響を及ぼします。ソーシャルサポートは，情緒的支援と道具的支援に大別され，これらのサポートの多さとサポートへの満足度の二側面から把握することができます。

2 高齢期のストレス

高齢期には，加齢による機能の低下や病気，定年退職に伴う人間関係，経済的基盤の喪失，配偶者との死別など，喪失を伴うライフイベントが多く経験されます。ライフイベントの数や日常生活の上での苛立ちごとの頻度は，加齢とともに少なくなるとされる一方で，高齢期には対処が困難な喪失のイベントが多く，また問題が慢性化しやすいという特徴があります。慢性化した状況に適切に対処されている限りは問題として発展しにくいものの，入院や手術のよう

図12.2.1 ストレス発生のモデル

な特別な措置が必要なときにストレスとして認識され，個人の対処が必要とされます。そして，慢性化した状態の長期化により，様々なストレス反応を誘発することがわかっています。たとえば，高齢になるほど健康上の問題を抱えやすく，病気や障害が慢性化しやすくなります。その結果，日常の行動に支障をきたし，高齢者の社会活動が制限されることにもなりがちです。また，近年増加している老々介護では，介護の長期化と重度化により負担が増大し，深刻な心身の問題を抱える高齢の介護者も少なくありません。

3 高齢期のストレスコーピング

高齢期に直面する機能の低下や健康上の問題による社会的関係の喪失は，みずからの老いを自覚する老性自覚のきっかけになりやすいものです。自らの老いをどのように評価するかには，個人の老いに対する考え方が反映されます。老いへの否定的なイメージは，高齢者自身の健康状態や生きる意志に影響し，加齢に伴う変化への適応を困難にさせることがあります。

中年期から高齢期にかけてのストレスコーピングの変化についての研究からは，高齢者が若いときほど，困難な状況に直面しても動揺せず，その問題に対してネガティブな感情を抱きにくいことが報告されています。出来事に対して，他者に直接働きかけたり，現実逃避をしたりするような問題解決の様式はとらず，あるがままに事実を受け容れるという傾向が確認されています。また，若いときに多い積極的に問題解決に取り組む問題焦点型から，考え方や気持ちの修正によって対処する情動焦点型のコーピングが加齢に伴って多くなることも指摘されています。ストレッサーにより引き起こされるストレス反応は，身体・心理・行動面に分けることができます。心理面のストレス反応には，抑うつや不安などがあり，長期間続く場合には，適切な対処が必要とされます。

高齢者は，長年の人生経験から，ストレスの原因となるストレッサーを前もって予測し，あらかじめ対処の準備をするという能力を発達させます。その能力による補償が，人生の中でももっとも過酷といわれる様々な高齢期のライフイベントに対処することを可能にしていると考えられます。

（日下菜穂子）

▷4 Aldwin, Levenson & Spiro 前掲書

▷5 老いへの否定的なステレオタイプ
年をとると変化への適応力が低下する，新しいことを始めるのが不可能であるなどのネガティヴな側面を強調する老人観。実際にはそうした高齢者の能力に対する評価は，生まれた時代の影響が反映されやすい横断研究の結果に基づく認識であることがわかっている。横断研究は，一時的に複数の研究対象の状態を同時に調査する方法である。現在では高齢者の能力への多次元的なアプローチから，高齢期において維持される能力や，高齢期の発達の成熟の側面，機能の可塑性が明らかにされ，旧来の老人観が修正されることとなった。

▷6 Levy, B. R. 2003 Mind matters: Cognitive and physical effects of aging stereotypes. *The Journals of Gerontology, Series B*, 58(4), P203-211.

▷7 Aldwin, C. M., Sutton, K. J., Chiara, G., Spiro, A., Ⅲ. 1996 Age differences in stress, coping, and appraisal: Findings from the Normative Aging Study. *The Journals of Gerontology, Series B*, 51(4), P179-188.

▷8 McCrae, R. R. 1982 Age differences in the use of coping mechanisms. *Journal of Gerontology*, 37(4), 454-460.

▷9 Aldwin, C. M. 2007 *Stress, coping, and development: An integrative perspective.* New York: The Guilford Press.

XII 情動・感情③老いの自覚

 うつ感情

1 高齢期のうつ

うつ感情は，喜びや驚きと同じく誰もが経験する感情の一つです。一時的に感じる気分の落ち込みや悲哀が精神疾患のうつ病と区別される点は，うつ病では①少なくとも2週間以上気分の落ち込みが持続する，②ほぼ毎日，ほとんど途切れることなくうつ感情が自覚される，③喜ばしい出来事にもポジティブな感情を感じにくい，という点です。うつ感情の強さや，症状の現れ方によって，いわゆるうつ病である大うつ病から，軽いうつ症状が長く続く気分変調障害（抑うつ神経症），DSM-5の診断基準を満たさない症状の軽い軽症うつ病（minor depression）まで様々です。軽症うつ病の高齢者の割合は，1割近いという報告もあり，高齢者にとっては一般的な心理的問題だといえます。また，うつ感情は認知症の周辺症状の中でも頻繁にみられる症状です。

高齢期に体験されるうつ感情は，「年のせい」と見過ごされがちです。また，症状の現れ方が非定形であるため他の疾患との区別が困難です。高齢期のうつ病の特徴には，次の5点が挙げられます。
①若い世代に比べて悲哀の訴えが少なく，うつ病に典型的な気分の落ち込みや抑うつ的な思考がみられない。
②不安や焦燥感が顕著であり，不安神経症とまちがわれやすい。
③主観的な記憶障害の訴えや，精神活動の低下から認知症のような印象を与える症状を示す場合がある。
④罪責感，心気妄想などの典型的なうつ病の訴えに加えて，被害妄想や関係妄想などの意識障害が認められることがある。
⑤睡眠障害や微熱，胃腸障害，頭痛などの身体症状が前面に出やすい。体の不調へのこだわりや訴えが増加するなど，不定愁訴的な訴え，心気的・自律神経失調的な症状の訴えが前景にでやすい。

2 うつ感情をもたらしやすい要因

高齢期の気分の変調には，表12.3.1と図12.3.1に示すように様々な要因が関連しています。うつと関連する要因は，うつをもたらしやすい素因，うつを増悪させる要因，回復を妨げる要因，発症を防ぐ要因に分けることができます。

加齢による脳の病的変化，脳の加齢に伴う萎縮，身体疾患への罹患とその慢

▷1 DSM-5
アメリカ精神医学会（APA）が発行する精神疾患の診断・統計に関するガイドラインを示したマニュアル（Diagnostic and Statistical Manual of Mental Disorder）の改訂版。精神医学的な問題を診断する際や疫学的な統計の指標として用いられる。
American Psychiatric Association. 2013 *Diagnostic and statistical manual of mental disorders fifth edition* (*DSM-5*). American Psychiatric Publishing.（高橋三郎・大野裕（監訳）2014 DSM-5 精神疾患の診断・統計マニュアル 医学書院）

▷2 Cuijpers, P., De Graaf, R., & Van Dorsselaer, S. 2004 Minor depression: risk profiles, functional disability, health care use and risk of developing major depression. *Journal of Affect Disorder*, **79** (1-3), 71-79.

性化は，高齢期のうつを含む心理的問題を特徴づけます。これらはうつのリスクを高める素因であり，高齢者のうつでは，脳血管の障害や高血圧，骨関節障害などの身体疾患を合併していることがほとんどです。また，長期にわたる高齢の介護者に，うつ感情を持続的に感じている人が多く，認知症をはじめとする介護負担を軽減するための対策が急務とされています。

表12.3.1 高齢期のうつにかかわる要因

素因	性別（女性） 身体疾患・障害 性格（回避・依存・固執）	社会状況（貧困・孤独） 感覚機能の障害（視覚・聴覚）	うつ病の既往歴 長期の介護
増悪させる要因	ライフイベント（喪失） 服薬	慢性の疾患・障害	痛み
回復を妨げる要因	不健康 乏しい社会的サポート	社会的不利・障害 対人関係上の困難	社会的困窮
発症を防ぐ要因	適応的なコーピング ポジティヴなライフイベント	レジリエンス（回復力） 誰かに支えられているという感覚	集団への帰属

出所：Baldwin, R. C. 2010 *Depression in later life.* Oxford University Press.を参考に作成

3 高齢期のライフイベントとうつ感情

感情に影響を与える要因としてライフイベント[3]が挙げられます。健康や職業，住居，経済，社会関係等をめぐる人生上の転機にあた

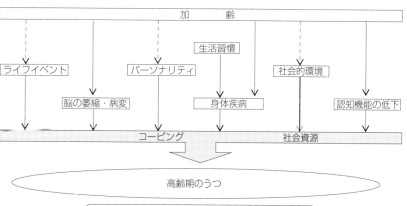

図12.3.1 高齢期のうつへの様々な要因の影響

る大きな変化や，日常生活の出来事の積み重ねが，うつの発症のきっかけになることがしばしばあります。とくに，身体機能の低下や病気による健康状態の変化，退職や子の独立に伴う役割の喪失，近親者との離別などの喪失体験と，うつ感情とは関係しやすいとされます。ただし，こうした出来事が直接うつの発症につながるのではなく，出来事を体験する人のパーソナリティの傾向，ソーシャルサポートの欠如といった社会状況の相互関連の結果として感情面への影響が現れがちです。また，脳血管障害や脳機能の低下といった生理的変化がうつの危険因子となりやすいのも老年期の特徴です。

様々な変化に対して柔軟に対処しうるパーソナリティの耐性や回復力をレジリエンス[4]といいます。ソーシャルサポートは，困ったときに相談に乗ってくれたり手助けをしてくれる人，社会制度などの支えをいいます。

高齢期のうつ病の予防や改善には，これらの心理社会的側面からの支援とともに，服薬などによる生理的側面への治療も含めた複合的な働きかけが求められます。

（日下菜穂子）

▶3 XIII-4 参照。

▶4 **レジリエンス**
危機的状況への精神的耐性と，危機的状況を通して個人が回復する回復力（可塑性）のこと。

XII 情動・感情③老いの自覚

 回　想

▷1 Butler, R. N. 1963 The life review: An interpretation of reminiscence in the aged. *Psychiatry*, **26**, 65-76.

▷2 エリクソン, E. H. 仁科弥生（訳）1977 幼児期と社会　1　みすず書房

▷3 エリクソン, E. H.・エリクソン, J. M.・キヴニック, H. Q. 朝長正徳・朝長梨枝子（訳）1990 老年期——生き生きしたかかわりあい　みすず書房

▷4 Lewis, M. I., & Butler, R. N. 1974 Life review therapy: Putting memories to work in individual and group psychotherapy. *Geriatrics*, **29** (11), 165-173.

▷5 野村信威　2009 地域在住高齢者に対する個人回想法の自尊感情への効果の検討　心理学研究, **80** (1), 42-47.

▷6 Haight, B. K. 1988 The therapeutic role of a structured life review process in homebound elderly subjects. *Journal of Gerontology*, **43** (2), 40-44.

▷7 Kiërnat, J. M. 1979 The use of life review activity with confused nursing home residents. *American Journal of Occupational Therapy*, **33** (5), 306-310.

1　過去を回想することの意義

　高齢者はしばしばよく過去を振り返るといわれています。過去を振り返って懐かしむことは高齢者にばかり見られる行為ではありませんが，多くの高齢者が過去を思い出して語るのは，そうした行為に何らかの心理的な意味があるからだと考えることができます。米国の精神科医であるバトラー（Butler, R. N.）は，高齢期に行われる回想は「過去の未解決の葛藤の解決をうながす自然で普遍的な心的プロセス」であると捉え，このような心理的プロセスをライフレヴュー（Life review）と呼びました。

　エリクソン（Erikson, E. H.）は自身が提唱した漸成的発達モデルにおいて，老年期には「統合 対 絶望」という相反する2つの感覚による葛藤が経験され，両者の間でバランスをとることが要求されると指摘しました。統合とは，自分の人生を取り換えることのできない唯一のものとして受け入れることとされています。エリクソンは著書の中で，老年期とは過去を思い出して数多くの要素を意味のある明瞭な全体へとまとめ上げる時期だと述べています。このことから，高齢期に行われる回想は，統合を促す具体的な手段だと考えられています。

2　回想法とライフレヴュー

　バトラーの指摘を受け，高齢者に過去の想起を促すことで心理的効果を促す対人援助手段である回想法（Reminiscence therapy）が，欧米を中心として高齢者にかかわる様々な実践場面で取り入れられるようになりました。

　これまでの研究では，回想法には過去の葛藤の解決と自我の統合の促進，抑うつ感情の軽減，不安感情の軽減，自尊感情の回復，人生満足度の増加などの心理的効果があることが指摘されており，対人関係の促進などの社会・対人的効果も指摘されています。そして認知症高齢者に対して回想法を行った場合には，情動機能の回復や問題行動の減少，対人交流の増加などの効果が指摘されています。

　こうした研究成果を受けてアメリカ心理学会の臨床心理部会は，エビデンスのある治療法として一定の効果が期待される「おそらく効果がある治療法」として回想法を認めています。

　その一方で，初期の研究では回想法の効果を疑問視する報告もしばしば認め

られました。1980年代に報告されたレヴューでは、このような研究結果の不一致の原因は、回想という概念の曖昧さ、研究間での対象者の属性や研究方法の相違、そして対象者数や統制群の設定などの効果評価研究の方法論的な難しさにあると指摘されました。

その結果、回想という概念を精緻化する試みが様々な研究者により行われました。ハイト（Haight, B. K.）とバーンサイド（Burnside, I.）は一般的回想法とライフレヴューの相違について、目的や効果やプロセス、聴き手と話し手の役割などから検討しました。彼女らによると、一般的回想法の目的や効果は主に楽しみの提供やウェルビーイングを高めることであるのに対して、ライフレヴューでは自我の統合を促進することを目的としています。また、一般的回想法では話し手が過去の想起による苦痛を感じることはほとんどありませんが、これに対してライフレヴューでは過去の意味づけや評価が促されるため、話し手が行う回想に苦痛が伴う場合もあります。ハイトは、ライフレヴューでは過去の出来事がもつ意味を評価すること（evaluation）が重要であり、過去の様々な出来事の評価は人生を要約することにつながると述べています。

またプロセスについても、一般的回想法では構造化されずに自由な流れで行われることもあるのに対して、ライフレヴューでは多くの場合時系列に従って構造化されています。このような特徴の相違から、一般的回想法は認知症高齢者に対しても充分適用が可能であるのに対して、ライフレヴューは主に一般高齢者を対象に行われています。

日本における回想法研究の第一人者である野村豊子は、一般的回想法とライフレヴューの違いに、個人回想法とグループ回想法の違い、そして一般高齢者と認知症高齢者など特殊なニーズのある者の違いを加えた3つの次元から回想法を分類することを提案しています（図12.4.1）。

ところで一般的回想法とライフレヴューは、聴き手が一般的回想法のつもりで取り組んだかかわりがライフレヴューの意義をもつというように、実践場面では複雑に交叉して表出されやすく、両者を厳密に区別することは容易ではありません。そのため、日本でしばしば両者を明確には区別せず回想法と総称しています。またビリン（Birren, J. E.）のガイデド・オートバイオグラフィ（Guided autobiography）では、青年期以降の成人のグループを設定し、人生の分岐点などの特定のテーマについて話し合います。参加者が高齢者に限定されない点で回想法とは異なりますが、グループ形式でライフレヴューに取り組む一つの方法として、ビリンのアプローチは重要だといえます。

（野村信威）

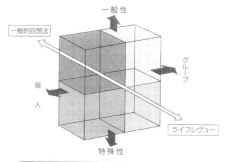

図12.4.1 一般的回想法とライフレヴューの対象と方法

出所：野村，1998．p.9．

▷8 野村豊子 1998 回想法とライフレヴュー——その理論と技法 中央法規出版

▷9 Molinari, V., & Reichlin, R. E. 1985 Life review reminiscence in the elderly: A review of the literature. *International Journal of Aging and Human Development*, 20(2), 81-92.

▷10 Haight, B. K., & Burnside, I. 1993 Reminiscence and life review: Explaining the differences. *Archives of Psychiatric Nursing*, 7(2), 91-98.

▷11 野村豊子 前掲書

▷12 Birren, J. E., & Deutchman, D. 1991 *Guiding autobiography groups for older adults*. The Johns Hopkins University Press.

XII 情動・感情③老いの自覚

回想のタイプと機能

▷1 LoGerfo, M. 1980 Three ways of reminiscence in theory and practice. *International Journal of Aging and Human Development*, 12(1), 39-48.

▷2 Coleman, P. 1974 Measuring reminiscence characteristics from conversation as adaptive features of old age. *International Journal of Aging and Human Development*, 5(3), 281-294.

▷3 Wong, P. T. P., & Watt, L. M. 1991 What types of reminiscence are associated with successful aging? *Psychology and Aging*, 6(2), 272-279.

▷4 Webster, J. D. 1993 Construction and validation of the Reminiscence Function Scale. *Journal of Gerontology*, 48(5), 256-262.

▷5 Webster, J. D. 1994 Predictors of reminiscence: A lifespan perspective. *Canadian Journal on Aging*, 13(1), 66-78.

▷6 Haight, B. K., & Webster, J. D. 1995 *The art and science of reminiscing: Theory, research, methods, and applications.* Bristol, PA: Taylor & Francis.

▷7 野村信威・今永晴子・橋本宰 2002 高齢者における個人回想面接の内容分析の試み 同志社心理, 49, 9-18.

1 回想のタイプと機能

ひとくちに回想といっても、その内容は様々です。これまでの研究では、回想には様々なタイプがあることが繰り返し報告されています。

たとえばロゲルフォ（LoGerfo, M.）は、従来の報告を概観して、回想の代表的なタイプを情報付与的回想、評価的回想、そして強迫的回想の3つに分類しました。また英国のコールマン（Coleman, P.）は、単純回想、情報付与的回想、ライフレヴューの3つのタイプがあると指摘しています。

ウォン（Wong, P. T. P.）とワット（Watt, L. M.）は、在宅高齢者と施設入居高齢者を対象に面接調査を行い、その結果から回想のタイプを類型化しました。それらは、バトラー（Butler, R. N.）が指摘したライフレヴューに相当して過去の受容や葛藤の解決を含む統合的回想、過去の成功体験を振り返ることで自己有能感が高まる道具的回想、過去の歴史を後世に伝える役割をもつ情報伝達的回想、過去の自伝的な事実を説明することを強調する談話的回想、過去に逃避して現在の状況を嘆く逃避的回想、過去の失敗をくよくよと振り返る強迫的回想の6つです。また彼らは、適応状態の良好な高齢者は非適応的な高齢者と比べて統合的・道具的回想を多く行い、強迫的回想はあまり行わないことを認め、特定の回想のタイプと適応状態に関連があることを指摘しました。

回想のタイプや頻度、質的特徴を測定するための心理尺度も報告されています。なかでもウェブスター（Webster, J. D.）は、回想がもつ様々な機能を包括的にとらえる43項目からなる回想機能尺度（Reminiscence Function Scale : RFS）を作成し、10歳台から80歳台までの人々が行う回想の機能を①退屈の軽減、②死への準備、③アイデンティティ、④問題解決、⑤会話、⑥親密さの維持、⑦苦痛の再現、⑧情報伝達の8つに分類しました。

これまでに多くの研究者が回想のタイプや機能の分類を試みていますが、それらの報告には一定の共通点が確認されています。しかしながら、実際に高齢者の語る回想のタイプを分類することは容易ではありません。以下に紹介するのは、筆者が行ったある参加者との個人回想面接の逐語記録です。

話し手：池があんねん。そいでそこへ私、なんか落ちました。落ちた。

聴き手：どうして落ちたんですか？

話し手：雑巾洗いに行って、小さい時よ。そりゃちゃんとしないでいて、

　　　　　…石から滑って落ちて足だけ。それで助かって。
　聴き手：落ちた時のことは憶えてますか。
　話し手：そんな，憶えてる。ぱっと（笑い）。
　聴き手：どんな気持ち？
　話し手：そんなもう，『あっ』と思うだけ。そしたらね，母方のいとこ。
　　　　　『Kちゃんまた池にはまってる』って…そんでもう，あっとして
　　　　　るから水飲んでないのね。そやから助かったんちがう。

　話し手は子ども時代に池にはまった思い出について話しています。そして出来事の内容自体は必ずしもよい思い出とはいえませんが，話しながら表出された話し手の笑いは，この方がこのエピソードを楽しみながら回想していることをうかがわせます。しかし，こうした語り方の微妙なニュアンスの違いはしばしば見落とされることから，回想ではその文脈や語られない含意も同じく重要であり，話し手の意図を汲んで正しく回想のタイプを分類することは必ずしも容易ではありません。

2 回想のモダリティ

　先に述べました回想のタイプよりも大きな回想の枠組みとして，研究方法の違いによる回想のモダリティの相違を挙げることができます。回想のモダリティとは，回想が一人で行われるのか，他者に対して語られるのか，あるいは回想法のような対人的援助の枠組みの中で行われるのかといった回想を行う場面や文脈による特徴の相違のことです。

　ソーントン（Thornton, S.）とブロチィ（Brotchie, J.）は，従来の回想に関する研究結果がしばしば一致しなかった原因として，回想が引き出された方法の違いによって検討されている回想の定義が異なることを指摘しました。それらは質問紙調査，インタビュー調査，回想法の介入研究からなり，質問紙調査では回想は個人内あるいは対人的に行われる過去の想起と定義される一方で，インタビュー調査では回想は他者との対話から言語化されたものと捉えられるように，それぞれ回想の異なる側面が検討されていることを指摘しました。

　野村と山田は彼らの指摘をもとに，日常場面で行われる個人内回想，他者に対して語られる対人的回想，回想法として実践される療法的回想の3つに回想を分類し，これらの回想行為のモダリティの相違を検討する必要性を指摘しました。この点について野村・今永・橋本は，在宅高齢者に対する個人回想法における逐語記録を用いてその内容分析を試み，これまで日常場面におけるネガティヴな回想は心理的適応の低さと関連するとされてきましたが，ネガティヴな回想を他者に語ることは必ずしも非適応的とはいえず，回想を想起することと語ることの間には異なる心理的意義がある可能性を指摘しました。

　　　　　　　　　　　　　　　　　　　　　　　　　　　（野村信威）

▷8　野村信威・山田冨美雄　2004　高齢者に対する回想法の効果評価研究の展望――Evidence Based Medicine（実証に基づく医療）の観点から　ストレスマネジメント研究, 2(1), 71-78.

▷9　Thornton, S., & Brotchie, J. 1987 Reminiscence: A critical review of the empirical literature. *British Journal of Clinical Psychology*, 26(2), 93-111.

▷10　介入研究では，個人またはグループに対して実際と同様の回想法を実施し，介入前後の比較等から心理的効果や有効性の検討を行う。

▷11　野村・山田　前掲書

▷12　野村・今永・橋本　前掲書

XII 情動・感情③老いの自覚

自伝的記憶とライフストーリー

▷1 VII-5 も参照。

▷2 佐藤浩一・越智啓太・下島裕美 2008 自伝的記憶の心理学 北大路書房

▷3 VII-3 参照。
▷4 VII-3 参照。
▷5 VII-4 参照。
▷6 Levine, B., Svoboda, E., Hay, J. F., Winocur, G., & Moscovitch, M. 2002 Aging and autobiographical memory: Dissociating episodic from semantic retrieval. *Psychology and Aging*, 17(4), 677-689.

▷7 槙洋一・仲真紀子 2006 高齢者の自伝的記憶におけるバンプと記憶内容 心理学研究, 77(4), 333-341.

▷8 Bluck, S., Alea, N., Habermas, T., & Rubin, D. C. 2005 A tale of three functions: The self-reported uses of autobiographical memory. *Social Cognition*, 23(1), 91-117.

▷9 ロフタス, E. F. 仲真紀子(訳) 1997 偽りの記憶を作る 別冊日経サイエンス 脳から見た心の世界 part3 日経サイエンス社 pp.101-107.

1 自伝的記憶とは

自伝的記憶（autobiographical memory）とは，過去の自己についての記憶の総体のことです。特定のイベントの記憶という点ではエピソード記憶と概念的に似ていますが，人生の展望や個人的な意味づけなどを含み，自己やアイデンティティとも関連するものです。XII-4 XII-5 で解説した回想と自伝的記憶とは，1枚のコインの裏表のように同様の心理現象を異なる視点から検討しているといえます。自伝的記憶では想起される対象としての記憶に焦点が向けられるのに対して，回想では過去を想起する行為そのものに焦点づけされています。

自伝的記憶の想起を促す方法には，単語を手掛かりとして呈示する手掛かり語法や，経験した出来事を日誌に書き留め，後からその再生や再認を試みる日誌法，そして半構造化面接から記憶を検討する自伝的記憶面接などがあります。リバイン（Leveine, B.）らは，この面接技法を用いて若者と高齢者の自伝的記憶を比較し，若者は多くの自伝的記憶をエピソードとして想起するものの意味記憶としてはあまり想起せず，高齢者は多くの意味記憶を想起すると報告しました。

想起されたイベントを経験した時期を検討すると，自伝的記憶は10〜30歳台の出来事がもっとも多く報告されています。この現象はレミニセンス・バンプ（reminiscence bump）と呼ばれており，最近経験した出来事ほどよく想起される新近性効果，3〜4歳以前の記憶がほとんど報告されない幼児期健忘と並んで，自伝的記憶に生じる特徴だとされています。なぜこのような記憶のかたよりが生じるのかについては，経験する出来事の新規性の要因，認知的パフォーマンスの高さによる生物学的要因，青年期のアイデンティティの確立の要因などが指摘されていますが，現在のところはまだ充分に明らかではありません。

自伝的記憶がもつ機能についてブラック（Bluck, S.）らは，過去と現在の連続性やアイデンティティ，自己像の感覚を維持する自己機能，記憶を対人関係やコミュニケーションに役立てる社会的機能，記憶が重要な決定や選択に影響をおよぼす方向づけ機能の3つを指摘しています。

自伝的記憶研究の多くは実際の経験の記憶について検討するものですが，ロフタス（Loftus, E. F.）らは「子どものころにショッピングセンターで迷子になった」という偽りの記憶を実験的操作により参加者に植えつけることができることを明らかにしています。そのため，ある人から語られた自伝的記憶は，

その全てが実際に経験された出来事とは限らず，ときには想起して語るプロセスを通してその内容が改変されることもあることに留意する必要があります。

2 ライフストーリー

自伝的記憶と隣接する研究領域に，ライフストーリー（life story）研究があります。ライフストーリーは文化人類学や社会学，心理学，民族学など様々な学際的領域で古くから研究されていますが，近年は質的心理学の研究方法の一つに位置づけられます。

英語のライフ（Life）という言葉には，生命，人生，生活など様々な意味が含まれますが，やまだによれば，ライフストーリー研究は人々がそうしたライフを生きる過程を物語る行為と語られた物語についての研究を指します。そして物語とは，複数の出来事をむすびつけて筋立てる行為と定義されます。

わたしたちの経験は，年代順に並べられ，数値化されて提示されるのではなく，その多くは関連づけられ，組織化され，筋立てられて意味が与えられます。そしてその意味づけには，語るという行為が重要な役割を果たしています。言い換えると，わたしたちは自らの経験を物語として理解しているといえます。またライフストーリーは，話し手と聴き手により共同で生成されるダイナミックな過程として理解することができます。

このことと関連して，わたしたちは論理実証モードと物語モードという2つの異なる思考様式を持っており，自らの経験を秩序立てるためにそれぞれが相補的な役割を果たしているとブルーナー（Bruner, J. S.）は指摘しています。論理的に真偽を明らかにすることを重視する論理実証モードに対して，物語モードでは複数の出来事がどのように関連づけられるかが重視され，複数の答えが成立し得るといえます。論理実証主義からすると物語モードによるアプローチは曖昧で客観的ではないと思えるかもしれません。しかしながら，わたしたちの語るライフストーリーそれ自体が，語り直しや複数のバージョンの存在を許容するものであり，その真偽よりも語ることで生成される意味が重視される行為だと考えられます。

物語として自己を捉えるという視点は，自己の語り直しを促し，自己についての新しい意味を見出すことを可能とします。ナラティヴ・セラピーでは，自身の過去についてのストーリーの書き換え（re-storying）が治療において重要な役割を果たすと考えられます。また山口は，高齢者が人生をどのように語るのかを明らかにするためライフヒストリー法による面接を行い，「未解決の葛藤」と「統合の試み」の有無という基準の組み合わせから類型化しました。そしてブルーナーが言うように，高齢者が人生を語る行為はたんなる過去の想起ではなく，過去を評価して意味を生成するプロセスであると指摘しました。

（野村信威）

▷10 やまだようこ 2000 人生を物語ることの意味——ライフストーリーの心理学 やまだようこ（編著）人生を物語る——生成のライフストーリー ミネルヴァ書房 pp.1 38.

▷11 ブルーナー, J. S. 田中一郎（訳）1998 可能世界の心理 みすず書房

▷12 マクナミー, S. ガーゲン, K. J. 野口裕二・野村直樹（訳）1997 ナラティブ・セラピー——社会的構築主義の実践 金剛出版

▷13 山口智子 2004 人生の語りの発達臨床心理 ナカニシヤ出版

XIII 社会①社会とのかかわり

引退と退職

1 引退と退職——その現状

引退と退職は異なる概念として考えるべきでしょう。退職はあくまでもそのときに所属していた企業などの労働媒体からの離脱を意味し、その後、再び働き始める可能性を排除しません。一方で、引退は常勤の仕事を退職し、その後、仕事に復帰することはないということを意味します。海外では、引退の時期は個々人に委ねられる場合が多いですが、日本の多くの企業や組織では定年退職制度を利用していますので、日本人はおおむね60〜65歳の間で強制的に退職することになります。そして、この定年退職の時期こそが高齢期の入り口とほぼ重なるものだと一般的には認識されています。

次に、高齢者の引退や就労に影響を及ぼす企業側の体制を紹介します。「高齢者の雇用・採用に関する調査」によると、2008年当時で94.8％の企業が定年制を採用しており、定年制のある企業のうち、86.1％がその年齢を60歳と定めています。ただし、定年制のある企業のうち、95.7％が定年後の継続雇用制度を採用していますので、多くの人にとって、「定年退職＝職業生活からの引退」ということにはなりません。そして、継続雇用制度を採用する企業のうち45.8％が希望者全員を採用し、16.7％が希望者の90％を採用していることから、希望すれば60歳以降でも働き続けることが可能になっています。また、継続雇用者の多くは正社員ではなく、嘱託・契約社員、パート・アルバイトですので、賃金などは大きく低下する中での就労継続ということになっています。しかし、高齢期の働き方を尋ねたデータでは、大多数の人が壮年期よりも軽く働くことを希望していますので、ある程度は、ニーズと実情がマッチしているといえるかもしれません。なお、65歳を超えても就労を継続しているのは約2割になります。まとめますと、日本の一般企業に勤める人は、60歳以降に定められている定年退職から引退のプロセスが始まり、正社員から賃金の安い労働者となりながら、完全に引退していくということです。

2 発達課題としての引退と退職

高齢期は役割の喪失期ともいわれ、仕事などの労働者役割の喪失は生活の質 (Quality of Life : QOL) を脅かす重要な喪失だと考えられてきました。ハヴィガースト (Havighurst, R. J.) の高齢期の発達課題においても、「引退への適応」が

▷1 英語ではどちらも「retirement」となるため、英語の文献を購読する場合は引退であるのか、退職であるのかを文脈から判断しなければならない。

▷2 労働政策研究・研修機構 2010 高齢者の雇用・採用に関する調査結果
http://www.jil.go.jp/press/documents/20100329.pdf
この調査の対象は、一般企業であるため、一般企業に勤める中高年の結果である。

▷3 継続雇用制度
定年まで勤務した正社員に対する、その後の同一企業での雇用を認める制度である。一度、定年退職した人を再雇用する再雇用制度、定年になった人を退職させることなく引き続き雇用する勤務延長制度がある。

▷4 労働政策研究・研修機構 前掲書

▷5 これらのデータは2013年の高年齢者雇用安定法の改正前のものである。最新のデータは原稿執筆時点で入手できていないため、紹介できないが、基本的には継続雇用希望者の雇用は促進されていると思われる。(XIII-3 も参照)。

▷6 菅原育子・矢冨直美・後藤純・廣瀬雄一・前田展弘 2013 中高年者の就業に関する意識と社会参加 老年社会科学, 35(3), 321-330.

▷7 XIII-3 参照。

挙げられるように、仕事からの引退は大きなライフイベントの一つと考えられ、適応できなければ様々な問題を生じさせるものでもあります。引退はそれまで生活の中心であった仕事の時間が突然なくなるわけですから、食事、睡眠などの基本的な生活のリズムを保つことが最初の課題といえるでしょう。睡眠などのリズムが狂うことは抑うつなどの症状を引き起こすため、適応を妨げる要因になるという考え方もあります。生活のリズムに適応できたとしても、次に課題となるのは生きがいの喪失やソーシャルネットワークの縮小の問題です。とくに日本人男性の場合、仕事に生きがいを感じている人が多いといわれますし[8]、生きがいがなくなれば精神的健康を保つことが困難になるだろうことも予想されます。

3 引退・退職の心理的影響

引退や退職によって、生きがいやネットワークを失い、精神的健康を脅かされるという先述した仮説は一般に理解しやすく、正しいように思えます。しかし、これまでの実証的な研究は、これらの仮説を必ずしも支持していません。引退や退職が精神的健康にネガティヴに影響することを示す研究はありますが、逆に、引退や退職は精神的健康や主観的健康に対して何の関連も持っていないということを支持する報告も多数あります[9]。日本の実証的研究では、引退とその後の精神的健康はそれほど関連しないことを指摘するもの[10]、退職に際しての職場の人間関係の喪失、仕事の充実感や緊張感の喪失、地位・役割の変化などをつらいと感じた人は多くても2割程度だったデータを示して、ほとんどの人は引退や退職をつらいとは捉えていないことを主張するもの[11]など、引退や退職は多くの高齢者にとって、少なくともネガティヴではないという結果を示してきました。

このような結果が得られている理由は複数考えられます。たとえば、退職は労働者役割の喪失といった否定的な意味よりも社会的責任からの解放という肯定的な意味合いが強く、精神的健康に悪影響はないという可能性[12]、労働者役割を喪失したとしても、類似する役割を獲得することで補償しているという可能性[13]、人間は喪失に対して適応するために方略を利用する可能性[14]などです。これらの様々な可能性を明確に結論づけるためには、中年期からの大規模な縦断調査を行い、それぞれの可能性を検証していくことが求められるでしょう。実際、最近の日本の研究では、縦断調査のデータに対して分析を行い、就労を維持している人の方が退職した人よりも主観的健康感を維持していることが示されるなど、これまでの知見とは異なり、就労を維持することのポジティヴな影響が示され始めています[15]。引退や退職が様々な心理的側面に対して、ポジティヴに影響するのか、ネガティヴに影響するのか、あるいは全く関連しないのかという問題は解決していませんし、解決するためにはさらに多くの時間が費やされると思われますが、少なくとも解決するための方法論や視点は整理されてきたのではないかと思われます。

（中原　純）

[8] 柴田博 2002 8割以上の老人は自立している ビジネス社

[9] Pushkar, D., Chaikelson, J., Conway, M., Etezadi, J., Giannopoulus, C., Li, K., & Weosch, C. 2010 Testing continuity and activity variables as predictors of positive and negative affect in retirement. *The Journals of Gerontology, Series B: Psychological Sciences and Social Sciences,* **65**(1), 42-49.

[10] 中里克治・下仲順子・河合千恵子・石原治・権藤恭之・稲垣宏樹 2000 中高年期における職業生活からの完全な引退と失業への心理的適応プロセス 老年社会科学, **22**(1), 37-45.

[11] 東京都老人総合研究所社会学部門 1993 現代定年模様——15年間の追跡調査 ワールドプランニング

[12] Neugarten, B. L. 1974 Age groups in American society and the rise of young-old. *Annals of the New York Academy of Sciences,* **September**, 187-198.

[13] Greenfield, E. A., & Marks, N. F. 2004 Formal volunteering as a prospective factor for older adults' psychological well-being. *The Journals of Gerontology, Series B: Psychological Sciences and Social Sciences,* **59**(5), S258-264.

[14] SOC理論（Ⅳ-2参照）からの説明。

[15] 中田知生 2008 高齢期における主観的健康悪化と退職の過程——潜在成長曲線モデルを用いて 理論と方法, **23**(1), 57-72.

XIII 社会①社会とのかかわり

 ## ボランティア

1 高齢者のボランティア活動の現状

高齢者は現在どのくらいの割合でボランティア活動に参加しているのでしょうか。総務省統計局の2011年の社会生活基本調査によりますと，65歳以上の男性で26.8%，女性で21.0%の人が1年間で何らかのボランティア活動に参加していることが報告されています。この数値は2006年の同調査の値よりもわずかに低下していますが，依然として4人に1人の高齢者はボランティアとして活動している現状を示しています。

具体的なボランティア活動をみていきますと，全体としてまちづくりのための活動，高齢者を対象とした活動，自然や環境を守るための活動への参加率は高くなっています。また，男女差としては，男性は，まちづくりや自然・環境保護といった広く社会に貢献するような活動に参加する傾向がみられ，女性では，高齢者や障害者を対象とした対人的なサポートに関する活動に参加する傾向がみられます（図13.2.1）。

2 ボランティア活動の身体的・心理的影響

高齢者がボランティア活動に参加することによって，日常生活動作能力（Activities of Daily Living：ADL），手段的日常生活動作能力（Instrumental Activities of Daily Living：IADL）を維持・増進し，身体的な機能低下・障害を予防し，死亡率も改善するなどのポジティヴな身体的影響が示されています。また，心理面では，生活満足度，主観的幸福感，自尊感情の向上，抑うつや不安の低下といった影響が示されています。これらは横断的研究のみならず，縦断的研究においても多くの研究が示しているものであって，自発的に参加するボランティア活動は，高齢者の身体面，心理面ともに，おおむねポジティヴな影響を及ぼすと捉えてよいと思われます。

しかし，高齢者がボランティア活動を行え

▷1 ボランティア，ボランティア活動の用語の定義自体はいまだ議論中のものであるが，ここではこの議論を深めることを目的としないため，この点には触れないこととする。

▷2 総務省統計局　2011 平成23年社会生活基本調査 http://www.stat.go.jp/data/shakai/2011

▷3 ⅩⅨ-5 参照。
▷4 ⅩⅨ-1 参照。
▷5 中原純　2005 高齢者のボランティア活動に関する研究の動向——シニアボランティアの現状と課題 生老病死の行動科学, 10, 147-155.
▷6 Ⅲ-4 も参照。

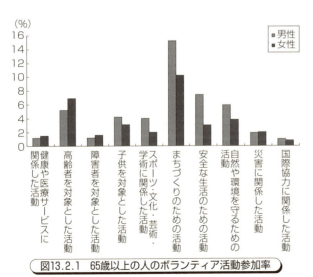

図13.2.1 65歳以上の人のボランティア活動参加率

出所：総務省統計局，2011のデータより著者作成

ば行うほどよいといえるのでしょうか。ヴァンウィリゲン（Van Willigen, M.）は，60歳以下の中年者の場合，80時間程度を境にそれ以上になるとボランティア活動と生活満足度の関係はネガティヴになりますが，高齢者の場合，その後もポジティヴな関係を維持することを示す一方で，80時間程度を境に身体的健康を低下させるという結果を報告しています。[7] モローハウェル（Morrow-Howell, N.）らは週2～3時間の活動がもっとも身体的・精神的健康によく，それ以上は効果がないと報告しています。[8]

活動の適正時間については，研究の歴史が浅く統一的な見解は得られていませんが，高齢者に対してボランティア活動を促進することを考える場合，過度な促進はかえって高齢者にとって悪い結果を導く場合もあることには配慮が必要です。

3 高齢者のボランティア活動動機

では，ボランティア活動を行う高齢者は，なぜそういった活動を行うのでしょうか。そこには，若年者との違いがあるのでしょうか。この点に関しては，ボランティア活動動機という視点から研究が行われています。とくに，クラーリー（Clary, G. E.）らのVolunteer Function Inventory（VFI）に関する一連の研究が著名であり，[9] ここではこれらの一連の研究と日本で行われてきた研究から示されている知見を紹介します。[10]

これらの研究から，もっともはっきりしていることは，高齢者は若年者と比べ，社会適応的な動機からボランティア活動を行っているということです。つまり，友人や知人との交流の場としてボランティア活動を利用したり，あるいは，知人からの要請に応じて活動を行うということです。ボランティア活動によって，高齢期のソーシャルネットワークの縮小や社会的役割の減少を抑えようとしていると考えられたり，親しい友人関係を選択的に残すための一つの手段としてボランティア活動を利用しているとも考えられています。[11] 一方で，高齢者は自身の知識を増やしたり，技術を向上させようという動機からボランティア活動に参加することは少ないようです。この結果は，個人が直面する日常の課題とボランティア活動への動機が，高齢者になると区分されるようになるからであると考えられています。

その他，高齢者では利他的動機がやや強いという報告もありますが，これは「利他」という言葉の考え方やボランティア活動の種類などにも依存するので，解釈の際には注意が必要になります。[12]

（中原　純）

▶7 van Willigen, M. 2000 Differential benefits of volunteering across the life course. *The Journals of Gerontology, Series B: Psychological Sciences and Social Sciences*, **55**(5), S308-318.

▶8 Morrow-Howell, N., Hinterlong, J., Rozario, P. A., & Tang, F. 2003 Effect of volunteering on the well-being of older adults. *The Journals of Gerontology, Series B: Psychological Sciences and Social Sciences*, **58**(3), S137-145.

▶9 Clary, G. E., Snyder, M., Ridge, R. D., Copland, J., Stukas, A. A., Haugen, J., & Miene, P. 1998 Understanding and assessing the motivation of volunteers: A functional approach. *Journal of Personality and Social Psychology*, **74**(6), 1516-1530.

▶10 VFIは，価値（value），理解（understanding），社会（social），キャリア（career），防衛（protective）および強化（enhancement）の6つの動機から構成されるが，この動機の構造は日本の研究においては再現されていない。そのため，ここではVFIの研究と類似する日本の研究を総合的に概観し，同様な結果がみられている部分を中心に報告した。

▶11 XIV-1 参照。

▶12 桜井政成　2002　複数動機アプローチによるボランティア参加動機構造の分析——京都市域のボランティアを対象とした調査より　*The Nonprofit Review*, **2**(2), 111-122.

XIII 社会①社会とのかかわり

就労と生産性

1 高齢者の就労意欲

50歳台以降の労働者に高齢期の就労意欲を尋ねると、約8割の人が働き続けたいと回答します。この傾向は1980年代から繰り返し実施されてきた調査で、一貫してみられる傾向で、日本人の高齢期の就労意欲は高いと思われます。実際に、2013年現在で就業している65歳以上の高齢者は636万人で高齢者全体の20.1％にあたります。近年大幅に就業率が上昇している欧米諸国（たとえば、アメリカは17.7％、イギリスは9.5％）と比較しても、日本の高齢者の就業率は高く、日本人は他国と比べてハタラキバチだという言葉を反映しています。

2 就労の促進要因と阻害要因

高齢者の就労に関する要因は、大きく分けると、マクロな社会情勢や法律などの要因、高齢者自身の要因、高齢者と雇い手をリンクする要因の3種類が存在するでしょう。1つ目のマクロな要因で代表的なのは、日本の多くの企業が採用する定年制度です。高齢者が高い就労意欲をもっていたとしても、年齢を理由に退職させられるのであれば就労することはできません。2013年の高年齢者雇用安定法の改正によって、段階的ではありますが、企業は就労者に対して65歳までの希望者の雇用を保障することになりました。しかし、それでも65歳を超えた高年齢者に対しては法律上保障されませんので、定年の制度は高齢者の就労の大きな阻害要因となってしまいます。

2つ目は、高齢者自身の経済的状況、生きがいなどの動機的側面、加齢とそれに付随する病気や怪我による機能低下という能力的側面です。これらの要因は、個人によって多様です。経済的に働かざるを得ないため、あるいは生きがいを実現するために就労する人、身体機能や認知機能の低下から就労をあきらめざるを得ない人など、様々な要因が就労の促進要因や阻害要因になります。

3つ目の要因は、2つ目の要因の中の高齢者の能力的側面と雇い手の関係になります。身体機能では、筋力などの衰えから運動速度や持久力は衰えますし、認知機能では複雑な情報処理は遅くなるといわれます。これらの機能低下は、様々な仕事の遂行を妨げるでしょう。そして、高齢者を雇う企業にしてみれば、企業の生産性を維持するためには、能力の低下した高齢者を雇い続けることは難しいでしょう。次節では、この生産性について考えます。

▷1 労働政策研究・研修機構 2010 高齢者の雇用・採用に関する調査結果 http://www.jil.go.jp/press/documents/20100329.pdf など、多数の資料があるためここでは割愛する。

▷2 総務省統計局 2014 統計からみた我が国の高齢者（65歳以上）

▷3 以下の文献に詳細がまとめられている。
田尾雅夫・高木浩人・石田正浩・増田圭 2002 高齢者就労の社会心理学 ナカニシヤ出版

▷4 Ⅰ, Ⅴ〜Ⅸ参照。

▷5 老年学の用語として使用される生産性（Productivity）は、経済学の用語と同様な意味で用いられる場合と独自の解釈が加えられた場合があるため、生産性に関する文献を講読する場合は、その定義に注意すべきであろう。日本の文献では、経済学の用語とし

3 生産性（Productivity）

　生産性という用語は，主に経済学の専門用語として扱われます。その詳細は経済学の教科書に譲りますが，簡潔に表現しますと，「生産性＝生み出されたモノやサービスの社会的価値／投入した資源の量」という式で表現されるでしょう。ここでいう投入した資源というのは，お金，時間，人，原材料など様々なものを含みます。仮に生み出されたモノの社会的価値を固定しますと，生産性は資源の量が少ないことで高まりますので，投入したお金，時間，人数，原材料などが少なければ生産性が高くなるわけです。ただし，時間や人数はかかわる人の能力に左右される資源といえるでしょう。すなわち，かかわる人の能力が高ければ時間や人数は少なくてすみます。このように考えますと，たしかに，能力（身体・認知機能）の低下した高齢者を雇い続けることは企業の生産性を脅かすことだと思われます。

　一方で，高齢者心理学の分野では，何らかの社会的価値を生み出すために必要な個人の能力を指して生産性と呼ぶことが多いのですが，その能力の範囲を広く捉える場合と，社会的価値の考え方を広く捉える場合があります。前者では，高齢者の能力を，身体機能や認知機能から，瞬時の判断能力，人間関係の調整力，知恵，創造性といったものまで幅広く扱います。身体機能や認知機能は加齢とともに衰える側面が多いですが，知識や経験が多いほど成熟する知恵は衰えないことが示されています。高齢者のそういった側面を活かすことができれば，経済学的な定義での生産性も高く保つことができるでしょう。後者は，経済学的にはお金で捉えることの多い社会的価値について，お金で決まらないものまで含むような考え方をします。たとえば，祖父母が日常的に孫の世話をすることで，両親の育児ストレスが減ったとすると，両親の利益を生産しているといえるでしょう。加えて，孫に様々な知識や技術を伝達しているかもしれません。祖父母による孫の世話は，両親や孫の利益となっているわけですから，社会的価値をもっていると考えられます。

4 就労支援とプロダクティブエイジング

　15～64歳の人口のことを生産年齢人口といいますが，2015年時点では約7700万人（全人口の約61%）なのに対して，2050年には約5000万人（全人口の約52%）と，その数も割合も大きく減少することが予想されています。生産年齢人口が減少することによる諸問題に対して，働く意欲のある高齢者の就労の促進を目指すプロダクティブエイジングの考え方は，一つの対処法になるでしょう。学問領域では，高齢になっても衰えにくい能力を発見し，広く伝達していくことが重要ですし，企業側は，高い就労意欲と能力をもつ高齢者に対して，その能力を効率的に活用できる体制や場を整えることが必要です。　　　（中原　純）

ての生産性と区別するためにプロダクティビティと片仮名表記する場合もある。
▷6　Ⅷ-5 参照。
▷7　Ⅷ-4 参照。
▷8　藤田綾子　2007　超高齢社会は高齢者が支える──年齢差別を超えて創造的老いへ　大阪大学出版会
▷9　Staudinger, U. M., Smith, J., & Baltes, P. B. 1992 Wisdom-related knowledge in a life review task: Age differences and the role of professional specialization. *Psychology and Aging,* **7**(2), 271-281.
▷10　生産年齢人口
国勢調査などで用いられる便宜的な区分ではあるが，生産活動を行うことのできる年齢として15～64歳を位置づけている。現実には，多くの人は高等学校を卒業する18歳までは生産活動に従事することはなく，また，65歳を過ぎても約2割の人は生産活動に従事している。その他，0～14歳の人口を年少人口，65歳以上の人口を老年人口と呼び，高齢化率，従属人口指数などの様々な指数が算出される。
▷11　総務省統計局　2016　人口推計（平成27年9月確定値）
▷12　国立社会保障・人口問題研究所　2015　人口統計資料集
▷13　Ⅲ-4 参照。
▷14　たとえば，木村は，製造業における高齢者の知識・技能を伝承する役割の重要性を指摘し，高齢者が生産性を発揮できる場として提案している。
木村文彦　2007　高齢者による生産活動の支援　精密工学会誌, **73**(11), 1195-1199.

XIII 社会①社会とのかかわり

4 ライフイベント

1 ライフイベントと精神的健康

○ライフイベントとは

　私たちは，人生の中で様々な出来事に出会います。中でも，生活環境の変化を引き起こし，私たちに心理的な影響を及ぼすような重要な出来事を，心理学ではとくにライフイベント(life event)と呼んでいます。

　ホームズ(Holmes, T. H.)とレイ(Rahe, R. H.)の研究以来[1]，多くの人々が出会う可能性のあるライフイベントが示され，ストレスとの関連でライフイベントの研究は広まりました。彼らの研究から，人生で出会うライフイベントの中では，配偶者との死別が立ち直ること（再適応）のもっとも困難な強いストレスであることがわかりました。

　ところで，両親との別れなど，幼いころに出会った非常に重要でネガティヴなライフイベントが，その後の人生を大きく左右することがあります。そのようなネガティヴなライフイベントは，一般的には高齢期に出会うことが多くなると予想されます。自己の存在を揺るがすほどの重要なイベントで，しかもそれがネガティヴな体験であることの多い高齢期には，ライフイベントはきわめて重要な意味をもっています。

○高齢期のライフイベント経験とその影響

　筆者らは，50～74歳の男女約3,000名に調査を行い，中高年期に出会うことの多いライフイベントを調べ，そのイベント経験について良いことであったか，悪いことであったかを尋ねました[2][3]。良いライフイベントは，孫の誕生や子どもの結婚や同居，仕事での昇進などでした。一方，悪いライフイベントは，配偶者や親しい人々との死別，自分や家族の大きな病気やけが，夫婦や親族間のトラブル，失業，事故や犯罪の被害などでした。中立ライフイベントは，住環境の変化，親との同居，定年，引退，財産や資産の獲得と損失などで，良し悪しを一概に評価できない項目でした。

　年齢とライフイベントの出現率を調べたところ，良いライフイベントと中立ライフイベントは年齢が高いほど出現率が低いのに対して，悪いライフイベントは年齢が高いほど出現率が高いことがわかりました。予想されたことですが，高齢期には悪いライフイベント体験が増え，それが生活環境の変化を引き起こし，心理的なストレスになることがわかりました。しかも，悪いライフイベン

▷1 Holmes, T. H., & Rahe, R. H. 1967 The social readjustment rating scale. *Journal of Psychosomatic Research*, 11 (2), 213-221. XII-2 も参照。

▷2 佐藤眞一 1995 ライフイベントと心の健康 東京都老人総合研究所心理学部門（編） ライフイベントと心の処方箋 pp.14-26.

▷3 下仲順子・中里克治・河合千恵子ほか 1996 中高年期に体験するストレスフル・ライフイベントと精神的健康 老年精神医学雑誌, 7, 1221-1230.

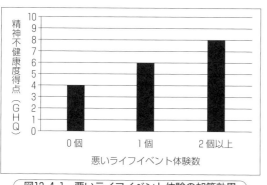

図13.4.1 悪いライフイベント体験の加算効果

(注) GHQ 精神健康調査票では，得点が高いほど精神的健康度が悪い。
出所：佐藤，1995；下仲・中里・河合ほか，1996

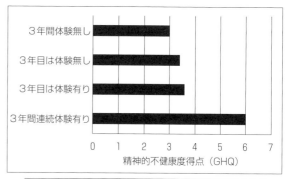

図13.4.2 悪いライフイベント体験の3年間の累積効果

(注)「3年目は体験無し」と「3年目は体験有り」のグループは，1年目と2年目のどちらか一方の年に体験した者と，2年間連続で体験した者が含まれる。
出所：佐藤，1995；下仲・中里・河合ほか，1996

トには加算効果があり，イベント体験数が増えるほど精神的健康度も低下していました（図13.4.1）。さらに，毎年のように新たなライフイベントを体験していた人とそうでない人を比べると，毎年のように悪いイベントを体験している人ほど精神的健康度が低いこともわかりました。これを累積効果と呼んでいます（図13.4.2）。

2 ライフイベントと性格

悪いライフイベントによる辛い体験は，否定的感情とそれによる精神的苦痛，さらには重大な不適応状態を引き起こします。その精神的ダメージや不適応の程度には，それを体験した人の性格要因が大きく影響することがあります。たとえば，神経質な人は高齢期に遭遇する様々なライフイベントに敏感に反応してしまうために，それらが強いストレスとなり，抑うつなどの精神的健康の低下を引き起こしやすいのです。

このように，ライフイベントの発生から立ち直って再適応に至るまでのプロセスにおいて，性格は様々な影響を及ぼします。トラブルを起こしやすいなどある種の性格特徴はライフイベントの生起そのものに影響を与えるでしょうし，ライフイベントに伴うストレスの認知，ストレス耐性，ストレスの克服過程，再適応に向かう時間的速さなど，これら一連のプロセスのあらゆる側面に対して性格は影響します。したがって，高齢者に何らかの重大なライフイベントが起きた場合には，高齢であることだけを考慮するのではなく，その人の性格を十分に理解した上で援助に当たることが重要です。

（佐藤眞一）

▶4 精神的健康度

精神的健康度を測定する尺度は多種あるが，ここではGHQ精神健康調査票〔Goldberg, D. P. (1972)，中川泰彬・大坊郁夫（訳）(1985)〕を用いた。60項目の完全版以外に，複数の短縮版が作成されている。GHQは精神疾患のスクリーニングテストだが，重症度の評価にも使用される。測定される内容は，身体症状，不安と不眠，活動意欲の減退，うつ状態の4側面であり，得点が高いほど精神的に不健康と判断される。

▶5 佐藤眞一 2010 老いの生活への適応過程 佐藤眞一・大川一郎・谷口幸一（編著）老いとこころのケア――老年行動科学入門 ミネルヴァ書房 pp.115-135.

XIII 社会①社会とのかかわり

生涯学習

1 生涯学習の理念と学習内容の多様化

　生涯学習は，人は幼児期から高齢期まで生涯にわたって学び続けることで自己を形成する存在であるという理念に基づいています。この理念は教育基本法第三条に明文化されており，「国民一人一人が，自己の人格を磨き，豊かな人生を送ることができるよう，その生涯にわたって，あらゆる機会に，あらゆる場所において学習することができ，その成果を適切に生かすことのできる社会の実現が図られなければならない」と定められています。すなわち，生涯学習は個人の生涯発達と自己実現を目指しているといえるでしょう。

　また，生涯学習は多様で幅広い学習を意味しています。学校や社会の中で組織的に行われている学習だけでなく，運動，趣味，教養，情報通信技術の利用，ボランティア活動といった自発的な学習も生涯学習は含んでいます。

2 高齢者の生涯学習の目標

　人生のそれぞれの段階において，解決すべき課題や学習に求めることは変わり，それに応じて学習内容は異なると考えられます。高齢期では，心身機能の低下や社会関係の縮小といった喪失が増大し，新たな能力の学習といった獲得は以前に比べて減少することが課題となるでしょう（図13.5.1）。しかし，高齢者はそうした喪失に適応することで人格の成熟を示し，発達することが可能だと考えられています。そして，生涯学習は高齢者の発達を目指して，喪失を減らし，獲得を増やすことが求められるとみなされています[1]。たとえば，退職後は年金を得るまで収入が不安定で，さらに物価の上昇や増税といった社会の変化に適応する必要がありますが，高齢者は質素な住居への転居や生活水準の切り下げによって喪失を減らすことができるでしょう。また，再就職や何らかの役職への就任によって獲得を増やすことができるでしょう。

3 高齢者は生涯学習に何を求めるか

　高齢者が生涯学習に求めることを詳しくみると，大きく５つの教育的ニーズに分類されると考えられています[3]（表13.5.1）。この分類では，高齢者は生涯学習に対して喪失に対処することだけを求めるのではなく，他者や社会に影響を与える役割をもつといった獲得も求めるととらえられています。また，高齢者

▷1 McClusky, H. Y. 1971 *Education*（Report for 1971 White House Conference on Aging）. U. S. Government Printing Office.

▷2 Baltes, P. B. 1987 Theoretical propositions of life-span developmental psychology : On the dynamics between growth and decline. *Developmental Psychology*, 23(5), 611-626.

▷3 堀薫夫　1999　教育老年学の構想　学文社

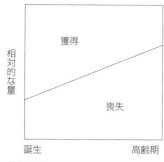

図13.5.1 生涯にわたる獲得と喪失のバランスの変化

出所:Baltes, 1987

表13.5.1 高齢者特有の教育的ニーズ

教育的ニーズ	学習内容の例
対処的ニーズ	適度な運動・検診などの健康管理,家計管理,住居・居住環境の選び方,広がる家族の関係,余暇活動
表現的ニーズ	活動自体を目的とした活動,表現されなかった才能や関心の啓発
貢献的ニーズ	他者や地域に役立ったり,必要とされる活動
影響的ニーズ	個人の生活だけでなく,社会に影響を与える活動
超越的ニーズ	疾患罹患や限られた寿命といった制約を乗り越えること

出所:McClusky, 1971と堀, 1999より作成

に特徴的な教育的ニーズとして,病気や限られた寿命といった制限を乗り越えようとする超越的ニーズが挙げられています。

さらに,高齢者の教育的ニーズは健康状態によって異なることが示唆されています。健康で自立した高齢者と障害をもつ高齢者を比較した研究によれば,障害をもつ高齢者においても他者とのつながりや交流,内面世界の充実などへのニーズがみられると報告されています。健康な高齢者と比べて障害をもつ高齢者がとくに関心を示した学習内容は,「パソコンやインターネットを利用した学習」や「自分の過去を振り返りまとめていく学習」だった一方,健康な高齢者で関心が高かった学習内容は,「手軽な運動」や「折り紙など手軽にできる手芸」でした。障害をもつ高齢者では全身や手先を使うことが困難なため,対処的ニーズや表現的ニーズは生涯学習に求められなくなる一方,自己の内面をみつめる超越的ニーズや,既存の分類では捉えきれない他者とのつながりへのニーズが求められると考えられます。高齢者の生涯学習を支援するためには,上述のような高齢者に特徴的な教育的ニーズを考慮し,幅広い学習内容とのマッチングを行うことが重要になるでしょう。

(中川 威)

▶4 藤原瑞穂・堀薫夫 2002 障害をもつ高齢者の学習ニーズと活動制限の関連 老年社会科学,24(1),51-60.

XIV 社会②対人関係

ソーシャルネットワーク

1 ソーシャルネットワークとは

ソーシャルネットワーク（social network）とは，個人間の相互関係の全体を指して使用する言葉で▷1，様々な対人関係を捉える上では，主に構造的側面を表現するものです▷2。ソーシャルネットワークの構造は，密度，規模，同質性などのネットワーク的特徴，結びつきの強さ，相互作用（接触）の頻度，関係の多重性などの配置（Location）的特徴，ソーシャルキャピタル（社会関係資本）に代表される資源的特徴に分類されます▷3▷4。この概念をキーワードとして，高齢者の対人関係が議論されてきました。ここでは，我が国の高齢者の対人関係の現状を示すとともに，対人関係を捉える上で有益なモデルとしてコンボイモデルを紹介します。

2 高齢期の対人関係

対人関係の中心は家族です。まず，家族のみに限定して，その居住形態を概観してみます。65歳以上の高齢者では，2013年の時点で一人暮らしの世帯が17.7%，夫婦のみの世帯が38.5%となっており，近年，いずれも増加傾向にあります▷5。また，年齢階級別に世帯の平均規模をみた場合も，50歳前後までは3人ないし4人の世帯で生活している人の割合が多いですが，高齢期では2人以下の世帯で生活している人の割合が急激に高まること（たとえば，50～54歳の男性では，夫婦のみの世帯が11.5%であるが，70～74歳の男性では，51.7%に達する）が示されています▷6。高齢者とその子ども世代の間で円満な関係を保つための生活空間の距離を指して，「スープのさめない距離」といいますが，この距離を実現している家族は少ないと推測されます。

それでは，ソーシャルネットワークを家族以外にも広げて捉えた場合，高齢期のソーシャルネットワークの規模は，それ以前よりも縮小するのでしょうか，変化しないのでしょうか，それとも拡大するのでしょうか。海外の研究を集めたメタ分析によると，全体的なソーシャルネットワークの規模は20～30代をピークに年齢とともに小さくなります。詳細をみてみますと，友人のネットワークの規模は年齢とともに小さくなる一方で，家族のネットワークの規模は年齢によって異ならないということが示されています▷7。また，別の研究では，友人との接触頻度も年齢とともに減少する傾向が報告されています▷8。しかし，日本における全体的なソーシャルネットワークの規模の縮小傾向は，海外よりも弱いと

▷1 社会学で使用されるソーシャルネットワークは対人関係に限定されるわけではないが，高齢者を対象とする研究では，対人的なネットワークに限定される場合が多い。

▷2 機能的側面のキーワードはソーシャルサポートである。XV-1，XV-2 参照。

▷3 Moren-Cross, J. L., & Lin, N. 2006 Social networks and health. R. H. Binstock & L. K. George (Eds.), *Handbook of aging and the social sciences* (6th edition). Elsevier. pp.111-126.

▷4 ソーシャルネットワークの測定には，規模（size）と頻度（frequency）がもっとも広く用いられる。規模は親しい関係をもつ他者の有無や人数，頻度はネットワークに属する人との接触頻度によって測定される。

▷5 内閣府 2014 平成27年版高齢社会白書

▷6 国立社会保障・人口問題研究所 2015 第7回世帯動態調査

▷7 Wrzus, C., Hänel, M., Wgner, J., & Neyer, F. J. 2013 Social network changes and life events across the life span: A meta-analysis. *Psychological Bulletin*, 139(1), 53-80.

▷8 Shaw, B. A., Krause, N., Liang, J., & Bennett, J.

考えられていますし，親しい友人との接触頻度は増加するという知見もあります。加えて，文化的自己観と加齢による友人との接触頻度の関係も示唆されていますので，ソーシャルネットワークの知見を実践や研究に活用する際には，「文化による違い」を考慮することが必要になるでしょう。

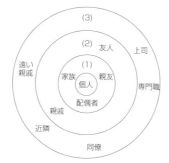

(1) 役割に依拠しない安定したコンボイのメンバー
(2) いくらか役割に依拠し，長期的には変化しやすいメンバー
(3) 役割に依拠し，役割の変化に影響されるコンボイのメンバー

図14.1.1　コンボイの例
出所：Kahn & Antonucci, 1980を参考に作成

3 コンボイモデル

ソーシャルネットワークの構造やサポートの交換を行うネットワークを捉えるためのモデルとして，カーン（Kahn, R. L.）とアントヌッチ（Antonucci, T. C.）の提案したコンボイモデルがあります。ライフコースを通して，個人を取り巻くネットワークには変化し難いものと変化しやすいものがあることを示すモデルです。

たとえば，ライフコースを通じて，配偶者や家族は構成員が変化することはあまりありません。一方で，近隣や同僚は，構成員自体が変化することも多いですし，同僚のように，そもそも退職などを経験することで，役割関係の無くなるものもあります。このことを図示したものが図14.1.1ですが，この図は個人という中心的な船を家族，友人，近隣といった護衛艦が取り囲み，護送船団（convoy）のようにみえることから，コンボイモデルといわれます。コンボイモデルはアントヌッチと秋山弘子（Akiyama, H.）によって，実証的な試みがなされ，中高年者は円の中心に近いほど，家族のメンバー，接触頻度が高い人，知り合ってからの期間が長い人を配置することなどが示されました。

4 ソーシャルネットワークが及ぼす心理的影響

さて，以上のように，ソーシャルネットワークは様々な角度から取り上げることができるわけですが，その心理的影響はどうでしょうか。ソーシャルネットワークのサイズが大きく，他者との交流頻度が多いほど主観的ウェルビーイングや自尊感情が良好であることは示されています。しかし，それは，ソーシャルネットワークそのものの直接効果というよりは，そこで築かれる対人関係の満足度やサポートの授受などを媒介した効果の方が大きいことが予想されます。つまり，ソーシャルネットワークが及ぼす心理的影響を考える場合には，個別の対人関係の質を詳細に捉えた分析を行っていく必要があるでしょう。

（中原　純）

2007 Tracking changes in social relations throughout late life. *The Journals of Gerontology, Series B*, **62**(2), S90–99.

▷9 Antonucci, T. C., Lansford, J. E., Schaberg, L. et al. 2001 Widowhood and illness: *Psychology and Aging*, **16**(4), 655–665.

▷10 斉藤雅茂 2008 高齢者の社会的ネットワークの経年変化 老年社会科学, **29**(4), 516–525.

▷11 文化的自己観とは，ある文化で共有される自己のあり方である。

▷12 Yeung, D. Y., Fung, H. H., & Lang, F. R. 2008 Self-construal moderates age differences in social network characteristics. *Psychology and Aging*, **23**(1), 222–226.

▷13 Kahn, R. L., & Antonucci, T. C. 1980 Convoys over the life course: Attachment, roles, and social support. In P. B. Baltes & O. B. Brim (Eds.), *Life-span development and behavior*, Vol. 3. New York: Academic Press. pp. 253–268.

▷14 Antonucci, T. C., & Akiyama, H. 1987 Social networks in adult life and a preliminary examination of the convoy model. *Journal of Gerontology*, **42**(5), 519–527.

▷15 Pinquart, M., & Sörensen, S. 2000 Influences of socioeconomic status, social network, and competence on subjective well-being in later life: A meta-analysis. *Psychology and Aging*, **15**(2), 187–224.

XIV 社会②対人関係

世代間ギャップ

1 世代と世代間関係

　心理学や社会学，人口学の領域で使用される「世代（generation）」とは，以下の2つの意味をもつ言葉です。

　一つは，生まれた時期が近い人々の集団を指す場合です。若者世代や老人世代のように，たんに特定の年齢集団を指して使用される場合と，「戦中世代・戦後世代」「団塊の世代」などのように，特定の時代背景をバックボーンとした価値観や行動様式を共有する集団，すなわちコホート（cohort）に近い意味合いで使用される場合があります。

　2つめは，社会や家族の中でのライフサイクル的な役割を指す場合です。たとえば，親世代，子世代，孫世代といった言い方がそれに当たります。

　いずれも，各世代はお互いに異なる年齢集団であり，各世代内では成員間で共有される価値観，行動様式，共通する役割などが存在しています。一般的に，この各世代で共有される価値観，行動様式等は，他の世代とは異なっている（世代間ギャップ）ために，世代間の関係において葛藤や衝突を生んだり，また一方では次世代への伝達・継承といったことが起こったりします。

2 世代間ギャップ

　一般的に「若者と老人」や「親と子」といった異なる世代間では，異なる価値観や行動様式をもっています。そうした世代間でのずれを世代間ギャップ（世代間断絶，generation gap）といいます。年配者が口にする「最近の若者は」という愚痴や，若年者が言う「大人はわかってくれない」という不平は，そうした世代間ギャップと，それに伴う葛藤や衝突を端的に表しています。このタイプの世代間ギャップは，集団間の葛藤としては時代が移っても残り続けますが，個人内では，ライフサイクルにおける役割の変化の中で解消される（若者が老人になったとき，やはり若い人を見て「最近の若者は」とつぶやくように）と考えられます。異なった価値観をもつ世代との交流は葛藤や対立を生むだけではなく，後述するように，互恵的な側面をもつことも指摘されています。

　これとは別に，世代間ギャップは，世代間での交流や伝承が失われてしまうことを意味する言葉でもあります。このタイプの世代間ギャップは，社会の産業構造や就業形態が変化することによって，農村から都市への人口流入が起こ

▷1 これ以外に，生物学の分野で，ある生命個体が成長し生殖機能を失うまでの期間を指したり，工学などの分野では技術革新や設計思想の変化（例：第5世代コンピュータ，次世代型ロボット）を指して用いられることがある。

▷2 コホート（cohort）
たんに誕生時期が近いというだけでなく，共有できる時代体験や，それに付随する共通した価値観，行動様式，心理的特性をもつ集団を指す。

▷3 世代性（generativity）
X-3，XIV-5 参照。

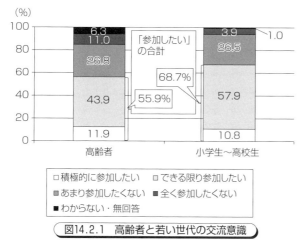

図14.2.1 高齢者と若い世代の交流意識
出所：内閣府，1998，1999より作成

り地域ネットワークが弱体化したこと，または，大家族から核家族へと家族形態が変化したことが原因と考えられています。世代間交流の断絶によって生じる問題の一つには，高齢者が社会から孤立してしまうということが挙げられます。高齢者の社会的孤立は，孤独死や老老介護，詐欺事件，精神的健康の悪化といった問題を引き起こします。また，文化や伝統，技術が次世代に継承されなくなるという問題もあります。このことは，社会の衰退や産業的発展・経済的発展の停滞を引き起こし，家族がもつ機能（教育，介護など）を低下させます。社会や家族のもつ機能が低下することによって，個人の役割移行がスムーズにいかず，世代間の対立や格差を固定化・拡大し，また高齢者に対する誤解（エイジズム）を拡大してしまう危険性もはらんでいます。

3 世代間交流

かつての日本社会は，地域や家族の中で子どもから高齢者までが生活をともにし，自然と世代間交流がなされていました。世代間交流には，葛藤や対立を生じさせる可能性がある反面，双方の世代に恩恵をもたらすことが指摘されています。高齢者にとっては，知識，経験，スキルの伝承は社会貢献につながります。また，家族や地域との対人ネットワークの構築は，社会的孤立の解消につながります。心理的側面についても，自己効力感や幸福感，人生満足度の向上，孤独感の低減といったポジティブな影響があります。

実際，高齢者は若い世代との交流を積極的に望み，若い世代も高齢者との交流を望んでいることを示すデータがあります（図14.2.1）。こうした声を背景に，一つには世代間ギャップによる様々な社会的問題の解決のために，また，社会的資源として高齢者を活用しようという発想の後押しもあり，世代間交流プログラムが開発，実施されるようになってきています。

(稲垣宏樹)

▷4 草野篤子 2004 インタージェネレーションの歴史 草野篤子・秋山博介（編）現代のエスプリ，444 インタージェネレーション 至文堂 pp.33-41．

▷5 おもに金融業や製造業において，団塊世代の大量退職によってマニュアル化できない技術や知識の喪失が生じ，企業業務が滞って経済に悪影響を及ぼすのではないかという懸念が，「2007年問題」「2012年問題」として注目された。しかし，多くの企業で60歳定年後の継続雇用が進むなど対策が進んだ影響もあり，現在のところ大きな問題は確認されていない。

▷6 II-4 参照。

▷7 ヘンケン, N. 2004 プログラムによる世代間交流の促進 草野篤子・秋山博介（編）現代のエスプリ，444 インタージェネレーション 至文堂 pp.33-41．

▷8 XI-5 参照。

▷9 内閣府 1998 高齢者の地域社会への参加に関する意識調査

▷10 内閣府 1999 児童・生徒の高齢化問題に関する意識調査

▷11 この背景には，健康な高齢者の増加と，高齢者の大多数が依存的な社会的弱者ではなく，プロダクティブ（productive：生産的）な存在であることを示した老年学の研究成果がある。

XIV 社会②対人関係

3 夫婦関係

1 夫婦のライフサイクルの変化

　人生90年時代を迎え，夫婦のライフサイクルは大きく変化しました。男女の平均初婚年齢は年々上がり晩婚化が進んでいます。また子どもの数が減る一方で，子育て期間は高学歴化とともに長くなりました。

　家族の形態も変化しました。家族の規模は縮小し，子どもとの同居率が低下しました。反対に，高齢の一人暮らしの世帯が高齢者を含む世帯全体に占める割合は23.3%，高齢夫婦のみの世帯は30.3%であり，この数は急速に増加しています[1]。現在の社会は，親子や孫などの世代間のつながりよりも，夫婦を中心とした核家族のヨコの関係が重視される社会だといえます。そのような社会にあって，延長された高齢期をいかに生きるかを考える上で，夫婦関係のあり方が重要な意義をもつようになりました。

2 高齢期の夫婦関係

　夫婦の在り方を表す概念に伴侶性（companionship）[2]があります。家族の役割を協力して行い，楽しみを共有し，コミュニケーションをとることが，夫婦の伴侶性を促進するといわれます。高齢期に至るまでに築かれてきた伴侶性が，高齢期の夫婦関係の基盤となります。とくに，中年期は高齢期の前段階であり，中年夫婦の関係性の再構築の問題は，その後の人生の方向付けを規定するといえます。

　また，中年期に体験されやすい親役割の減少と終結は，対象喪失の機会となります。いわゆる「空の巣症候群（Empty Nest Syndrome）」です。子どもの自立による喪失感や取り残されたという孤立感を感じる程度は，配偶者との間に親密な関係性が育まれているかどうかによっても異なります。子育て期に子どもを中心として安定していた夫婦にとっては，子どもが自立する中年期にあらためて夫婦の関係性の見直しが求められます。「熟年離婚」という言葉があるように，子どもが無事に社会に出るのを見届け，中高年期に離婚という選択をする夫婦の出現も最近の傾向です。一方近年では，意識の変化から伝統的な性役割分業観にとらわれずに行動する高齢者が増えています。夫婦で積極的に余暇を楽しむ人や，料理や地域との交流に新たに挑戦する人，自ら配偶者の介護に献身する人なども多く，伴侶性のあり方も多様化しています。

▷1　内閣府　平成26年版高齢社会白書

▷2　伴侶性（companionship）
意思決定や役割分業において，夫婦が互いを尊重し，同じ生活目標に向けて協力する夫婦の関係のもち方（パートナーシップ）。

▷3　田口加代子　2002　高齢女性における配偶者喪失後の心理過程――死別前の夫婦関係が心理過程に及ぼす影響　家族心理学研究，16(1)，29-43.

▷4　Pinquart, M., & Soerensen, S. 2000 Influences of socioeconomic status, social network, and competence on subjective well-being in late life: A meta-analysis. *Psychology and Aging*, 15(2), 187-224.

3 配偶者との死別

　配偶者との死別は，人生の出来事の中でも高齢者の生活全般に与える影響がもっとも強いものの一つです。長年連れ添った配偶者の喪失は，心理的な幸福感や人生への意味を低減させがちです。それだけでなく，死別がうつ病や認知症の発症に関連することや，健康障害や心理的問題の要因となり，経済的な困難を伴いやすいことなども報告されています。そして死別による影響は，夫婦関係の親密さや，夫婦間での余暇活動や友人関係の共有度が高いほど，強まることが明らかにされています。

　配偶者の喪失の影響の現れ方には男女差があります。男性は妻との死別により，精神的な支えをなくし，家事などの日常生活上での支障をきたしやすいことなどから，身体・心理面への影響が出やすく，女性の場合は，夫の喪失により経済的側面での問題を伴いやすいとされます。

　配偶者の喪失への適応の過程については，死別直後に様々な側面に現れていた影響も，時間とともに配偶者喪失前の状態にまで回復に向かう傾向が示されています。その回復の過程において重要とされる要因には，家族との関係，社会活動への参加，親しい人との交流などがあります。

　死別を体験した人がその悲しみを乗り越える「喪の作業」には，家族や親しい人々の支えが重要です。高齢期の配偶者との死別では，生活が大きく変化し，その変化に対処するための具体的なサポートが，情緒的なサポートとともに必要とされます。

4 高齢期の親密性

　心理社会的発達段階理論を提唱したエリクソン（Erikson, E. H.）は，若い成人期に達成すべき課題として「親密性」と「孤独」との葛藤を挙げました。生涯にわたり，この親密性の感覚と孤独との間のバランスをとることは，愛し愛される人との相互性のあるかかわりを可能にします。

　高齢期に孤独と向き合うとき，若い成人期と同様に，再びこの葛藤に対峙することになります。しかし，高齢期の親密性と若い成人期の親密性は必ずしも同じではありません。成人期以前には，それぞれの発達課題に対して行動によって解決する試みがなされがちですが，高齢期に近づくにつれて個人的な感情による課題への取り組みが行われるようになります。高齢期の親密性は，生涯全体を通して経験した愛情によるかかわりあいを振り返り，折り合いをつける行程が含まれます。過去の親密性を振り返る行程を通して，そこから得られる愛の力をいつまでも維持することができます。そのため，エリクソンは結婚における本当の親密性は，配偶者の死があっても途絶えないとしています。

（日下菜穂子）

▶5 Lucas, R. E., Clark, A. E., Georgellis, Y., & Diener, E. 2003 Re-examining adaptation and the set-point model of happiness: Reactions to changes in marital status. *Journal of Personality and Social Psychology*, **84**(3), 527-539.

▶6 岡村清子 1992 高齢期における配偶者との死別と孤独感――死別後経過年数別にみた関連要因　老年社会科学, **14**, 73-81.

▶7 河合千恵子・佐々木正宏・本間昭 2005 死別におけるサポートの受領とその有益性の検討　老年社会科学, **26**(4), 412-423.

▶8 エリクソン（Erikson, E. H.）
パーソナリティは一定の生物学的なプログラムにそって社会とのかかわり合いの中で段階的に発達するという心理社会的発達理論を提唱した。彼は生涯を8段階に分類し，それぞれの発達段階には解決すべき課題と心理社会的な危機があり，その発達課題の達成により力や徳が獲得されるとした。高齢期は，今まで経てきたライフサイクルをライフレヴュー（人生回顧）などによって再体験し，各段階の適応をもたらす力を得ながらパーソナリティの統合を果たしていく，ライフサイクルの取りまとめの時期であると位置づけられる。X-3参照。

▶9 Erikson, E. H., Erikson, J. M., & Kivnick, H. Q. 1986 *Vital involvement in old age.* New York: W. W. Norton & Company（朝長正徳・朝長梨枝子（訳） 1990 老年期　みすず書房）

XIV 社会②対人関係

 親子関係

1 親子関係と居住形態

平成27年版高齢社会白書[1]によると，2013年現在の全世帯5011万世帯のうち65歳以上の高齢者のいる世帯は2242万世帯と44.7％を占めています。その中で，一人暮らしの高齢者や夫婦のみの世帯，親と未婚の子のみの世帯は増加傾向にあり，その一方で三世代世帯[2]は減少しています。同居率については地域によって差があるようです。また，東川[3]によれば，定年退職を契機として居住移動を予定する高年齢層の増加が指摘されています。実際の高齢者の移動理由については，「住宅を主とする理由」が約半数を占め，続いて「親や子との同居・近居」[4]となっています。

2 子どもが親を扶養する立場へ

年齢を重ねるにつれて，子どもの立場は親を扶養する方向に変化します。子どもによる親の扶養の開始や扶養意識が高まる契機の一つに，親が介護を要する状態になることが挙げられます。同居形態のまま，子どもがこれまで以上に親を支える関係性に変わっていく場合もあれば，別居の状態から同居にいたる場合や別居のまま介護を続けるという場合もあります。

わが国ではかつて，世代を超えて家系が存続繁栄することに重点が置かれ，子どもは家長である親に従うという，封建的な親子関係が重視された「家」制度がありました[5]。第2次世界大戦後にこの制度が廃止されて以降は，親と子というよりは夫婦を中心とした核家族化など，徐々に家族の実態も変化してきています[6]。しかし，親の扶養はその家の長男の役割であるという考えは残っており，同居や近居でのかかわりがもたれ続けてきました。

さらに近年では，時間と交通費をかけて，定期的に遠距離介護に通う例も増えているようです。また，中川[7]は，親の扶養を担うはずの男きょうだいがいるにもかかわらず遠距離介護をする実の娘の事例を分析し，長男に対する老親の強い扶養期待によって，長男家族と老親の関係が悪化していったことが背景要因の一つであると指摘しています。長年，親と長男の間で共有されてきた扶養をめぐる相互期待を，長男の妻は受け入れなかったという例です。親と子どもの間で価値をもつ何らかの期待が形成されてはいても，子どもが新たに自己の家族関係を構築したとき，場合によってはその期待は受け入れられず，形をか

---

[1] 内閣府　平成27年版高齢社会白書　http://www8.cao.go.jp/kourei/whitepaper/index-w.html（2016年2月13日閲覧）

[2] 三世代世帯
世帯主を中心とした直系三世代以上の世帯をいう。

[3] 東川薫　2008　高齢者の居住移動の推移と特徴　老年社会科学，29(4)，547-552.

[4] 国立社会保障・人口問題研究所　第7回人口移動調査　http://www.ipss.go.jp/ps-idou/j/migration/m07/mig07.asp（2013年9月27日閲覧）

[5] 森岡清美・望月嵩　1983　新しい家族社会学　培風館

[6] 横山博子　2000　家族　日本老年行動科学会（監修）　高齢者の「こころ」事典　中央法規出版　pp.344-347.

[7] 中川敦　2006　実の娘による「遠距離介護」経験ときょうだい関係――なぜ男きょうだいを持つ娘が通うのか　家族研究年報，31，42-55.

えていく必要性があることがわかります。この報告では，それぞれの子どもたちの家族状況や男きょうだいの職業状況に加えて，介護が始まるまでの親とのかかわりや家族関係という，家族の歴史などを考慮した役割配分が検討されています。

③ 親の変化の受容

親が要介護状態になることについて，子どもはどのような思いで受けとめ，その変化に対応していくのでしょうか。あまり抵抗なく親の状態を受け入れ，それまでの関係性を生かして介護に取り組む人がいる一方で，親を介護することに抵抗を示す人もいます。たとえば，高齢者に現れやすい認知症は多くの場合に進行性で，元通り回復することは見込めません。記憶障害など能力低下が進んでいくために，誰かの助けがなければ自分の身の回りのことをこなせなくなっていきます。そのような状態の親に，「そのうちよくなる」，「訓練をすればよい」などと厳しく接したり，仕事などを理由に介護を家族任せにして一切かかわりを持とうとしないという態度を示す子どももいます。このような態度は一見非情なものと受け取られがちですが，長年にわたり自分にとって大きな存在であり頼りにしてきた親が要介護状態になることは，あまりにもつらく，その事実をすぐには受け入れられない人もいるのです。かなりの時間を要してようやく，親の状態に向き合えるようになる場合も珍しくありません。

▷8 XVII-1 参照。

④ 養護者による高齢者虐待の問題

厚生労働省による平成23年度調査では，全国の1,742市町村（特別区を含む）および都道府県で受け付けた養護者による高齢者虐待に関する相談・通報件数は25,636件で，このうち虐待と判断されたのは16,599件でした。虐待の内訳は身体的虐待が64.5％ともっとも多く，心理的虐待，経済的虐待，介護等放棄と続きました。虐待者と被虐待高齢者とは同居している場合が86.2％を占め，続柄は「息子」（40.7％）がもっとも多く，「夫」（17.5％），「娘」（16.5％）と続きました。息子による虐待の多発について，上田らは，介護支援専門員および訪問介護員を対象とした調査から，息子が，「配偶者がいない」，「経済状態が苦しい」，「自己中心的である」，「怠惰である」，「親への依存がある」，「介護の協力者がいない」，「介護知識・技術が不十分である」，「介護負担感が大きい」，「介護を苦痛に思っている・仕方なくしている」などの場合に，虐待の発生が高率であることを指摘しています。親の状態や介護者になった経緯にもよりますが，本来はもっとも身近で親を思いやれるはずの関係においても虐待は起こりえます。虐待という事象だけではなく，それまでの親子関係やその変化，その家族が置かれている状況や個々の心理など，そこに至る要因を多様な側面から詳細に検討する必要があるでしょう。

（奥村由美子）

▷9　高齢者虐待
高齢者虐待は，「身体的虐待」「心理的虐待」「性的虐待」「経済的虐待」「介護放棄／放任」の5つに分類されている。
深津亮　2008　高齢者虐待とは　老年精神医学雑誌，19(2)，1295-1300．

▷10　厚生労働省　平成23年度　高齢者虐待の防止，高齢者の養護者に対する支援等に関する法律に基づく対応状況等に関する調査結果　http://www.mhlw.go.jp/stf/houdou/2r9852000002rd8k.html（2013年9月27日閲覧）

▷11　上田照子・三宅真理・西山利正・田近亜蘭・荒井由美子　2009　要介護高齢者の息子による虐待の要因と多発の背景　厚生の指標，56(6)，19-26．

▷12　介護支援専門員
ケアマネージャーとも呼ばれる。介護保険において「要支援」，「要介護」と認定された人のためのケアプランの作成やケアマネジメントを行う職業。

XIV 社会②対人関係

  祖父母としての高齢者：世代性

1 祖父母としての立場と世代性

　孫の誕生は，高齢期の大きなライフイベントの一つです。祖父母としての立場は，直接的な子育ての責任のある親としての立場とは違って，心理的に余裕をもって子どもに接することができます。近年では長寿化に伴い元気な高齢者が増加していることから，家庭内や地域での子育てを高齢者が手助けしている事例が多く認められるようになってきました。祖父母としての役割を担う高齢者の増加により，従来までの育児書に加え，祖父母用の孫育てのための育児書が人気を集めています。これまでの子育て経験や知識・技術を活かした祖父母の支援は，若い親たちの育児における孤立やストレスを低減させるものとして期待されています。

　高齢者が自分の孫や孫と同世代の幼い子ども，あるいは若者たちに接することで，次世代を守り導いていくことへの関心が高まるとされています。こうした関心を，エリクソン（Erikson. E. H）[1]は「世代性（Generativity）」と名づけ，中年期の心理社会的発達課題としました。[2]近年では長寿化や晩婚化等の社会的背景の変化に伴い，世代性は中年期のみならず，高齢期においても重要な発達課題とされています。孫育てへのかかわりと世代性の発達により，高齢者は自分自身の命が次世代へと受け継がれていくことを実感することができ，やがておとずれる自分の命の終わりを受け入れることができるようになるといわれています。

2 世代性の構造

　マックアダムス（McAdams, D. P.）とアウビン（Aubin, E. S.）[3]は，エリクソンの文献を詳細に検討し，7つの要素を用いて「世代性概念構成図」を作成しました（図14.5.1）。このモデルでは，まず世代性の動機づけとして，内的希求（inner desire）と文化的要請（cultural demand）が存在します。内的希求とは，人の内面を突き動かす強い願望であり，文化的要請とは特定の文化の中で人が社会から期待される責任を果たそうとする動機のことです。これらに動機づけられて，「次世代への関心（concern）」が喚起されます。そしてこうした関心が，人間として受け継がれてきた規範としての「種への信念（belief）」や，次世代への取組み（commitment）に影響し，実際の「行動（action）」へと導きます。

▶1 Erikson, E. H. 1963 *Childhood and society*, 2nd ed. N.Y.: W. W. Norton. (仁科弥生（訳） 1980 幼児期と社会 みすず書房 pp.343-345.)

▶2 X-3 参照。

▶3 McAdams, D. P., & Aubin, E. S. 1992 A theory of generativity and its assessment through self-report, behavioral acts, and narrative themes in autobiography. *Journal of Personality and Social Psychology*, **62**(6), 1003-1015.

そして，最終的にはそれら一連の流れについて思い返して語ることで，世代性を自分の中で意味づけます。世代性の関心には5つの領域があり，次世代を担う世代を世話することへの責任を感じる「次世代の世話と責任」，自分の住む地域や近所の人に貢献しようとする「コミュニティや隣人への貢献」，次世代に自身のもっている技術や知識を伝

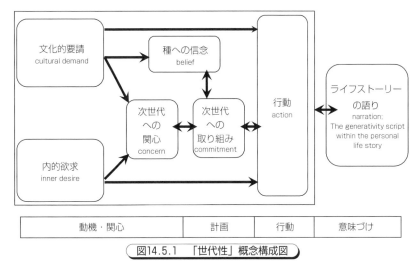

図14.5.1 「世代性」概念構成図

出所：McAdams, D. P., & de St. Aubin, E. (Eds.) 1998 *Generativity and adult development.* Wasington, D. C.: American Psychological Association. p.9. より作成

えていくことへの関心である「次世代のための知識や技能の伝達」，次世代のためになるものを自身の死後も残したいという「永く記憶に残る貢献・遺産」，そして新たなものを作り出すことへの意欲である「創造性・生産性」を指します。これらの側面は，孫育てのみならず，地域でのボランティア活動や職場での後輩指導などによっても高まるとされています。さらに，世代性の発達側面は年齢とともに拡大するとされています。高齢期になると，自分自身で子どもを産めなくなることや，責任のある地位から退職することによって，若い世代を育て導くことへの直接的な責任を越えた，世界の存続や自身の死後の社会の存続へと関心が移行し，たとえば孫の直接的な将来ではなく，孫が将来担うことになる社会の未来について関心を示すようになるのです。

3 他世代とのかかわりと世代性

これまでの研究では，世代性は個々人の中で年齢に伴い発達するとされてきました。しかし近年，中高年者の世代性の発達には，他の世代との相互作用，とくに若者や幼い子どもたちとの相互作用が非常に重要であることが指摘されています。世代性の高い高齢者でも，若者からポジティヴなフィードバックを受け取らなければ，世代性が継続的に発達しないことを明らかにした研究があります。つまり，たとえば高齢者が祖父母として家庭内や地域の若い親を支援しても，支援を受けた若い世代が「ありがとう」という感謝の言葉を返したり，笑顔で行為を受け取ったりといったポジティヴな反応を示さなければ，高齢者の世代性が低下してしまうということです。このことは，高齢者の世代性が，他世代，とくに若い世代とのよい相互作用の中で発達することを表しています。世代間でのよい関係性を築くことが，高齢者の心理的な発達につながるということです。

(田渕 恵)

▶4 Cheng, S. T. 2009 Generativity in later life: Perceived respect from younger generations as a determinant of goal disengagement and psychological well-being. *The Journals of Gerontology, Series B: Psychological Sciences and Social Sciences*, **64**(1), 45-54.

▶5 Tabuchi, M., Nakagawa, T., Miura, A., & Gondo, Y. 2015 Generativity and intaraction between the old yaung: The role of perceived respect and perceived reject. *The Gelontologist*, **55**(4), 537-547.

XV 社会③社会的援助

社会的援助の枠組み

1 社会的援助の枠組みとは

　高齢者に対する社会的援助とは，どのようなものでしょうか。電車の中で高齢者に席を譲ったり，災害にあった方々へ募金をすることも援助に入りますし，より直接的には，精神的に問題を抱えている高齢者にカウンセリングを行ったり，日常生活動作（Activities of Daily Living：ADL）が低下している高齢者に介護を行うことも，もちろん社会的援助といえると思われます。

　心理学では，1970年代から社会的援助に焦点を当てた研究が増加しており，社会的援助を理解するための様々な枠組みが提供されています。

2 先行研究における枠組み

　ゴットリーブ（Gottlieb, B. H.）の研究では，離婚し，経済的に恵まれない状態であった女性を対象に聞き取り調査を行い，援助の種類を4つに整理しています。

①クラスA：情緒的に支援する行動

　「彼または彼女は，私の話をきいてくれる」「困ったときに私を一人にせず一緒にいてくれる」など，情緒的に支持的な状況を作り出すような行動。

②クラスB：問題解決行動

　「問題解決の仕方を指示する」「衣服や食物を与えてくれたり，サービスを提供してくれる」などの，問題を乗り越える際に使う情報や資料を提供したり，問題領域に援助者自身が介入するような行動。

③クラスC：間接的な個人的影響

　「必要なときはいつでも言ってほしいと告げる」「私ができることなら，何でもする準備ができていると伝える」などの，必要なときには，援助者あるいはその情報を利用できると，被援助者に確信させるような行動。

④クラスD：環境への介入

　「被援助者を助けるために，家主のところへ行って，家賃の支払いを待ってくれるように説得してくれた」などの被援助者を苦しめるストレスを取り除いたり，それを減少させるための行動。

　これらの分類は有益ですが，調査対象が女性のみでしたので，結果の一般化には慎重にならなければなりません。そこで，アマト（Amato, P. R.）とペアー

▶1　Gottlieb, B. H. 1978 The development and application of a classification scheme of informal helping behaviours. *Canadian Journal of Behavioral Science*, **10**(2), 105-115.

▶2　高木修　1987　援助行動の類型と特性　中村陽吉・高木修（編著）「他者を助ける行動」の心理学　光生館　pp.14-33.

ス（Pearce, P.）は，専門誌に掲載されている数百の論文を整理し，援助行動のより一般的な類型化を行いました。その結果，以下の4つのタイプに分けられることが明らかになりました。

①第1のタイプ：緊急事態への介入

　緊急事態や重大性がある援助行動。

②第2のタイプ：形式ばった，組織的な援助

　形式ばった，計画的な，そして組織化された形の援助行動。

③第3のタイプ：見知らぬ人に対する形式ばらない，気まぐれな，ありふれた援助

　見知らぬ人に対して，日常の生活場面で示す，ちょっとした親切行動を含む行動。

④第4のタイプ：寄付，分与

　人々に物質的な援助を与える行動。

3 ソーシャルサポート研究への発展

　最初に述べた，「席を譲る」や「募金をする」といった行動も，上記の枠組みを利用すれば，どのようなタイプに分類されるか理解できると思います。このような分類に関する研究が進んでいくと同時に，これらの援助を受けることによって，疾病の罹患率や死亡率に影響を及ぼすことも明らかになってきました。カプラン（Caplan, G.）は，地域の精神衛生において，日常的な対人関係が積極的な役割をもつことを主張し，これらを「ソーシャルサポート」として位置づけています。その後様々な研究者がソーシャルサポートに着目して研究を進めており，情緒的サポート（個人の心理的な不快感を軽減したり，自尊心の維持・回復を促すもの）と道具的サポート（個人が抱えている問題そのものを直接ないし間接的に解決するもの）に大きく分類した上で，その効果を検証する研究が進められています。加えて，最近ではその地域に住む住民が互いに信頼しあい，安心して生活できる関係を示す，ソーシャルキャピタル（社会関係資本）に関する研究も，高齢者を対象として数多く報告されています。近藤らの研究では，これまであまり着目されていなかった地域独自の支えあいの一つ，「無尽」に着目し，無尽で活動することが心理社会的に良い効果をもたらすことを実証しています。高齢者心理学の分野では，介護保険法などの法律や制度が変わると，高齢者に対する援助方法も変わることが予想されますので，公的なサポートと，地域に根ざしたサポートの双方をしっかりと捉えた，高齢者がよりよい生活を送れるような援助のあり方についての研究の蓄積が強く求められています。

（安部幸志）

▷3　Amato, P. R., & Pearce, P. 1982 A cognitively-based taxonomy of helping. In M. Smithson et al. (Eds.), *Dimensions of helping behavior* (International series in experimental social psychology. Vol.6). Pergamon Press.

▷4　福岡欣治　2007　ソーシャルサポート　坂本真士・丹野義彦・安藤清志（編）臨床社会心理学　東京大学出版会　pp.100-122.

▷5　Caplan, G. 1974 *Support system and community mental health*. Behavioral Publications.（近藤喬一・増子肇・宮田洋三（訳）1979　地域ぐるみの精神衛生　星和書店）

▷6　橋本剛　2005　ストレスと対人関係　ナカニシヤ出版

▷7　Kondo, N., Minai, J., Imai, H., & Yamagata, Z. 2007 Engagement in a cohesive group and higher-level functional capacity in older adults in Japan：A case of the Mujin. *Social Science & Medicine*, **64**(11), 2311-2323.

XV 社会③社会的援助

 ソーシャルサポートの緩衝効果と直接効果

1 ストレスの概念

　ソーシャルサポートが及ぼす緩衝効果を理解するためには，まず，ストレスの概念について理解することが重要です。ストレスの概念として，有名なのはラザルス（Lazarus, R. S.）とフォルクマン（Folkman, S.）による，ストレスの認知的評価モデルです。ラザルスらは，ストレスを「人の資源に負担をかけ，それを超えるものであると評価され，そして人の安寧を危機にさらすものであると評価されるような，人と環境との特殊な関係である」と定義しており，この定義に基づいて，ストレスモデルを提唱しました。

　このモデルによれば，ストレスの発生は，以下のようなプロセスをたどります。まず，人が何らかの刺激にさらされたとき，その刺激が自分にとってどれくらい有害なのかの程度を評価します。この刺激の評価を一次評価と呼びます。これによって，その刺激が自分にとって有害であると評価されると，次に自分がその有害刺激を処理するのに有効な資源をどれくらいもっているかの程度を評価します。この自己のもつ処理資源の評価を二次評価と呼びます。この2つの評価が比較され，自分のもつ資源では有害刺激を十分に処理できないと判断されたとき，人はストレスを感じるといえます。

2 ソーシャルサポートとストレス

　ソーシャルサポートは，ストレスの様々な過程に影響していると考えられます。まず，ソーシャルサポートは，ある人に生じる出来事がストレスフルなものであるか否かの評価に影響します。客観的にはまったく同じ出来事が起こったとしても，もし自分のまわりにいる誰かがその出来事を処理するために必要な資源を提供してくれるだろうと予想できる場合は，そう予想できない場合よりも，その出来事はストレスフルであると評価されにくくなると思われます。また，ソーシャルサポートは，最終的に人の疾病を引き起こすような非適応的な反応を抑制したり，適応的な対処反応を促進するという過程にも影響しています。このようなサポートとストレスとの関連を検討していくうちに，ある仮説が生まれました。これがソーシャルサポートのストレス緩衝仮説です。

▷1　Lazarus, R. S., & Folkman, S. 1984 *Stress, appraisal and coping.* New York: Springer.（本宮寛・春木豊・織田正美（監訳）1991　ストレスの心理学——認知的評価と対処の研究　実務教育出版）

▷2　XV-1 参照。

3 ソーシャルサポートの緩衝効果と直接効果

ソーシャルサポートの効果として、2つの考え方があります。それぞれの考え方を浦は図15.2.1に示しています[3]。一つはソーシャルサポートには緩衝効果があるという考え方です。これは、ソーシャルサポートは、人がどれくらいの潜在的なストレスイベントを経験するかの程度には何ら影響を及ぼさないと考えています。さらに、ソーシャルサポートが健康に影響を及ぼすのは、その人の経験するストレスフルイベントが、その人の処理能力を超える場合だけであるという考え方です。逆に、ある人の経験しているストレスイベントが、その人の処理能力を超えないならば、その人がどのような対人関係の中にいようと健康には差が生じないということになります。

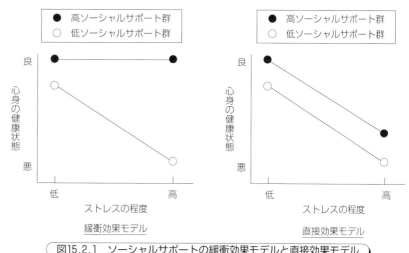

図15.2.1 ソーシャルサポートの緩衝効果モデルと直接効果モデル

(注) 図では視覚的に理解しやすいように、緩衝効果モデルにおいて、ストレスの程度が低い場合でも高ソーシャル・サポート群と低ソーシャルサポート群の間に若干の差をつけている。緩衝効果があるという意味は、ストレスの程度が高くなった際、高ソーシャル・サポート群は最初の健康状態を維持できるが、低い群は最初の健康状態との差が大きいという意味である。

出所:浦, 1992

ソーシャルサポートの効果に関するもう一つの考え方は、ソーシャルサポートには直接効果があるという考え方です。これは、ある人がサポートを得られるような人間関係の中にいるかどうかが、その人の心身の健康に影響を及ぼすという考え方です。つまり、ある人がたとえストレスイベントにさらされていなくても、その人がサポートが得られるような人間関係の中にいるならば、そのような人間関係の中にいない場合よりも健康であるという考え方です。逆に、いくらまわりの人からサポートを得られるような人間関係にあったとしても、強いストレスフルイベントにさらされ、ストレスの程度が高まれば、ある程度は心身の健康を損なってしまうという考え方です。

これら2つの考え方のどちらが妥当なのかについては議論が分かれるところですが、ソーシャルサポートの種類や、サポートを提供する側・される側の立場によって左右されると考えられています。たとえば、実際に受けているサポートとストレスとの関連を検討した報告では、直接効果が認められる傾向にありますし、ストレスイベントに直面したときのサポートの予期や利用可能性を検討した報告では、緩衝効果が認められる傾向にあるようです。いずれにしても、高齢期には様々なストレスイベントが生じる可能性が高いため、今後ソーシャルサポートの効果に関する研究は、ますます重要となってくると思われます。

(安部幸志)

[3] 浦光博 1992 支えあう人と人——ソーシャルサポートの社会心理学 サイエンス社 p.52.

XV 社会③社会的援助

社会関係

1 高齢期の喪失体験

「向こう三軒，両隣」という表現があります。日本では馴染みのある言い方で，自分の家の向い三軒と両隣との親しいご近所付き合いを意味しています。近くに住む人同士の助けあいの精神も含まれているといえるでしょう。人の暮らしには家族や親しい人たちとの交流や支え合いは不可欠ですが，さらに高齢期における社会関係は，どのような特徴をもつのでしょうか。

高齢期には，余儀なく様々な喪失を体験します。喪失体験は高齢期の危機とも考えられ，たとえば，心身の健康の喪失，経済的自立の喪失，人間関係の喪失などがあげられます。これまで体力に自信があり，病気をあまりしたことがない人でも，病気にかかりやすくなったり，足腰の弱まりなどからこれまでにない不自由を感じたりする機会が増えます。気力のなさや気分の落ち込みを自覚する人もいます。また，これまで携わってきた仕事から退くことによっては，多くの場合に年金をもらうなど収入形態がかわり，心身の状態の変化とも合わせて活動範囲の狭まりも起こりうるでしょう。あわせて，役割や他者とのかかわりの喪失にもつながります。とくにそれまで，仕事以外に趣味や人とのかかわりを積極的にはもってこなかった人は，毎日の過ごし方に戸惑いがちで，家でほとんど何もすることなく過ごすという場合も少なくありません。

たとえば，夫が会社勤務，妻が専業主婦として長年暮らしてきた夫婦の場合，それまで夫が朝出勤すれば，夜に帰宅するまで妻は家事などをしながら自分のペースで過ごせていたにもかかわらず，夫は退職後ほとんどの時間を自宅で過ごし，妻は三度の食事の支度に追われ，食事の買い物などあらゆることに夫が一緒についてくるというような話をよく聞きます。

退職は，先の例のように夫に多大な影響をもたらす出来事ですが，妻にとっても新たな生活の始まりとなりえます。中には生活の変化になじめず，抑うつ状態を訴えて医療機関を受診する人もいるのです。このような高齢期の喪失の体験は，日常の過ごし方や夫婦の関係性を見直す契機にもなるでしょう。

2 高齢期の社会関係と過ごし方

我々は日常，どちらかというと男性は，いろいろな人の輪の中に入るというよりは限られた馴染みの人たちとかかわり，自分の好きな活動をせっせと続け

▷1 澤岡詩野・福尾健司・浜田知久馬 2006 都市高齢者のネットワークタイプによる友人との交流媒体としての携帯電話の利用状況 老年社会科学，28(1), 12-20.

▷2 古谷野亘・西村昌記・安藤敏孝・浅川達人・堀田陽一 2000 都市男性高齢者の社会関係 老年社会科学，22(1), 83-88.

▷3 前田尚子 2004 友人関係のジェンダー差——ライフコースの視点から 老年社会科学，26(3), 320-329.

▷4 古谷野・西村ほか 前掲論文

▷5 矢部拓也・西村昌記・浅川達人・安藤敏孝・古谷野亘 2002 都市男性高齢者における社会関係の形成——「知り合ったきっかけ」と「その後の経過」 老年社会科学，24(3), 319-326.

▷6 古谷野亘・矢部拓也・西村昌記・浅川達人・安藤敏孝 2007 地方都市における高齢者の社会関係——気心が知れた他者の特性 老年社会科学，29(1), 58-64.

るのに対して，女性は井戸端会議のような気さくなおしゃべりを通して，様々な人とのかかわりを柔軟にもちながら過ごす場面に遭遇することがよくあります。人の社会関係のあり方には，地域性や性差などがあるといわれています。

○**社会関係における地域性と性差**

地域性という点では，たとえば，首都圏に暮らす高齢者の友人ネットワークの規模と地理的近接性に着目した報告において，日常生活での「介護」，「介助」，「相談」，「情緒」，「社交」に関する支援提供を同居・別居家族や近所の人のみから受けている人よりも，それ以外の友人や他の人からも受けている人の方が，一番親しい友人が遠距離に住んでいる傾向があることが指摘されています。さらに友人ネットワークの相手との交流媒体として携帯電話を用い，対面接触の補助的な役割と位置づけている傾向も示されています。他者と知り合うきっかけは，女性では近所，男性では仕事関係である場合が多いと指摘されてきましたが[1]，さらに大都市の，とくに男性については，社会関係の成立に「近所」で知り合ったことによる影響はきわめて少ないとされています[2][3]。その一方で，地方都市の高齢男性については，気心が知れた他者として近所で知り合った人の割合は2割と，先の大都市高齢者とは異なり多くを占めています[4]。さらに社会関係の豊かさについては，地域を問わず，現在地での居住年数と関連する可能性があると考えられています[5][6]。

性差については，高齢期の親しい関係を「交遊」，「相談」，「信頼」という3種の関係から検討した報告があります[7]。男性は配偶者とのかかわりが中心であるのに対して，女性は「交遊」，「相談」，「信頼」のそれぞれにおいて，かかわりをもつ人との関係性が多面的であったといいます。また，配偶者のいない男性では，関係を有する他者がいないとする者が多く，配偶者の喪失に対して男性のネットワークがより脆弱である可能性も示されています。

要介護高齢者の増加を抑止するという点では，社会関係の維持への支援とともに「閉じこもり」の予防も重要な課題です。都市部に在住の高齢者の閉じこもりの出現率や住環境との関連を調査した研究では[8][9][10]，男性では床に座ったままになりうる畳の生活や，寝室と玄関が異なる階にある住環境が，閉じこもりの出現と関連していました。しかし，女性ではそのような明らかな関連はみられず，女性が家庭内での役割を担うことが多く，買い物など必然的に外出しなければならないことと関連する可能性が指摘されています。

○**よりよい暮らし方の再検討**

人にはそれぞれに馴染みやすい過ごし方があり，周りから期待される役割もあります。しかし，年齢を重ねるにつれて起こる心身の状態や生活環境などの変化に応じて，心地よい暮らし方に柔軟にかえていくことも必要です。さらに今後は，団塊の世代の高齢化に伴い，社会関係の築き方にさらなる多様性がみられることも考えられます。

（奥村由美子）

▷7　古谷野・矢部ほか前掲書
▷8　岡本秀明　2012　都市部在住高齢者の社会活動に関連する要因の検討──地域におけるつながりづくりと社会的孤立の予防に向けて　社会福祉学，53(3)，3-17．
▷9　西村昌記・石橋智昭・山田ゆかり・古谷野亘　2000　高齢期における親しい関係──「交遊」「相談」「信頼」の対象としての他者の選択　老年社会科学，22(3)，367-374．
▷10　閉じこもり
高齢者の閉じこもりの状態は，活動水準の低下を引き起こし寝たきりにつながるとされる。閉じこもりの定義には様々あるが，介護保険では，外出の頻度により判断されるようになった。
▷11　厚生労働省　閉じこもり予防・支援マニュアル（改訂版）　http://www.mhlw.go.jp/topics/2009/05/dl/tp0501-1g_0001.pdf（2013年9月27日閲覧）
▷12　藺牟田洋美・安村誠司・藤田雅美・新井宏明・深尾彰　1998　地域高齢者における「閉じこもり」の有病率ならびに身体・心理・社会的特徴と移動能力の変化　日本公衆衛生雑誌，45(9)，883-891．
▷13　山崎幸子・橋本美芽・藺牟田洋美・繁田雅弘・芳賀博・安村誠司　2008　都市部在住高齢者における閉じこもりの出現率および住環境を主とした関連要因　老年社会科学，30(1)，58-68．

XV 社会③社会的援助

利他性の発達：支援提供と幸福感

1 利他性を発揮する高齢者

　従来まで，多くの場合，高齢者は支援の受け手，「被支援者」とみなされていました。高齢者は若者と比べて身体的な機能が低下するため，支援が必要な存在であり，一般的に利他的な行動を受ける存在として認識されてきました。しかし実際には，高齢者が次世代の若者や社会に対して利他性を発揮する場面が社会の中で多く認められます。

　たとえば例として挙げられるのが，1980年以降の欧米における急激な社会環境変化の中で注目され始めた，家庭内や地域での高齢者の子育て支援の役割です。シングルペアレント家庭の増加や未婚の10代の母親の増加といった社会問題が急増し，若い親の子育てを助ける存在が必要となり，その役割を高齢者に求めるようになりました[1]。また家庭内に限らず，高齢者が地域の中で，孤立した子育て環境にある若者を支援していくという取り組みが広がっており，子どもの教育やペアレント・トレーニング等の場に高齢者が支援者としてかかわる例が増加しています[2]。

　わが国においても，「シニアボランティア」という言葉が一般的に用いられ始めたように，高齢者による社会貢献活動に関する報告が多く認められるようになってきました。近年ではとくに，シニアボランティアの学校現場における活動に注目が集まっており，平成20年版高齢社会白書によれば，高齢者がこれまでの経験や学習を活かして，授業時間や放課後などの授業時間外で教育に携わる『教育サポーター』制度の重点化が進められています[3]。今や高齢者は「被支援者」ではなく，支援提供者として多くの場面で利他性を発揮しています。

2 利他的行動と幸福感

　高齢者が社会の中で支援提供者として活躍することは，高齢化の進むわが国にとって今後ますます求められると考えられます。しかし，高齢者が支援提供に伴い背負うリスクも考慮しなければなりません。たとえば欧米では，子育て支援を高齢者に頼りすぎたために，祖父母が多大な身体的リスクや育児ストレスを抱えてしまう問題が指摘されています。祖父母は親世代よりも身体的機能が低下しているため，親世代が過剰に支援を求めた場合は大きな身体的・心理的負担を引き起こすおそれがあります。

▶1 Hayslip, J. B., & Goldberg, G. 2000 *Grandparents raising grandchildren : Theoretical, empirical and clinical perspectives.* Spring Publishing Company.

▶2 Henkin, N., & Kingson, E. 1998 Keeping the promise : Intergenerational strategies for strengthening the social compact. *Generations,* 22(4), 99-105.

▶3 内閣府　平成20年版高齢社会白書

では、なぜ高齢者は、支援負担があるにもかかわらず利他性を発揮し、支援提供を行うのでしょうか。これまでの研究において、高齢者のボランティア等の社会貢献行動や、子育て支援といった若い世代への利他的行動は、支援提供者である高齢者の心理的な幸福感につながることが報告されてきました[4]。たとえば、地域の子どもに対する教育支援の世代間交流プログラムにおいて、子どもや親の社会性の発達や心理的ストレスの低減といった効果と同時に、高齢者の生きがい・地域での役割の獲得や、幸福感の向上が報告されています。近年では、他者、とくに若い世代に対する利他性の発揮は、主観的な健康感にもつながるとされています。高齢者はときに、自分の身体的負担といったリスクを負いつつも、他者のためになる支援提供を行いますが、そのことで自分自身の生きがいを獲得し、幸福感を得ると考えられます。

[4] An, J. S., & Cooney, T. M. 2006 Psychological well-being in mid to late life: The role of generativity development and parent-child relationships across the lifespan. *International Journal of Behavioral Development*, **30**(5), 410-421.

3 支援提供と幸福感をつなぐ世代間関係

上述したように、これまでの研究では、高齢者の支援提供と幸福感は直接的に関係しているとされてきました。しかし近年、高齢者が支援提供を行い、幸福感を得るためには、支援を受ける側の他者との相互作用、とくに中高年者の利他性が行為として発揮されやすい若者や幼い子どもたちとの相互作用が非常に重要であることが指摘されています。図15.4.1は、高齢者の支援提供と幸福感の間を、支援の受け手からのフィードバックが媒介しているモデルです。このモデルを提唱したチェン（Cheng, S. T.）は、高齢者を対象に研究を行い、高齢者が利他性を発揮して支援提供を行っても、支援を受けた世代である若者からポジティヴなフィードバックを受け取らなければ、高齢者の幸福感が向上し[5]ないことを明らかにしました。つまり、たとえば高齢者がボランティア活動の中で若い世代を支援しても、支援を受けた若い世代が「ありがとう」という感謝の言葉を返したり、笑顔で行為を受け取ったりといったポジティヴな反応を示さなければ、高齢者は幸福感が得られないということです。さらに、このポジティヴなフィードバックがなければ、高齢者の若者に対する利他性が低下していくことも明らかになりました。支援の受け手とのよい関係性、とくに若い世代と高齢世代の間でよい関係性を築くことが、高齢者の幸福感と利他性の発達につながるということです。

（田渕　恵）

[5] Cheng, S. T. 2009 Generativity in later life: Perceived respect from younger generations as a determinant of goal disengagement and psychological well-being. *The Journals of Gerontology, Series B: Psychological Sciences and Social Sciences*, **64**(1), 45-54.

図15.4.1　利他的な行動と幸福感をつなぐフィードバックモデル

出所：Cheng, 2009より作成

XVI　社会④死と死別

高齢期の死

1　高齢者の定義

高齢者の定義は国や機関によって様々であり，明確にされていません。その理由の一つは，国によって平均寿命が異なるからです。先進国の多くは65歳以上が elderly または old person とされていますが，アフリカでは伝統的に50～65歳が elder または elderly person，また国際連合では60歳以上が older population である，とされています。[1]

わが国では，総務省統計局のホームページで65歳以上が高齢者であるとされ，その人口は2013年9月15日現在推計で3186万人，総人口に占める割合は25.0%となっています。[2]

2　高齢者の死因

厚生労働省によるデータで，死因別に高齢者が亡くなった数を見てみましょう（図16.1.1）。65～79歳では，死因別死亡数の第1位が悪性新生物，いわゆるがん，第2位は心疾患，第3位は脳血管疾患となっています。

がんによる死亡数は，80～84歳がピークで，約29%ががんで亡くなっています。[3] 85歳からはがんによる死亡数が減少しはじめ，90～94歳では死因順位第2位となります。これは，高齢者は若年者と比較してがんの進行が遅いと考えられていることや，がんを患いながら心疾患や脳血管疾患，あるいは肺炎で死亡する場合が多くなることなどが考えられます。また，がんの罹患部位にもよりますが，認知症の合併によって認知症がない場合と比較して死亡率が上昇し，死亡の理由はがん以外の要因にも関連します。[4] 高齢者のがんの治療には，がんの診断だけではなく，身体機能評価，精神機能評価，社会的機能評価が必要です。

心疾患は，65～89歳で第2位，90～94歳では第1位となります。脳血管疾患は，65～79歳までは第3位，80～89歳では第4位と高齢者の死因の上位を占めています。高齢者の心疾患や脳血管疾患は，加齢に伴い血管が硬く，細くなり，完全に詰まったりすることが大きな要因になります。

肺炎による死亡数は，65～79歳では第4位であったのが，80歳以上では第3位になります。肺炎は，64歳以下の死因順位の5位以内には（1～4歳以外）入っておらず，高齢者の特徴的な死因であるといえます。これは，高齢者の多

▷1　World Health Organization. Definition of an older or elderly person.
http://www.who.int/healthinfo/survey/ageingdefnolder/en/

▷2　総務省統計局　高齢者の人口
http://www.stat.go.jp/data/topics/topi721.htm

▷3　厚生労働省　平成26年（2014）人口動態統計（確定数）の概況
がんによる死亡者数の割合＝（悪性新生物による死亡者数368,103人／総死亡者数1,273,004人）×100
http://www.mhlw.go.jp/toukei/saikin/hw/jinkou/kakutei14/index.html

▷4　小川朝生・内富庸介（編）　2009　精神腫瘍科クイックリファレンス　創造出版

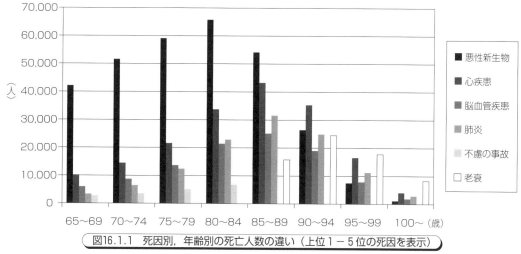

図16.1.1 死因別，年齢別の死亡人数の違い（上位1-5位の死因を表示）

出所：厚生労働省 平成26年人口動態統計月報年計（概数）の概況

くが慢性疾患を抱えており肺炎に感染しやすいことや，高齢者は肺炎の初期症状が現れにくく発見が遅れること，重症化しやすいこと，嚥下機能の低下による誤嚥が原因となり肺炎を引き起こしやすいことなどが挙げられます。

3 高齢者の孤独死

近年，高齢者が急病でも他人の助けを求めることができず，誰にも看取られることなく死亡したり，死亡後も気づかれずに放置され，数カ月後に遺体が発見されたりする孤独な死の状況がたびたび報告されるようになりました。原因の一つは，高齢者の単独世帯の増加が考えられます。厚生労働省の国民生活基礎調査の概況によると，1986年から2014年の間に65歳以上の者のいる世帯のうち，「3世代世帯」は437万5000世帯から311万7000世帯と減少する一方で，「単独世帯」は128万1000世帯から595万9000世帯と約4.5倍になり，今後も増加することが予測されます。また，配偶者との死別，対人ネットワークや社会的役割の喪失，経済力の低下や外出頻度の減少も高齢者が社会から孤立するリスクを高めるといえます。

2008年3月には，厚生労働省から「高齢者等が一人でも安心して暮らせるコミュニティづくり推進会議（「孤立死」ゼロを目指して）―報告書―」が発表されました。

しかし，孤独死の定義が明確にされていないため，孤独死の全国的な実態調査は行われていないのが現状で，人の尊厳を傷つけるような孤独な死を防ぐためにも，早急な対策が求められます。

（平井　啓）

▷5　厚生労働省　平成26年　国民生活基礎調査の概況
http://www.mhlw.go.jp/toukei/saikin/hw/k-tyosa/k-tyosa14/index.html

▷6　厚生労働省　高齢者等が一人でも安心して暮らせるコミュニティづくり推進会議（「孤立死」ゼロを目指して）―報告書―の公表について
http://www.mhlw.go.jp/houdou/2008/03/h0328-8.html

XVI　社会④死と死別

 死　別

1　わが国における死亡率と死亡原因

　厚生労働省「人口動態統計」によると，日本における2015年度の年間死亡者数は127万3004人であり，1979年の6.0を最低とした人口に占める死亡率は年々増加し，2014年度では10.1となっています。そして2015年には，第1次ベビーブーム（1947～1949年）に生まれた人が68～70歳，第2次ベビーブーム（1971～1974年）に生まれた人が44～47歳になるなど，今後，配偶者を亡くす高齢者，高齢期の親を看取る中年期成人の割合が増えることが推測されます。

2　対象喪失と死別

　我々が人生の中で出会う苦難の一つとして，愛する人や物を失う体験があり，これは「対象喪失」と呼ばれます。精神分析では，対象喪失は「愛情や依存の対象をその死によって，あるいは生き別れによって失う体験」と定義され，死別は対象喪失の一つとして捉えることができます。ただし，死別は，失う対象が唯一無二の存在であり，その人の代わりとなる人は存在しません。その人に生きている状態で再会することができない，つまり不可逆的であるという点で，愛着のある物の喪失，人との離別と死別は異なるといえます。

3　配偶者との死別

　中年期・高齢期で遭遇する可能性の高い近親者の死としては親の死，高齢期では配偶者，友人の死が挙げられます。そして，配偶者の死への適応は，高齢期の発達課題として挙げられている出来事でもあります。とくに男性よりも平均寿命が約6.33年長い女性の場合，配偶者を亡くすことは，けっして稀な出来事とはいえないでしょう。そして配偶者の死が，ときに遺された者の身体に大きな影響を及ぼすことがあります。たとえばホームズ（Holmes, T. H.）とレイ（Rahe, R. H.）は，人生の中で生じる可能性のあるもっともストレスフルな出来事として，「配偶者の死」を挙げています。また，配偶者を亡くした者は，男女とも，配偶者がいる者よりも平均余命が短く，病気の罹患率や死亡率が高いとする報告もなされています。たとえば，60歳時点で，配偶者を亡くした経験のある者と経験のない者を比較した研究では，死別した者の方が，男性で2.0歳，女性で1.2歳，平均寿命が短いとされています。ただし，配偶者の死を経

▷1　厚生労働省　2015　平成26年（2014）人口動態統計（確定数）の概況　http://www.mhlw.go.jp/toukei/saikin/hw/jinkou/kakutei14/index.html

▷2　小此木啓吾　1979　対象喪失――悲しむということ　中公新書

▷3　ハヴィガースト，R. J.　児玉憲典（訳）　1997　ハヴィガーストの発達課題と教育　川島書店

▷4　厚生労働省　2015　平成26年簡易生命表の概況　http://www.mhlw.go.jp/toukei/saikin/hw/life/life14/

▷5　Holmes, T. H., & Rahe, R. H.　1967　The social readjustment rating scale. *Journal of Psychosomatic Research*, **11**(2), 213-221.　XIII-4　参照。

▷6　河合千恵子（編）　1996　夫・妻の死から立ち直るためのヒント集　三省堂

験したとしても，その後元気に，また生き生きと充実した生活を送っている高齢者も多く存在します。したがって，配偶者の死が平均寿命や病気の罹患などに直結するというよりは，死別によって生じる心身のトラブル，家庭や社会での役割変化，環境の変化など，様々な問題が複合的に影響を与えると考えられます。

4 高齢期の死別に伴う問題

　高齢期の死別でとくに注意を要する点として，以下の3点が挙げられます。まず，高齢期の死別によって生じる悲嘆，とくに身体症状や情緒的反応が持病の悪化や急激な体調変化を招いたり，あるいはうつ病などの精神障害，ときに自殺の誘因となったりすることです。次に，近年の高齢夫婦世帯の増加に伴い，配偶者との死別後，子ども世帯と同居せず，一人暮らしを送る高齢者が増えている問題が挙げられます。高齢期では，退職や老化に伴い，高齢期以前よりも生活・活動範囲が狭小化することがあります。したがって，配偶者の死が社会的引きこもりを生じさせることもあり，高齢期において配偶者以外の他者や社会との繋がりを確保することは，死別後の生活を考える上でも重要です。最後に，死別に伴う環境や家族形態の変化です。とくに高齢期における配偶者の死は，子ども世帯との同居や高齢者施設への入所などにつながる場合もあります。長年住み慣れた土地を離れたり，同居する家族・入所施設の他者と新たな関係性を作ったりすることが必要になるなど，死別によって派生する二次的ストレッサーについても適切に評価し，援助することが大切と考えられます。

▶7　XVI-3 参照。

▶8　XVI-3 参照。

5 高齢化社会と死別

　高齢化社会が進む現代で問題とされる介護形態の一つに，高齢者が高齢者を介護する老老介護があり，この老老介護には，高齢者自身が高齢の親を介護する形態が含まれます。この問題は，全体としての割合は少ないものの，今後，高齢期において，親や義親よりも先に，配偶者を亡くす死別形態が確実に増えるといえます。高齢期において「配偶者」を亡くした後に「親」を亡くすという体験は，これまでの死別研究で捉えられてきた「親の死」と異なる意味合いをもつと思われます。また，高齢夫婦世帯や一人暮らし高齢者世帯の増加に伴い，近年，高齢者のペットロス（ペットを亡くすこと）が問題とされてきています。とくに一人暮らし高齢者にとって，ペットと過ごす時間は非常に多く，ペットが日常生活のもっとも身近な話し相手であったりすることもあります。このことから，高齢期のペットロスは，ただたんにペットを亡くすといった枠で捉えられない側面があり，高齢期の死別を考える上で重要なトピックであると考えられます。

（平井　啓）

XVI 社会④死と死別

悲嘆と悲嘆からの回復

1 悲　嘆

　死別に伴う深い悲しみを表す言葉に，悲嘆（グリーフ）という言葉があります。悲嘆という言葉は，対象喪失に伴う反応を表す表現であり，死別だけに特化した言葉ではありません。しかし愛する者の死は，対象喪失の中で中核をなす体験であり，また阪神淡路大震災を契機とし，死別の悲しみを表す言葉として，この悲嘆という言葉がメディアでも取り扱われるようになってきました。

　悲嘆とは，一般的な言葉で表現される「悲しみ」だけではなく，愛する者を亡くした後に生じる様々な反応を意味する言葉です。悲嘆は大きく分けて，①身体症状（睡眠障害や食欲不振など），②情緒的反応（悲しみや抑うつ気分，罪悪感など），③認知的反応（幻聴や幻覚，思考の混乱など），④行動的反応（社会的引きこもり，喫煙・飲酒・薬の開始や増加など）に分けられます。ただし，これらの症状や反応の有無・程度に関しては，故人との続柄や関係性，死因，遺された者自身の性別や年齢，性格などの特性によって異なります。たとえば，高齢期の親や配偶者を介護し看取った者を対象に行った調査では，「悲しみ」だけでなく，介護が終わったことの「安堵感」や「ほっとした気持ち」などが報告されることも多く，場合によっては，これらを感じることに対する罪悪感や戸惑いを感じる場合もあることが報告されています。

2 死別の二次的ストレッサー

　死別によって生じる問題は，悲嘆だけではありません。愛する者の死自体を一次的ストレッサーとした場合，愛する者の死に派生して生じるストレッサーを二次的ストレッサーと分けて考えることができ，二次的ストレッサーが遺された者に大きな負担となる場合があります。収入の減少などの経済的問題，周囲との人間関係，死別後の雑用，家族関係の悪化，日常生活上の困難などが挙げられます[1]。

3 喪の仕事

　愛着の対象を喪失した後に生じる心理的プロセスは，喪あるいは悲哀の仕事（モーニングワーク）と呼ばれることがあります。死別後に生じる心理的プロセスを説明するモデルには，大きく，①課題モデル，②段階モデル，③位相モデ

▶1　坂口幸弘　2001　配偶者との死別における二次的ストレッサーと心身の健康との関連　健康心理学研究，14(2), 1-10.

ルの3つがあります。たとえば①ウォーデン（Worden, J. W.）の課題モデルでは，喪の仕事を完了するまでに，「喪失の事実の受容」，「悲嘆の苦痛を乗り越えること」，「故人のいない環境に適応すること」，「故人を情緒的に再配置し，生活を続けること」の4つの課題を達成する必要があるとされています。また，②ボウルビィ（Bowlby, J.）の段階モデルでは，「無感覚または反抗」，「故人への思慕と探索」，「混乱と絶望」，「再統合」の4段階を想定しています。③ブラウン（Brown, J. T.）とスタウドマイヤー（Stoudemire, G. A.）の位相モデルでは，「ショック」，「故人に心を奪われること」，「解決」の3つの位相を想定しています。これらの段階モデルや位相モデルは，時間の経過とともに，遺された者の悲嘆や故人に対する思いが変化することを仮定しています。

4　悲嘆からの回復

　悲嘆からの回復は，当事者の評価と周囲の評価が異なる場合もあるので，明確に定義づけることはできません。しかし，悲嘆が，日常生活を維持することにどれくらい影響を与えているかが重要な目安となります。つまり，日常生活を適切に維持できるようになれば，悲嘆からある程度回復したと考えることができます。悲嘆が続く期間の目安としては，通常，死別後2〜3年くらい続くといわれています。ただし，悲嘆が長年にわたり続くことや，命日や故人を思い出す刺激や出来事によって，悲嘆が一時的に再燃することもあります。

　一方で，死別においても，ネガティヴな出来事を経験し，それを乗り越えていく過程の中で，教訓や学びを得ることができるといわれています。たとえば，死別をした者の中には，愛する者の死を経験したことで，命や家族，人とのつながりの大切さや以前よりも精神的に強くなったことを感じたり，自分自身の死について真剣に考えるようになったりすることが報告されています。

5　グリーフケア

　悲嘆により生じた日常生活での障害に対して，心理カウンセリングや，精神科・心療内科への受診など，専門的ケアが必要となる場合があります。医療現場，とくにホスピス・緩和ケアでは，遺族ケアを行っている施設も多く，また，遺族外来を設置している医療機関も一部に存在します。また，死別をした人たちが，お互いを支え合うセルフヘルプグループもあります。そして最近では，葬儀会社が遺族ケアを行う場合もあります。ただし，実際にはこれらの専門的ケアだけでなく，それ以外の日常場面における周囲の人からの支えがもっとも大きな支援の資源であり，死別をした際，周りの家族や友人がその人の思いを理解し適切に支えることが大きな助けになります。徐々に死別の悲しみを支える場が広がりつつあるといえます。

（平井　啓）

▶2　ウォーデン, J. W. 鳴澤實（監訳）1993　グリーフカウンセリング　川島書店

▶3　ボウルビィ, J. 黒田実郎 ほか（訳）1991　母子関係の理論　3　岩崎学術出版社

▶4　Brown, J. T., & Stoudemire, G. A. 1983 Normal and pathological grief. *Journal of American Medical Association*, **250** (3), 378-382.

▶5　東村奈緒美・坂口幸弘・柏木哲夫　2001　死別経験による成長感尺度の構成と信頼性・妥当性の検証　臨床精神医学, **30** (8), 999-1006.

XVI 社会④死と死別

エンドオブライフ・ケアと緩和ケア

1 ターミナルケア・ホスピス

　人は，死を避けることができない。この事実を正面から捉えてできる限り全人的に支障なくここに至ることができるようにするのが，エンドオブライフ・ケア（End-of-life care）と緩和ケア（Palliative care）の目標です。まずエンドオブライフ・ケアと緩和ケアの概念の変遷について述べてみます。元々，死に臨んだ人のケアの総称は，ターミナルケア（Terminal care）と呼ばれていました。このターミナルケアとは，現代医療において可能な集学的治療の効果が期待できず，積極的な治療がむしろ患者にとって不適切であると考えられる状態で，生命予後が6か月以内と考えられる状態におけるケアと定義されています[1]。これに対して現代のホスピスとは，1967年にイギリスでシシリー・ソンダース（Saunders, C.）医師により，ターミナルケア期にある患者に対して，不適当な治療を避けて，痛みなどの身体症状や精神症状などの苦痛の緩和を行い，全人的ケアを提供するための施設のことです。日本では，1981年に浜松の聖隷三方原病院にはじめて設けられました[2]。

2 緩和ケア

　ホスピスは，その後，「緩和ケア（Palliative care）」「緩和医療（Palliative medicine）」という概念の登場により，緩和ケア病棟と呼ばれる施設として整備されるようになりました。1990年には，がん患者とAIDS患者を対象に厚生省（当時）が「緩和ケア病棟」の施設基準を設置し医療保険によってカバーされるようになりました。現在（2015年）では，日本に356施設があります[3]。
　緩和ケアとは，生命を脅かす疾患による問題に直面する患者とその家族に対して，痛みやその他の身体的，心理的，社会的な問題，さらにスピリチュアル（宗教的，哲学的なこころや精神，霊魂，魂）な問題を早期に発見し，的確な評価と処置を行うことによって，苦痛を予防したり和らげることで，生活の質（Quality of Life：QOL）を改善する行為であるとされています[4]。つまり前述のターミナルケアに該当する患者だけでなく，全ての病期にある患者の苦痛に対応していこうという概念です。患者の「つらさ」に焦点を当て，病期の治療中に苦痛が生じた場合は，そのときにすぐに緩和ケアを行う，たとえば，痛みがあるときには，痛み止めの治療がなされる，というのが緩和ケアの理想となり

▶1　柏木哲夫（監修）淀川キリスト教病院ホスピス（編）2001　緩和ケアマニュアル　第4版　最新医学社

▶2　唐崎愛子　2005　ホスピスケアとは　鈴木志津枝・内布敦子（編）緩和・ターミナルケア看護論　ヌーヴェルヒロカワ　pp. 269-276.

▶3　日本ホスピス緩和ケア協会　2015　届け出受理施設一覧
http://www.hpcj.org/uses/pcumap.html

▶4　WHO Definition of Palliative Care
http://www.who.int/cancer/palliative/definition/en/

ます。現在の日本の緩和ケアにおいては、患者・家族のそれぞれが、「何を大切にしたいか」が異なるという前提にたって、それぞれに個別に目標を立ててアプローチをしていく流れになってきています。たとえば、「最後まで闘う」ことが重要な患者・家族に対して、可能な限りでそういう姿勢を支援することも現在の緩和ケアの選択肢の一つとなります。

3 エンドオブライフ・ケア

さらに、現在では、「エンドオブライフ・ケア」の概念が1990年代からアメリカやカナダで高齢者医療と緩和ケアを統合する考え方として提唱されてきています。北米では緩和ケアはがんやエイズを対象としたものという理解があり、がんのみならず認知症や脳血管障害など広く高齢者の疾患を対象としたケアを指す概念として用いられるようになってきました。日本では、そのまま訳すと「終末期ケア」となり、「ターミナルケア」と同じ概念として認識されるためか、まだまだ普及していないのが現状です。エンドオブライフに特異的な問題、たとえば、痛み、倦怠感、呼吸困難感、せん妄といった症状や状態に対するケアについて、すでにホスピスや緩和ケアで確立したケアの方法をがん以外の疾患や高齢者のエンドオブライフに対しても応用できるように研究を進めていく必要があると思います。

4 緩和ケアの普及

2007年に施行されたがん対策基本法では、緩和ケアの供給体制の整備が明記され、現在では、緩和ケア病棟、緩和ケアチーム、相談支援センターなどいろいろなサポート体制が整備されてきています。さらに、緩和ケアの供給体制を整備するための一環として、がん対策のための戦略研究である「緩和ケア普及のための地域プロジェクト」が行われています。このプロジェクトでは4つの地域を対象に、在宅医療と開業医を1次緩和ケア、一般病院の緩和ケアチームを2次緩和ケア、ホスピス・緩和ケア病棟を3次緩和ケアとする医療ネットワークを形成して、必要な患者や家族にあった医療とサービスを提供していこうというものです。たとえば、地域の開業医と訪問看護ステーションで緩和ケアの必要な患者さんへケアを提供し、対応が困難な難治の痛みがあった場合、連携する一般病院に入院してもらい、その病院の緩和ケアチームの医師や看護師が対応にあたります。さらにそこでは対応できない症状がある場合や家族の介護疲れのためにレスパイトケアが必要な場合に、緩和ケア病棟を利用し、そこで症状の緩和に成功した場合は再び在宅に戻るというものです。このように在宅での緩和ケアを実現するために、医療・福祉・介護の連携ネットワークを強化することが重要であるとされています。

(平井　啓)

▷5　Miyashita, M., Sanjo, M., Morita, T., Hirai, K., & Uchitomi, Y. 2007 Good death in cancer care: A nationwide quantitative study. *Annals of Oncology*, 18(6), 1090-1097.

▷6　日本ホスピス緩和ケア協会　前掲資料

▷7　Yamagishi, A., Morita, T., Miyashita, M., Akizuki, N., Kizawa, Y., Shirahige, Y., Akiyama, M., Hirai, K., Kudo, T., Yamaguchi, T., Fukushima, A., & Eguchi, K. 2008 Palliative care in Japan: Current status and a nationwide challenge to improve palliative care by the cancer control act and the outreach palliative care trial of integrated regional model (OPTIM) study. *American Journal of Hospice & Palliative Care*, 25 (5), 412-418.

XVI 社会④死と死別

 自殺とその背景

1 自殺率

警察庁によると,2014年度中の自殺者の総数は,25,427人で,前年に比べて1,856人(6.8%)減少していました。このうち男性が全体の68.4%をしめ,男性全体のうち60歳以上が36.0%,50歳台が18.8%,40歳台が18.4%,30歳台が13.9%でした。このことからも男性で中年期から高齢期にかけて,40歳台と50歳台の働き盛り世代の自殺が大きな社会的問題となっていることがわかります。また,自殺未遂者は少なく見積もって既遂者の10倍存在するといわれています。一方で,世界の中での日本の自殺率の位置づけをみると,日本の自殺率は人口10万人あたり約24であり,世界で7番目に高い値です。

2 自殺の原因

遺書などの自殺を裏付ける資料より明らかに推定された自殺の主な原因として挙げられているものは,「健康問題」が12,920人,「経済・生活問題」が4,144人,「家庭問題」3,644人「勤務問題」が2,227人です。

このうち「健康問題」については,高齢になるにつれて身体の病気やうつ病,身体障害を理由として挙げるものが増える傾向にありました。このように自殺は,身体疾患やうつ病などの精神疾患と関係が深く,自殺した人の半数以上は,その前1カ月以内に何らかの身体症状を訴え,精神科以外の医療機関を受診しています。

次に,「経済・生活問題」では,会社の倒産や事業不振,失業などがそれに含まれ40・50歳台の働き盛り世代の自殺の原因の主要なものとなっています。これは近年の不景気と会社のリストラなどの社会情勢を反映し,自殺者数を高める大きな原因となっています。4番目に挙げられている「職務問題」も,職場の人間関係といった心理的ストレスを含み,自殺の原因の多くは,このような社会情勢の変化に伴う労働環境の悪化が原因であると推察されます。

最後に,「家庭問題」ですが,夫婦関係や親子関係も問題に含まれますが,高齢者になると介護・看病疲れがその理由に含まれる割合が高くなっています。

3 自殺の危険因子

自殺のもっとも重要な危険因子は自殺未遂歴です。自殺未遂の状況,方法,

▷1 警察庁 2015 平成26年中における自殺の状況 http://www.npa.go.jp/toukei/index.htm

▷2 日本医師会(編) 2004 自殺予防マニュアル──一般医療機関におけるうつ状態・うつ病の早期発見とその対応 明石書店

▷3 世界でもっとも自殺率が高いのは,リトアニアで対人口10万人あたり約47であった。リトアニア以下,ロシア,エストニア,ラトビア,ハンガリー,フィンランドと東欧・北欧の国が続く。これに対して,アメリカ合衆国の自殺率は,対人口10万人あたり約12と低い。

▷4 警察庁 前掲資料
▷5 警察庁 前掲資料
▷6 日本医師会 前掲書
▷7 警察庁 前掲資料

▷8 警察庁 前掲資料

▷9 日本医師会 前掲書(以下同)

意図，周囲からの反応などを検討する必要があるとされています。次に重要な危険因子は，精神疾患の既往歴です。これには，気分障害（うつ病），統合失調症，パーソナリティ障害，アルコール依存，薬物乱用が含まれます（次項で詳述）。周囲からのサポート不足もその危険因子として挙げられています。未婚・離婚・配偶者との死別による孤立がその状況を生み出します。年齢も自殺の危険因子となり，高齢であることが危険因子となります。経済的損失，地位の失墜，病気や怪我，業績不振などの喪失体験や死別も自殺の危険因子です。最後に，事故を防ぐのに必要な措置をとらなかったり，慢性疾患に対する予防や医学的助言を無視したりするなどの事故傾向が自殺の危険因子として挙げられています。

　また身体疾患患者の自殺の危険性として，慢性腎不全患者で人工透析を受けている患者は一般人口と比較して14.6倍，がん患者のうち頭頸部癌の患者で11.4倍高くなるといわれています。これらの自殺率の高さは後述するうつ状態に関係が高いようです。

▶10　2014年の日本の自殺死亡率（人口10万人当たりの自殺者数）は20.0である。警察庁　前掲資料
▶11　日本医師会　前掲書

4　自殺と精神症状

　自殺した人の大多数は，気分障害，統合失調症などの精神疾患の既往の診断に該当します。15,629名の自殺者を調べたところ，もっとも多かったのは，うつ病・うつ状態を含む気分障害が30.2％，アルコール依存症を含む物質関連障害が17.6％，統合失調症14.1％，パーソナリティ障害13.0％でした。これらの結果から，自殺の背景要因として，とくに，うつ病・うつ状態が注目されています。アメリカ精神医学会の精神疾患の診断基準であるDSM-5によると，いわゆるうつ病である，大うつ病性障害の診断基準の中にも，「死についての反復思考，自殺念慮，自殺企図，自殺する計画」がその項目として入っており，うつ病患者の自殺企図には非常に注意が必要であるとされています。

▶12　日本医師会　前掲書

▶13　American Psychiatric Association　髙橋三郎・大野裕（監訳）2014　DSM-5 精神疾患の分類と診断の手引　医学書院

5　自殺と高齢者

　これまで見てきたように，自殺の危険因子としてとくに重要なのは身体疾患と精神疾患，とくにうつ病をもつことと，年齢，すなわち高齢であることでした。高齢者の多くは何らかの身体疾患を抱えていたり，精神的な負担が高まるような状況で生活したりしています。また老老介護などの負担の高い生活を送っている場合も多いでしょう。これらが複雑に絡み合った結果として自殺が生じることになるので，慎重な心理的背景の理解や行動の観察などの対応が求められると考えられます。

（平井　啓）

XVII 社会⑤介護

 介護者の心理

▷1 厚生労働科学研究費補助金 認知症対策総合研究事業「都市部における認知症有病率と認知症の生活機能障害への対応」平成23年度〜平成24年度総合研究報告書 研究代表者：朝田隆 平成25（2013）年3月

▷2 認知機能
日常の知的活動に必要な能力で、言語、見当識、注意、思考、言語、計算、視空間能力、判断、推論などの能力が含まれる。

▷3 見当識障害
時間や場所の認識の障害。

▷4 Finkel, S. I., Costa e Silva J, Cohen, G., Miller, S., & Sartorius, S. 1996 Behavioral and psychological signs and symptoms of dementia : A consensus statement on current knowledge and implications for research and treatment. *International Psychogeriatrics*, 8 [Suppl. 3], 497-551.

▷5 介護者
家族が介護する場合には、妻や嫁、娘など、女性がその役割を担っていることが多い。

▷6 谷向知・坂根真弓・酒井ミサヲ・吉田卓・藤田君子・豊田泰孝・小森憲治郎 2013 介護うつ：認知症介護における介護者支援のための課題——介護うつ 老年社会科学, 34(4), 511-515.

1 認知症高齢者の増加

わが国では世界でも類を見ない速さで高齢化が進んでいます。厚生労働省研究班の調査では、認知症の高齢者数はこれまでの予測をはるかに超え、2012年時点ですでに、約462万人（高齢者人口の15%）にのぼることが報告されました。

認知症とは、いったん発達した認知機能が障害されるために日常生活に様々な支障をもたらした状態です。認知症の原因疾患には、アルツハイマー病などの変性疾患、多発性脳梗塞や脳出血などの脳血管障害など、様々な疾患が含まれます。認知症の症状は、記憶障害や見当識障害などいわゆる認知機能の障害による中核症状と、二次的に現れる周辺症状に分けられます。周辺症状には幻覚、妄想、抑うつ、徘徊、興奮・攻撃的言動などが含まれ、「認知症の行動と心理症状（Behavioral and Psychological Symptoms of Dementia：BPSD)」と呼ばれます。BPSDは誰にも一様にその症状が現れるわけではなく、症状やその出現の仕方は疾患の種類などにより異なり、多くの症状はその程度が認知症の中期ごろにもっとも強まります。BPSDは認知症高齢者の日常生活に様々な支障をもたらすために、介護を行う上での負担を強め、場合によって施設入所を早める要因ともなりえます。

2 介護者のおかれる状況

認知症高齢者は、記憶障害があるために、直前に聞いたことを何度も尋ねたり、今食べたばかりの食事を「食べていない」と言ったりすることがあります。また、財布など自分の大切な物がなくなったときに、いつも親身になって世話をしている介護者が犯人扱いされてしまうこともあります。そんなとき、その高齢者の言動が認知症によるものだとわからない介護者は、自分がいじめられているのではないかと思い、戸惑い、悩みます。また、認知症の人は、短い時間であれば相手の話に上手く調子を合わせられることがあり、別居している家族やたまに会う人は、その高齢者が認知症であることや日常生活での支障に気づきにくいのです。そのため、介護者が認知症高齢者への対応の難しさを周囲の人に話しても理解してもらうのが難しく、かえって介護者の方が高齢者の悪口を言っているなどと悪者にされてしまうことがあります。また、同居家族にさえ介護の大変さを理解してもらえず、孤立してしまうこともあるのです。

3 認知症高齢者の介護

◯介護者のストレスの要因

認知症高齢者の介護には，心身両側面での負担を伴いがちです。たとえば認知症高齢者は夕方から夜にかけて不穏になりやすく，「ここは自分の家ではないから帰ります」と言って荷物をまとめて出て行こうとしたり，夜中にも寝ずに何か探しものをしながら過ごしたりします。介護者は，そのような高齢者を心配して，少しでも落ち着いてもらおうと話し相手になったりします。食事や入浴，排泄などの基本的な介護とともに，そのような毎日が続くと，介護者自身の身体的な疲労は蓄積されていきますし，昼間も四六時中目が離せない状態が続くなど，いつも気持ちが張り詰めている状態では精神面での疲労も強まっていくのです。また，身内との葛藤や協力者の不在，介護がいつまで続くかわからないという見通しのなさも介護者のストレスを強める要因になりえることから，介護者自身を支援するシステムを地域に構築することも必要です。

◯介護者の健康も大切に

認知症の進行とともに要介護者が一人で過ごすことは難しくなり，介護者の中には仕事や趣味活動などをやめようかと悩む人もあります。仕事などをやめると24時間を通して介護に専念できそうに思えますが，その一方で介護者自身の時間をもちにくくもなります。たとえば，夫が妻の介護をする場合「長年苦労をかけたから，きちんと世話をしてやりたい」と，日常の介護に加えて洋服や化粧などにも細やかに気を配る様子が見受けられます。そのような温かい介護により，要介護者も気持ちよく落ち着いて過ごせます。しかし，男性介護者には周囲からの情緒的，情報的な支援が不足しがちであるという指摘もあります。一人で一生懸命に頑張りすぎて介護者自身の健康状態を損なうと，余儀なく他の家族による介護や施設での生活に切り替えざるをえなくなり，急激な環境の変化は周りの状況を理解しにくい認知症高齢者に混乱をもたらします。力を100％出し切るよりできるだけ力を抜いて介護に取り組む方が，介護者自身の健康が保たれます。介護者が心身の状態に余裕をもちながら介護することは，認知症高齢者にとっての心地よいかかわりにつながるのです。

◯社会資源の活用の意義

要介護者の状態に応じた福祉サービスの活用は，介護者にとっても休息の時間となりえます。また，認知症など疾患の特徴を知れば，要介護者の状態が疾患によるものだと思えて，その状態にあわせて対応することができます。さらに，「家族会」のような同じような経験をもつ人同士の場では，介護の大変さを理解してもらうことができ，介護に役立つ具体的な情報を得ることもできるなど，介護者にとっての心強い支えとなるのです。

（奥村由美子）

▷7 髙原昭 2013 介護うつ：認知症介護における介護者支援のための課題——認知症の人と暮らす人の"介護うつ" 老年社会科学，34(4)，516-521.

▷8 湯原悦子 2013 介護うつ：認知症介護における介護者支援のための課題——司法福祉の立場から 老年社会科学，34(4)，525-530.

▷9 小林陽子 2005 痴呆症の妻を介護する高齢男性の介護認識とその影響要因 老年看護学，9(2)，64-75.

▷10 奥村由美子・久世淳子・樋口京子 2007 在宅高齢者の介護に必要な情報への充足感に関連する要因——身体障害度と認知症度の違いによる比較 日本在宅ケア学会誌，11(1)，78-86.

▷11 「社団法人 認知症の人と家族の会」
本部は京都に置かれ，各県に支部がある。このほか，病院などで独自に開催されている家族会もある。
「社団法人 認知症の人と家族の会」の理念
「認知症になったとしても，介護する側になったとしても，人としての尊厳が守られ日々の暮らしが安穏に続けられなければならない。認知症の人と家族の会は，ともに励ましあい助けあって，人として実りある人生を送るとともに，認知症になっても安心して暮らせる社会の実現を希求する。」
http://www.alzheimer.or.jp/ （2016年4月4日閲覧）

XVII 社会⑤介護

 介護される人の心理

認知症のA子さん

　A子さん（75歳）は、ゆったりとした雰囲気をもつ女性です。いつもにこやかな表情で、人とも穏やかに話します。数年前から記憶障害などが目立つようになり、最近では、今聞いたばかりのことも忘れてしまいます。A子さんは、夫が亡くなってからしばらくは一人で暮らしていたのですが、病院で認知症の診断を受けたことをきっかけに、娘さんの家で一緒に暮らすことになりました。

　見知らぬ土地での生活が始まって、本来のにこやかなA子さんとは違った落ち着かない様子が続き、「ここはどこなの？」とか「今から何をするの？」などと娘やその夫にたびたび不安気に尋ねました。娘夫婦はいずれも穏やかな人で、認知症についてもある程度理解できています。A子さんが何かを尋ねるたびに、馴染みのある言葉で答えることを繰り返しました。そのような温かい対応に、A子さんはその都度納得して安心することができました。

2 安心感を高めるかかわり方

　健常な人であれば体験したことの一部を忘れることがありますが、認知症の人には、体験したことそのもの全てを忘れてしまうという特徴があります。また、場所や時間など、自分が過ごしている状況もわからなくなっていくために、毎日とても不安な気持ちで過ごしているのです。

　室伏は、認知症を有する人へのケアの留意事項として、温かく、本人が納得いくように接することが必要であることを示しています。記憶障害などのためによくわからない状況で暮らす認知症高齢者にとっては、一度だけの詳細な説明をしてもらうよりも、わかりやすい言葉で、納得のいくように、たびたび教えてもらえることの方がとても心強い支えになるのです。

3 A子さんの混乱

　いつも娘さんと一緒にいないと不安でたまらなかったA子さんですが、少しずつ新しい生活に慣れて、「ぼけたくない」とか「病気になると娘やお婿さんに迷惑をかけてしまう」と言って、せっせと体操したりしています。娘さんも、A子さんにできそうなことはやってもらうようにしています。それから最近では、デイサービスにも通い始めました。A子さんは最初、どこに行くのかわか

▶1　室伏君士　1985　痴呆老人の理解とケア　金剛出版

▶2　デイサービス
在宅で介護を要する高齢者が、施設に通所して介護を受ける福祉サービス。食事や入浴、排せつなどの介護や日常生活機能の訓練、生活指導などを受けることができる。高齢者の自立や家族の負担軽減を支援する介護保険サービスの一つ。

らず戸惑っていたのですが，デイサービスの職員さんに送迎してもらい，機嫌よく通うようになりました。そんなある日，A子さんがとても混乱した様子で帰ってきました。娘さんはその様子にとても驚いて，職員さんに理由を聞いてみました。デイサービスには，A子さんと同じような認知症の人が多く参加しています。その日は，ある男性参加者がいつもより大きな声を出して動き回っていたそうです。さらに別の部屋では，大きな音量の音楽にあわせてゲームが行われたり，過激な音の流れるテレビ番組も放映されていたようでした。

4 認知症の人が暮らしやすい環境

認知症になると記憶障害が進行していきますが，感情に働きかける出来事は記憶に残りやすいといわれています。たとえば谷向らは，不快な出来事がもたらす影響についてビデオを用いて検討し，認知機能レベルの低い高齢者では，唐突に始まる非日常的なニュース番組よりも，なじみのある時代劇やスポーツ（相撲）の方が番組に入っていきやすいこと，さらに認知症高齢者は，とくに聴覚的な刺激による影響を受けやすいことも指摘しています。この結果から，最近よくテレビで放送される自然災害や交通事故，残虐な事件などのテレビ番組を繰り返し見ることは，とくに重症度の高い認知症高齢者の精神面を不安定にさせる可能性があると指摘し，認知症高齢者が集団で過ごす施設や病院などでは，テレビ番組を吟味する必要があると述べています。

私たちにとって，日常の聞き慣れた生活音や音楽，笑い声などに包まれた環境は心地よいものです。しかし，音がもたらす不快な影響には意外と気づかれないことがあります。認知症高齢者は，不要に騒がしい環境では，困惑したり興奮したりして，すぐには気持ちの落ち着きを取り戻せないこともあるのです。

5 認知症高齢者の思いをくみとろう

私たちは，何らかの思いを抱くと，他者に言葉やその他の手段を使ってその思いを何とか伝えようとします。しかし，認知症高齢者はコミュニケーション能力の低下のために自分の思いをうまく伝えにくくなり，それが，つらさやイライラにつながってしまうことがあります。朝田は，視力が良好で周りの状況がわかるのに会話能力が不良である場合に，攻撃性が生じやすいことを指摘しています。また，介護者が高年齢であるとかその高齢者への介護年数が長い場合には攻撃性が生じにくいことも示しています。認知症高齢者とのかかわりでは，その高齢者の言語的表現だけではなく表情や身振り手振りにも留意しましょう。また，性格や好み，行動パターンを知ることができれば，その人なりのその時々の思いを少しずつでも察することができます。さらに，かかわる際のペースにも配慮することで，その高齢者の安心感を高めることにつながり，自尊心の維持・向上につながるかかわりができるでしょう。　　（奥村由美子）

▶3 谷向知・原田和佳・数井裕光　2001　テレビ番組が与える痴呆性高齢者への影響に関する研究　平成12年度老人保健健康増進等事業による研究報告書（高齢者痴呆介護研究　研修大府センター）pp.16-19.

▶4 認知機能
日常の知的活動に必要な能力で，言語，見当識，注意，思考，言語，計算，視空間能力，判断，推論などの能力が含まれる。

▶5 朝田隆　2000　BPSSDとその対応　小阪憲司（編）精神医学レビュー No.36 痴呆　ライフサイエンス　pp.55-61.

▶6 朝田隆　2002　痴呆の行動異常判定の実際　痴呆の行動異常──痴呆疾患・経過・重症度との相関　老年精神医学雑誌，13(2)，152-156.

XVII 社会⑤介護

 施設で暮らす高齢者

1 施設での生活の始まり

　高齢者の中には，認知症や身体の障害度の進行などから介護を要する度合いが高くなると，施設に入所して心身の状態にあう介護を受ける場合があります。住み慣れた家を離れてよく知らない場所で暮らすことは，何をするにも勝手が違い不安を感じやすいものです。家族とは違う知らない人に囲まれての毎日を，落ち着かない気分で過ごすことにもなるでしょう。とくに，認知症高齢者のように認知機能に低下が起こり，今いる場所や時間など，自分のおかれている状況を理解しにくい高齢者の中には，施設に入所して混乱してしまう人が少なくありません。その混乱は，たいていは施設に入所してすぐに始まることが多いのですが，しばらく時間が経過して現れることもあります。

2 安心感を高める工夫

　施設で暮らし始める高齢者とその家族には，施設の職員さんから，これまで愛用してきたものや馴染みのあるものを持参するように提案されることがあります。親しみのあるものを身に着けたり，使い慣れたものを側に置いておくと，不安感を軽減しやすいといわれているためです。施設での居住スペースに応じて，自宅で使っていた小さめのタンスや壁掛けなどを設置したり，亡くなった配偶者の写真を大切に飾ったりする人もいます。居室を見せてもらうと，高齢者ごとの個性が感じられたりもします。場合によっては，高齢者が落ち着いて過ごせるように，施設の人が家族に宿泊を勧めてくれる場合もあります。

3 「家に帰りたい」と訴え始めたB子さん

○家に帰ろうとするB子さん

　B子さん（女性，72歳）は，認知症を有しています。施設に入所して半年ほど経っているのですが，最近になって，「家に帰りたい」と険しい表情で施設の職員さんに頻繁に訴えるようになりました。このような訴えは，「帰宅願望」と呼ばれています。B子さんは入所以降，比較的静かに，それほど混乱することもなく過ごせていました。息子さん家族とはよい関係で，家族はみなB子さんのことを心配しているのですが，施設から距離の離れたところに居住しており，仕事の都合などもあってたびたび面会に来てもらうことはできません。

▶1 XVII-1 参照。

▶2 平田眞佐子　2013　介護うつ——認知症介護における介護者支援のための課題——家族からの実践報告　老年社会科学，**34**(4)，522-524.

▶3 **帰宅願望**
記憶障害や見当識障害によって，今居る場所が自分の家ではないとか，そこに居る意味を理解していないときに，「家に帰りたい」などという要求を，ときには過剰に訴える。多くの場合には，不安感が高まるなど心理的不安定な状態であることが，その要因であると考えられる。

これまでB子さんは、息子さんたちが来ることを心待ちにして、施設の入り口で立ち続けていることがありました。しかし最近では、職員さんの目が離れているときには、施設から外に出て何とか家に帰ろうとするようなこともあります。認知症高齢者の場合には、建物の中だけではなく、戸外に自分ひとりで出て一目散に歩き続けていることがあります。このような行動は「徘徊」と呼ばれ、一見、無目的な行動のように見られがちです。しかし、その本人にしてみれば、その時々に、本人なりの何らかの理由があるともいわれています。

○家に帰りたい理由

そこで、職員のC子さんは、B子さんに家に帰りたいという理由を尋ねてみました。すると、B子さんは、「大切な夫が亡くなったのに、きちんとおまいりもしていない」と言うのです。じつは、B子さんの夫は、B子さんが施設に入所する随分前、それも若いころに亡くなっていました。B子さんは、夫を見送ったあと、長い間きちんとお墓やお仏壇を守りながら暮らしていたのです。今、お仏壇は息子さんの家に置かれているのですが、B子さんはいつの間にか、自分が夫の最期を見送ってあげられなかったと思い込んでいるようでした。施設で暮らし始めてから不安や寂しさが強まり、夫のことを大切に思い続けていることとも織り交ざって、B子さんをそのような気持ちにさせたのかもしれません。

○毎日のおまいり

そこでC子さんは、B子さんが家に帰りたいと言うたびに、施設内の和室にあるお仏壇の前に連れて行って、一緒に手を合わせて過ごすようにしました。ときにはB子さんから、夫との思い出話を聴かせてもらうこともありました。B子さんは、最初のころは、一日のうちに何度もその部屋に行かないと落ち着かない様子でしたが、徐々に、一日に数回行けば何とか落ち着けるようになりました。B子さんには記憶の障害がありますから、その後も愛する夫が亡くなった時期などはあいまいなままですが、夫のお仏壇にきちんとおまいりできていると安心できたようで、随分と穏やかに過ごせるようになりました。

❹ 暮らしやすい環境を作るために

介護においては、その高齢者の心身の状態とともに、性格や長年の好み、習慣、その時々の思いなどを知ることも、それぞれの高齢者にあう心地よいかかわりをすることに役立ち、施設での暮らしやすさを高められる可能性があります。高齢者に実践されている心理社会的アプローチの一つに、懐かしい思い出をうかがう「回想法」があります。高齢者が自身の懐かしい思い出を振り返ることにより情緒的安定を促すことができ、他の高齢者と話題を共有したり交流を深めたりすることも期待できます。その高齢者にまつわるお話を、その人自身から、ときにはその家族からも聴かせてもらうことができれば、より広い視点から、その高齢者への理解を深められるでしょう。

(奥村由美子)

▷4 徘徊
認知症高齢者の落ち着きなく過剰に歩き続ける状態。実際に徘徊に結びつく理由については次のように4区分が示されているが、認知症の進行とともに次第に無目的あるいは漠然とした徘徊に移行するといわれている。
【誤認パターン】見当識障害が著しいため、今いる場所がわからずあちこち探索することが徘徊につながる。
【願望パターン】会社に出かけたい、買い物がある、貯金をおろしたいといった欲求があっての外出が徘徊につながる。
【無目的情動パターン】とくに目的があるようにはみえず漠然としたものである。廊下を行ったり来たり繰り返している場合などが含まれ、入院患者でよくみかける。
【意識変容パターン】せん妄に伴う幻覚や妄想のため、あるいは夢幻様の意識変容のために歩き回るもので普段とは顔つきが違ってみえる。
須貝佑一 2002 痴呆のすべて 永井書店 pp.178-179.
▷5 XII-4、XII-5 参照。
▷6 奥村由美子 2010 認知症高齢者への回想法に関する研究――その方法と効果 風間書房
▷7 奥村由美子 (印刷中) 回想法 中島健二・天野直二・下濱俊・冨本秀和・三村將(編) 認知症ハンドブック 医学書院

XVII 社会⑤介護

施設で暮らす高齢者への心理的援助

1 施設で暮らす高齢者に起こりうる問題

　高齢者が施設で暮らすことは，大きな環境の変化を伴う出来事です。このような環境の変化にうまく適応できる高齢者もいますが，中には適応できず，心理的な問題を抱えてしまう人もいます。とくに認知症高齢者の場合，自分の思いを言葉で表現することが難しくなっているため，言葉の代わりに様々な行動や症状で表現します。小澤らは，認知症高齢者は「自分がかかえる不自由を一生懸命乗り越えようと努力している」が，「その努力は決して意識的とはいえず，多くは空回りして，かえって不安，混乱，あきらめ，そして絶望を生む」と述べています。認知症のない高齢者においても，施設で暮らし始めた直後にみられていた問題が，時が経つにつれ落ち着いてくるということがよくあります。しかし，もしかしたら問題が落ち着いたのではなく，あきらめたり，絶望してしまっているのかもしれません。高齢者が施設での生活を安心して心地よく過ごせるようにするために，本人の視点に立ってその人を理解し支援することが施設職員には求められます。

2 アセスメント

　施設で暮らす高齢者の問題を理解するためには，問題の原因やその心理的背景について理解する必要があります。このように，問題の分析や評価，対応の方針について検討することをアセスメントといいます。アセスメントの目的は，高齢者について理解するために，様々な背景をもつ職種の職員が共通認識としてもつべき基礎資料を作ることです。問題の原因には，病気や薬の副作用などの「身体的問題」，認知症やうつ病など「精神的問題」，対人関係などの「生活環境上の問題」，性格や生育歴といった「個人的条件」があります。ただ，こうした原因があっても，問題が起こる人もいればそうでない人もいます。多くの場合，これらの原因に不安感や孤独感といった心理的変化が加わることによって問題として表面化すると考えられています。また，アセスメントでは，問題や障害された面にのみに焦点をあてるのではなく，「できること」や「できる可能性のあること」についても目を向けることが大切です。そのためには，様々な視点から本人の情報を収集し，考察することが必要になります。

▷1　小澤勲・土本亜理子　2004　物語としての痴呆ケア　三輪書店

▷2　土田宣明　2010　アセスメントによる高齢者の理解　佐藤眞一・大川一郎・谷口幸一（編著）　老いとこころのケア——老年行動科学入門　ミネルヴァ書房　pp.93-112.

▷3　佐藤眞一　2005　パーソナルケア（施設版）——問題解決型高齢者ケアの方法　明治学院大学心理学部付属研究所紀要，**3**，15-25.

3 カンファレンスの活用

　アセスメントをより深め問題を解決するためには，カンファレンス（事例検討会）を開催することが有効です。カンファレンスで大切なこととして，①仮説検証型であること，②エビデンスを重視すること，③人物像を大事にすること，④専門家（身体面，精神面，心理社会面，実践面）による連携を行うこと，の4点が挙げられています。カンファレンスの進行は問題を明確にすることから始まり，観察データの分析，原因の検討，方針の決定までが様々な意見を交換しながら行われます。施設で暮らす高齢者の問題を理解するためには，表情や断片的な言葉，行動などから，その人の「こころ」を探っていくことが求められます。そこで，カンファレンスには直接施設利用者を介護する職員だけでなく，社会福祉士などの相談員，看護師，作業療法士や理学療法士などのリハビリ職，管理栄養士など，様々な専門知識をもつ職員が参加します。同じ問題について話し合っていても，専門性が違えば気づくことも異なります。カンファレンスを行うことで多角的な視点から「こころ」を探ることが可能になり，問題解決に向けた支援の方針を立てる糸口が摑めます。

4 援助者として求められること

○高齢者と接する上での基本姿勢

　施設で暮らす高齢者を支援するための基本的な姿勢として，竹中は①年長者に対する敬いと名前（姓）を呼ぶこと，②言いたいことの核心がみえるまでは黙って聞くこと，③苦悩や不安をそのまま受容する態度をもつこと，④相手の価値観を知ること，⑤非指示的であり，関係調整に走らないこと，⑥問題点を整理して，苦痛を本人の立場から肯定すること，⑦一般医療についての知識を身につけること，の7つを挙げています。「老い」は多くの年代の者にとって未体験の世界です。そのため，援助にあたっては年長者から学ぶ姿勢が求められます。

○「気づき」を養う

　もう一つ大切なことは，問題の原因や起こる際のパターン，対処法などにその場で「気づく」ことです。気づけなければアセスメントや問題解決に生かすことができないばかりか，不適切な対応をしてしまうことでより問題を悪化させてしまうことすらあります。高齢者が示す様々なメッセージに早い段階で気づくことが，安心した生活を継続させることにつながることが示されています。このような問題に対する「気づき」を養うためには，知識や技術を身につけるだけでは不十分であり，日頃から自分の考えにとらわれることなく様々な状況を想像し，あらゆる可能性に目を向けることができる柔軟な思考や態度をもって高齢者と接することが大切です。

（大庭　輝）

▷4　大川一郎　2011　ACS特別号に寄せて——これからのACSの基本的な方針　高齢者のケアと行動科学，**16**，1-3.

▷5　佐藤眞一　2006　事例発表の方法とポイント　佐藤眞一（編）すぐに役立つ事例のまとめ方と発表のポイント　中央法規出版　pp.23-60.

▷6　加藤伸司　2009　認知症の人の心理的特徴　日本認知症ケア学会（編）認知症ケア標準テキスト改訂・認知症ケアの基礎　ワールドプランニング　pp.43-58.

▷7　竹中星郎　1999　老人臨床における支持　こころの科学，**83**，54-58.

▷8　松沼記代　2010　施設における援助とケア　山口晴保（編）認知症の正しい理解と包括的医療・ケアのポイント第2版——快一徹！脳活性化リハビリテーションで進行を防ごう　協同医書出版社　pp.120-127.

▷9　伊東美緒・宮本真巳・髙橋龍太郎　2011　不同意メッセージへの気づき——介護職員とのかかわりの中で出現する認知症の行動・心理症状の回避にむけたケア　老年看護学，**15**(1)，5-12.

XVII　社会⑤介護

施設職員の心理的負担と援助

1 施設職員の現状

▷1　XVII-1 参照。

　認知症の高齢者数が約462万人と報告されたわが国において，介護を担う人材はますます必要になってきています。しかし，介護施設職員を対象に行った調査では，労働条件に関する悩みや不満について「人手が足りない」という理由がもっとも多く挙げられており，人材不足が深刻化しています。また，賃金も全産業に比べると低く，夜勤など長時間の労働になることもあり，労働条件が恵まれているとはいえません。そのため，7割以上の施設職員は3年以内に離職することが示されています。施設職員を取り巻く環境は非常に厳しいのが現状ですが，このような中でも働きがいのある仕事だからと魅力を感じて希望する職員も少なくありません。

▷2　介護労働安定センター　2015　平成26年度介護労働実態調査
http://www.kaigo-center.or.jp/report/pdf/h26_chousa_kekka.pdf（2016年2月4日閲覧）

2 介護の仕事と感情労働

　施設職員は対人援助職であり，利用者の食事や排泄，車椅子やベッドからの移乗といった身体的ケアだけでなく，こころのケアといった広範な援助を提供することが求められます。介護の仕事は人と人とのかかわりによって成り立ちます。よりよい介護をするためには，職員と利用者との間に信頼関係が築かれなくてはなりません。信頼関係を築くために，施設の職員と利用者の間には多くの感情のやりとりがなされます。そのため，介護の仕事は「感情労働」とも呼ばれます。感情労働とは，ホックシールド（Hochschild, A. R.）が提唱した概念で，「自分の感情を誘発したり抑制したりしながら，相手の中に適切な精神状態を作り出すために，自分の外見を維持すること」と定義されます。

▷3　田中かず子　2008　感情労働としてのケアワーク　上野千鶴子・大熊由紀子・大沢真理・神野直彦・副田義也（編）　ケア　その思想と実践2　ケアすること　岩波書店　pp.97-119.

▷4　ホックシールド, A. R.　石川准・室伏亜希（訳）　2000　管理される心——感情が商品になるとき　世界思想社

　たとえば，帰宅願望があり頻回に家に帰ろうと施設の外へ出ようとする利用者がいたとします。このとき，職員は外へ出ようとするたびに利用者のもとへ駆けつけ，訴えを聞き，安心させるでしょう。しかし，こうしたことを繰り返すうちに，職員の中にも疲れやいらだちといった怒りの気持ちがわいてくることがあります。それでも，利用者と接するときには自分の気持ちを抑えて，笑顔で接さなくてはなりません。自分の感情をうまくコントロールすることは，利用者との信頼関係を築くためには大切であり，対人援助職として必須のスキルであるといえます。ただ，感情労働としての負担が大きくなることは職員にとって大きなストレスとなるため，最悪の場合には利用者に対する虐待につな

がってしまうこともあります。

3 施設職員の心理的負担への援助

○コミュニケーションの見直し

　職員の利用者に対する否定的な感情は，コミュニケーションによる相互作用によって起こります。コミュニケーションには「情報の伝達」と「人と人の共同世界の構築」という2つの役割があります。施設で暮らす高齢者の中には，職員の声かけに対して拒否的な振る舞いを見せる人がいます。これらの高齢者の多くは，発話や言葉の理解力，聴覚機能や判断力など，様々な機能が低下しています。そのため，拒否的な振る舞いの原因として，声かけの内容が理解できないことや，自分の気持ちをうまく表現できないことにより職員とのコミュニケーションにずれが生じてしまっていることが考えられます。自分自身のコミュニケーションの癖を把握し，高齢者の機能に応じたコミュニケーションができているかを見直すことが，心理的負担の軽減に役立ちます。

○ストレスへの対処

　利用者に対する否定的な感情のようなストレスに対処することをストレスコーピングといいます。ストレスコーピングは問題焦点型コーピングと情動焦点型コーピングの2種類があります。問題焦点型コーピングは，ストレスを感じた状況において生じている問題を解決することでストレスを減少させる対処法です。一方，情動焦点型コーピングはストレスを感じた状況で喚起された不快な情動を鎮め，調節する対処法です。とくに，問題焦点型のコーピングは精神的な健康度の高さと関連することが示されているため，ストレスの原因を把握し，積極的に問題解決を図ることができるように支援することが重要といえるでしょう。

○ピア・サポートとスーパービジョン

　施設職員が「仕事上の悩みや問題に対して誰かに援助してほしい」と思ったとき，相談相手としてもっとも多くあげられたのは同僚や上司など，同じ仕事をしている職員であったことが示されています。このような，同じ立場の者同士によるサポートをピア・サポートといいます。ピア・サポートでは，安心感をもってお互いの気持ちを自由に語りあうことができるため，仕事に対する活力を得たり，同僚や施設利用者との信頼関係を築くことに役立ちます。しかし，同じ立場同士での支えあいには限界もあります。その場合には，スーパービジョンを受けることが有効です。スーパービジョンは対人援助の専門職に対する指導担当者からの指導や助言を意味し，指導する側をスーパーバイザー，指導を受ける側をスーパーバイジーと呼びます。スーパービジョンでは，問題を抱える職員の苦しみを和らげ軽くすることだけでなく，対人援助職としての成長を支えることが目的になります。

（大庭　輝）

▶5　野村豊子　2007　コミュニケーションスキル　認知症ケア標準テキスト改訂・認知症ケアの実際Ⅰ：総論　ワールドプランニング　pp.21-43.

▶6　XII-2 参照。

▶7　加藤司　2006　対人ストレスに対するコーピング　谷口弘一・福岡欣治（編）対人関係と適応の心理学――ストレス対処の理論と実践　北大路書房　pp.19-38.

▶8　加藤司　2005　ストレスフルな状況に対するコーピングと精神的健康　東洋大学社会学部紀要，43(1)，5-21.

▶9　上野徳美・山本義史　2011　心理学・心理学専門家は対人援助職にどのような支援が可能か　大分大学高等教育開発センター紀要，3，47-60.

▶10　林裕栄　2009　精神障害者を援助する訪問看護師の抱える困難　日本看護研究会雑誌，32(2)，23-34.

▶11　照井孫久　支援者を育てる（スーパービジョン）――パラレルな関係の中で生じるダイナミックス　日本老年行動科学会（監修）高齢者のこころとからだ事典　中央法規出版　pp.484-485.

▶12　村田久行　2013　「認知症ケア」の職場内訓練（OJT）としての支持的スーパービジョン　認知症ケア事例ジャーナル，6(1)，63-71.

XVIII 社会⑥現代的問題

敬老精神の変化

1 敬老精神——古代から現在まで

　古代から現代に至る西欧および我が国の老年観の変遷を検討した橘覚勝によれば，西欧においては，高齢者に対して絶大な敬意の念を示した古代ヘブライ人を別にすると，古代ギリシアや古代ローマでは，青年優位の思想によって高齢者を重荷と感じるような否定的老年観が中心だったといいます。

　中世になると老化過程は病理現象として捉えられるようになり，近・現代に至るまでの間に養老・保護の対象としての老年観が発展してきました。しかし，その根底に否定的な老年観の潜んでいたことは否めません。

　我が国の場合には，古代においては「翁（おきな）」「媼（おうな）」の概念に認められるように，高齢者は畏敬・畏怖の対象でした。したがって，尊敬の対象ではあったものの，もう一方では，姥捨のような殺老・棄老の伝説も生まれたのでしょう。

　青春謳歌の時代だった中世の貴族社会においては，高齢者は「すさまじきもの」（枕草子）でしたが，その後は「命長ければ恥多し」（徒然草）と老いを否定するだけでなく同情の対象ともなり，次いで能楽にみられるような長老尊重の思想が，やがて高齢者の内面的な「幽玄性」に対する尊敬の念へと向かうことになります。そして，近世，徳川時代の儒教的啓蒙が，敬老精神を社会的に一般化するための大きな役割を果たすことになるのです。

　明治期以降，第二次世界大戦後に至るまで，儒教精神に支えられた敬老思想は，少なくとも表面的には日本人の老年観でした。しかし，戦後の科学技術の発展，高度経済成長に伴う産業化，および旧来の家族制度の否定による核家族化の中で，副田義也の指摘したごとく，敬老思想はタテマエとなり，経済的生産性を失った高齢者に対する否定的イメージがホンネと意識されるようになったのです（表18.1.1）。

2 敬老精神の変化と現代の老い

○失われた敬老精神

　「現代人にとって，高齢者に対する新たな関心が高まっている」と指摘したのは，古代からルネサンスまでの西洋の老いの歴史を詳細に検討したジョルジュ・ミノワ（Georges Minois）の言葉でした。古代までさかのぼって検討して

▷1　橘覚勝　1971　老年学　誠信書房

▷2　儒教的啓蒙
孔子の教えを体系化した儒教においては，長幼の序が重視される。我が国には5世紀ごろには伝来していたといわれているが，江戸時代には僧侶の学ぶたしなみとしての儒教から学問としての儒教への変化が起きた。朱子学や陽明学による啓蒙を通じて，儒教は実践的倫理思想として武家層を中心に定着し，明治期以降は教育勅語に取り入れられるなどとして，大衆の道徳観として一般化していった。

▷3　副田義也　1978　主体的な老年像を求めて　副田義也（編集・解説）現代のエスプリ，126　老年——性愛・労働・学習　至文堂　pp.5-24.

▷4　ミノワ, G.　大野朗子・菅原恵美子（訳）1996　老いの歴史——古代からルネサンスまで　筑摩書房

表18.1.1 戦後の日本人の老年観の構造的変化

	タテマエ	ホンネ
客体としての高齢者についての意識	敬老思想	高齢者への蔑視意識 高齢者への無関心
主体としての高齢者についての意識	枯れた高齢者 賢者としての高齢者	子どもに帰った高齢者 愚者としての高齢者

出所：副田，1978

も，人類史上において，かつて高齢者がこれほど問題になったこともないし，人々がこれほど高齢者に関心を寄せたこともないからです。

タテマエであったとしても言葉として成立していた我が国の敬老精神は，儒教精神の衰退と時を同じくして起きた高齢者人口の著しい増加によって，もはやそれさえも失われてしまったように感じられます。年金制度や健康保険制度の維持を困難にする存在としての高齢者への否定的な態度と，保護し養護すべき社会的存在としての高齢者への肯定的態度とが，政策レベルでもまた個人レベルでも葛藤状態に陥っている我が国の現状においては，少なくとも韓国社会に今もみられる純粋で絶対的な敬老精神は失われているとみるべきでしょう。

また，かつて過去の経験は貴重な情報として，高齢者を通じて社会に還元されていました。つまり，困難な問題を解決する知恵を授けてくれる賢者としての高齢者という老年観が，敬老意識と結びついていたのです。しかし，現在のグローバル化した複雑な情報社会にあっては，過去の経験は価値のない古びた情報とみなされて重要視されないばかりか，高齢者はデジタル・デバイドと呼ばれる情報格差における弱者とされ，ここでもICT（情報通信技術）から取り残された保護すべき存在とみなされています。

▶5 XVIII-2 参照。

○主体的な老年観の創出

しかし一方で，現代社会は，老いはすべての人々が我が身に起きる事実として意識せざるをえない時代でもあります。高齢者は現実的な社会経済的問題の源泉として意識されるとともに，長寿の大衆化によって，すべての人々にとって老いは，自分自身の生活，さらには人生そのものにおいて解決すべき様々な問題群を内包する重要な課題となりました。高齢者をタテマエとして敬うのではなく，科学的知識として「老い」を知り，福祉や医療ばかりではなく，自らが「老いを生きる」ことの意味を問うということが，超高齢時代を生きる私たちにとって必要になってきているのです。そして，こうした問いについて考えることによって，敬老精神に代表されるような従来の若年者からみた対象としての老年観ではなく，自分自身の人生を捉えるための主体的な老年観が，新たに創出されるべき時代なのです。

（佐藤眞一）

XVIII 社会⑥現代的問題

2 情報社会と高齢者

① 情報社会とデジタル・デバイド問題

現在,様々な家電製品・情報機器（Information Technology：IT 機器）が普及しています。こうした機器の利用は,私たちの生活を豊かで便利なものにしてくれています。日々の製品性能の向上や進歩は,今後も私たちの生活の質（Quality of Life：QOL）の向上や幸福感の上昇に貢献してくれるものと期待されています。

しかし,その一方で,IT 機器の著しい進歩から取り残され,その恩恵を享受できない人たちの存在も問題になっています。この問題は,デジタル・デバイド（Digital divide）問題（情報技術によって社会的・経済的格差が拡大・固定化する問題）と呼ばれています。

デジタル・デバイド問題が顕在化する中で,高齢者は,そうした機器の恩恵を受けられない代表的な集団と考えられています。皆さんも銀行の ATM や駅の券売機の前で戸惑っている高齢者を目にしたことがあるのではないでしょうか。わが国も含め,IT 技術の進歩が著しい先進諸国の多くは,同時に非常に高齢化の進んだ国でもあります。そうした状況の中で,高齢者におけるデジタル・デバイド問題は今後ますます深刻化するのではないかと危惧されています。

② 高齢者はどのくらい IT 機器を利用しているか

それでは,実際に高齢者はどのくらい IT 機器を利用しているのでしょうか。総務省の通信利用動向調査の結果をみてみると,[1]パソコンは60歳台以上では利用率が落ちています。モバイル端末では,携帯電話は若者より50歳台以上で利用率が高く,スマートフォン・タブレットは逆に高い年齢層で低くなっています。

また,2005年に東京都老人総合研究所（現：東京都健康長寿医療センター研究所）が行った調査では,65〜89歳までの高齢者を対象に,パソコンや携帯電話以外に,テレビや洗濯機などの「家電製品」,ビデオやファックス,ATM などの「準家電製品」（携帯電話を含む）,デジカメやデジタルテレビなどの「IT・デジタル機器」（パソコンを含む）について,利用率やどのくらい機能を使いこなしているかが調べられました。[2]その結果,性別や年齢によって利用率が異なっていることがわかりました。男女差については,家電では女性の利用頻度

▶1 総務省 2015 平成26年通信利用動向調査 http://www.soumu.go.jp/johotsusintokei/statistics/statistics05a.html

▶2 小川まどか・稲垣宏樹・権藤恭之 2006 高齢者における IT・電気機器の利用実態と特徴 電子情報通信学会技術研究報告,**106**(144), 71-76.

が高いのですが，準家電やIT機器では男性の方が頻度が高いことがわかりました。また年齢差については，家電では80歳以上になると利用頻度が低くなっていました。準家電では男性では75歳を境に利用頻度が低くなり，女性では直線的に低くなっていました。IT機器では全体に利用頻度が低いのですが，とくに70歳台以上の年代ではかなり低くなっていました。

2010年に同じ対象者で，一部の機器の利用率を追跡した結果をみると，携帯電話が約20％（35.3％→54.9％），ATMが約15％（61.6％→78.8％）増加していたのに対し，パソコン（ワープロを含む）は約1％（20.2％→21.1％）増えたにすぎませんでした。ただし，IT機器の利用率は年齢によって大きく違っています。現在の60歳台が70歳，80歳台になったときには，IT機器の利用率は非常に高くなっていることが予想できます。利用率の変化を検討するには，そうしたコホートの影響を考慮する必要があります。

3 高齢者のIT機器利用に影響する要因

IT機器利用に影響する要因として，まずは，先述したように，性別および年齢を挙げることができます。また，コホートの影響が考えられます。これは機器の普及したころに利用者が何歳であったかが大きく影響している可能性が考えられます。たとえば，パソコンが普及した1990年代後半，現在の60歳台の方は40～50歳台であり，高齢期に入る前に仕事等で利用を開始していたと考えられます。しかし，70歳台以上の方は，このころすでに高齢期にあり，利用を開始する機会も少なく，また新しい機械の使用法を身につけるのも困難であっただろうと考えられます。このように，年齢と時代背景が切り離せない一つの要因（コホート）として利用に影響を与えています。

また，先の東京都老人総合研究所の調査では，認知機能や高次生活機能（Instrumental Activities of Daily Living：IADL）との関連や，性格やストレス対処法との関連が指摘されています。認知機能やIADLとの関連については，IT機器利用者は記憶課題や注意課題で成績がよく，IADLも高いことが示されました。またIT機器利用者は，超高齢期（85歳以上）にあっても前期高齢者（65～74歳）・後期高齢者（75～84歳）と同程度のIADLであったと報告されています。

性格では，好奇心が強く新しい価値を受け入れやすい（「開放性」が高い）性格の人や，ストレスに対し感情的に対応せず，問題に直接向き合い合理的解決を模索する人は，利用する機器の種類が多く，利用頻度も高くなっていました。この結果は，「高齢者だから新しい機器は使えない」とか，「デジタル・デバイドの犠牲者だ」とか，年齢で一括りにすることはできないことを示しています。高齢者とIT機器の問題を考える際には，個人個人の心身機能の状態や性格，行動様式，さらにはその高齢者の生きた時代背景などをよく考慮する必要があるといえます。

（稲垣宏樹）

▷3 稲垣宏樹・増井幸恵・小川まどか・権藤恭之・岩佐一・河合千恵子 2011 地域在住高齢者を対象とした心身の健康状態に関する追跡調査――「中年からの老化予防」長期縦断研究心理学的調査の結果から 老年社会科学，33(2)，238，および学会発表資料より

▷4 稲垣宏樹・増井幸恵・権藤恭之・小川まどか 2011 高齢者のIT機器利用に及ぼす心理的特性の影響(1)――認知機能および生活機能との関連の検討 日本発達心理学会第22回大会発表論文集，607．

▷5 X-2 参照。

▷6 小川まどか・稲垣宏樹・権藤恭之 2006 高齢者におけるIT・電気機器の利用実態と特徴 発表資料より

XVIII 社会⑥現代的問題

健康維持と心理的介入

1 老年期の健康維持

○健康の定義

　生涯にわたり健康で自立した状態を保つことは、高齢化の進む現代に生きる人々の大きな関心事の一つです。自立については、日本の高齢者の多くは介助を必要としない生活を送っているといえます。2013（平成25）年の厚生労働省の統計によると、要介護（要支援）の認定を受けた人の割合は65歳以上人口のうちの2割に満たない割合です。一方、健康であるかについては、その概念が多岐にわたることから一概に統計では現すことができません。世界保健機関（World Health Organization：WHO）は、WHO憲章の中で健康を「たんに疾病がないということだけではなく、身体的（physical）・心理的（mental）・社会的（social）に、すべてが満たされた状態にあること」と定義しました。そして1998年にはその定義に精神性（spiritual）を加える提案がなされました。精神性は人間の尊厳や生活の質（Quality of Life：QOL）を考える上での中核をなす、いわば人生の意味、生きる目的や生きがいに近い言葉として用いられます。人が90年以上に及ぶ長寿を全うできるようになった今、たんに身体的に良好な状態であることだけでなく、個々人が望む生き方を実現し幸福を追求することが、健康を考える上で重要な要素であると認識されています。

○健康と生きる目的への意識

　生きる目的には目的の発見、選択、追求などの諸様相があり、そのそれぞれと健康の心理的・精神的側面である主観的ウェルビーイング（subjective well-being）との関連が明らかです。生きる目的を強く意識する人は、たとえ脳の病理的変化があったとしても、認知機能の低下の進行が緩やかであることが示されています。施設入所の認知症の高齢者を対象にした調査からは、何を食べるか等を可能な限り自分で選択している高齢者は、そうでない人に比べて寿命が長いことが示されました。この研究は、環境が整えば人は目的を意識した主体的な生活を送ることができ、そのことが健康に影響することを示しています。たとえば、歩行が困難で外出が難しくなっても「買い物は自分で見て選びたい」という目的への意志をもっていれば、買い物同行介助のサービスの利用などの環境調整を講じる行動が促され、「買い物に自分で行く」という目的が実現されます。その結果として個人の健康の精神的側面は満たされますし、

▷1 Austin, J. T., & Vancouver, J. B. 1996 Goal constructs in personality: Structure, process and content. *Psychological Bulletin*, **120**(3), 338-375.

▷2 Boyle, P. A., Buchman, A. S. et. al., 2012 Effect of purpose in life on the relation between Alzheimer disease pathologic changes on cognitive function in advanced age. *Archives of General Psychiatry*, **69**(5), 499-505.

▷3 Langer, E. J., & Rodin, J. 1976 The effect of choice and enhanced personal responsibility for the aged: A field experiment in an institutional setting. *Journal of Personality and Social Psychology*, **34**(2), 191-198.

サービスを得ることによる社会的なつながりも増すため，包括的には健康の諸要因が目的を媒介として高められることになります。

我が国の介護保険法第4条に，介護予防のための健康の保持増進と生活機能の維持向上への国民の努力と義務がうたわれています。しかし，介護予防の対象者の中にはすでに心身機能が低下し，改善への意欲も失っている人もいます。そのため，介護予防にかかわる支援者に対しては，対象者の生活機能の向上への意欲を自律の尊重により促し，介護サービスを利用する目的，すなわち介護サービスを利用して実現される生活への具体的な意識づけをすることが重要だとされています。

❷ 健康維持のための心理的介入

高齢期の健康維持のための介入の段階は，すべての人を対象とした健康状態の維持向上および，健康問題の発生を予防する第1段階，問題の兆候を示している人やリスクの高い人を対象として将来の問題の発生率を減少させる第2段階，すでに問題が認められる人を対象に症状を軽減させ再発を予防する第3段階に分類することができます▷4。心理的・精神的側面からは，うつ病や認知症などの心理的問題の予防のために，第1段階と第2段階での介入が多く行われています。その中でもとくに健康維持に注目した介入法として，認知トレーニングや認知行動療法に基づく心理教育などが用いられています。

認知トレーニングは，簡単な音読や計算を中心とした学習を学習者と支援者とのやり取りを通して行う介入法です。認知トレーニングの認知機能の維持や改善の効果は，健康高齢者だけでなく認知症，軽度認知障害（mild cognitive impairment：MCI）の高齢者にも示されています▷5。

不合理な考え方の修正とともに気分と行動の変容を促す認知行動療法は，幅広い年代の人に適用される心理的介入法です。高齢期には，老いへの否定的なステレオタイプがこころの問題の背景要因になりがちです。また，身体機能の低下から自らの能力を否定的に捉えて社会活動を制限したり，将来を悲観して気分が落ち込むなど，加齢変化への誤った反応が行動面や社会的側面に影響を及ぼすこともあります。こうした不適応な認知の修正を通してセルフ・マネジメント能力を高める上でも，認知行動療法が有効に役立てられます▷6。

ポジティヴ心理学の立場からの介入例として，人生目的追求のプログラムによる，うつ・自殺予防の取り組みがあります▷7▷8。ポジティヴ心理学は，こころの健康な部分を活かして人生を充実させることに目を向けて研究や実践を行う心理学の一領域です。この立場からの介入では，変化していく機能や個人を取り巻く環境と折り合いをつけながら，個人に潜在する強みや社会的資源を活用して，個別に望む方向に状況を変えていくことに注目した支援が行われます。

（日下菜穂子）

▷4 Caplan, G. 1964 *Principles of preventive psychiatry*. Basic Books.

▷5 松田修 2013 認知トレーニングのエビデンス（特集 老年精神医学領域におけるエビデンスを再考する，エビデンスに基づく非薬物療法）老年精神医学雑誌，24(5), 486-491.

▷6 Laidlaw, K., Thompson, L. W., & Gallagher-Thompson, D. 2004 Comprehensive conceptualization of cognitive behaviour therapy for late life depression. *Behavioural and Cognitive Psychotherapy*, 32(4), 389-399.

▷7 Dubé, M., Lapierre, S., Bouffard, L., & Alain, M. 2007 Addressing suicidal ideations through the realization of meaningful personal goals. *Crisis: The Journal of Crisis Intervention and Suicide Prevention*, 28(1), 16-25.

▷8 日下菜穂子 2011 ワンダフル・エイジング——人生後半を豊かに生きるポジティブ心理学 ナカニシヤ出版

XVIII 社会⑥現代的問題

事故と高齢者

▷1 厚生労働省大臣官房統計情報部 平成21年度「不慮の事故死亡統計」の概況 http://www.mhlw.go.jp/toukei/saikin/hw/jinkou/tokusyu/furyo10/（2016年4月4日閲覧）

▷2 厚生労働省大臣官房統計情報部　前掲資料

▷3 嚥下能力，誤嚥
食物や水分を飲み込むことを嚥下というが，高齢期には脳血管障害の後遺症として嚥下障害の生じることが多い。また，歯が抜けてしまうことや口腔内の乾燥によって嚥下機能が阻害されることもある。延髄の嚥下中枢に障害があると嚥下反射が生じないため，口腔よりの食物摂取ができなくなるので，経管栄養を余儀なくされる。一般に，高齢期には嚥下機能が低下するため，餅を喉に詰まらせるなどの事故が起きやすく，また，嚥下反射の低下から，気管に食物や唾液が入って

1 不慮の事故による死亡は高齢になるほど多い

　全国統計データ（図18.4.1）によると，不慮の事故による死亡率は70歳台以降に急激に増加し，女性よりも男性に多いことがわかります。死亡につながる不慮の事故の種類として多いのは，交通事故，転倒・転落，溺死，窒息，火災，中毒の6種類ですが，中毒が20歳台〜40歳台で75歳以上と同じくらいの発生率である以外は，他の5種類の死亡事故はすべて高齢期が圧倒的に多いことが明らかになっています。とくに75歳以上の後期高齢期になると事故死は急激に増加します。

　6種類の事故死の中でも，幼児期以外は交通事故死が多くを占めていますが，成人期以降は転倒・転落，溺死，窒息による死亡の割合が徐々に増加します。溺死は80歳以上で減少しますが，転倒・転落と窒息は増え続けます。これらは死亡データですから，死亡に至らなかった事故はこの数倍にも上るものと予想できます。

　転倒・転落は，高齢期では両足の筋力低下を主な原因として発生し，大腿骨骨折などにより寝たきり状態の原因の多くを占めてもいます。窒息は，加齢に伴う嚥下能力の低下によるものですが，高齢期には誤嚥により肺に食物や唾液が入ることによる肺炎によって死亡する例も非常に多いといわれています。これらは，いずれも加齢による身体機能の低下が事故につながっています。

2 五感の機能低下が事故を起こす

　溺死は入浴中に起きることが多く，高齢期は湯温の高い，いわゆる「熱い風呂」に入ることで最初急激に高くなった血圧が，身体が温まることで今度は急速に下がってしまって意識を失い，そのまま湯に浸かり続けることで熱中症を起こして死に至ると考えられています。熱中症を起こす前に脳卒中や立ちくらみからの転倒によって死に至ることもあります。こうした温度の

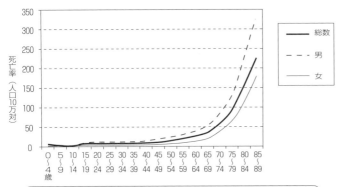

図18.4.1　不慮の事故による死亡率の年齢差と性差（2008年）

出所：厚生労働省大臣官房統計情報部「平成21年度『不慮の事故死亡統計』の概況」

急激な上昇と下降に伴う事故は、近年、「ヒートショック現象」による事故といわれるようになりました。

入浴中の熱中症は、血圧と心拍の急激な変化に対する脆弱化とともに、風呂の熱さに鈍感になってしまう皮膚感覚の老化にも関連しています。高齢期には、視覚、聴覚、味覚、嗅覚、皮膚感覚の五感が顕著に老化します。中毒は味覚や嗅覚の低下に関連がありますし、聴覚の衰えによって危険を知らせる音声信号を無視することが事故につながります。視覚機能の低下についても、たとえば、白内障の進行によりガス台の青い炎が見えにくくなることが原因で、調理中に服の袖に着火して火傷を負ってしまうことは、高齢者に特徴的な事故といえるでしょう。

3 高齢者は交通弱者か

図18.4.2は、スウェーデン、イギリス、フランス、ドイツ、アメリカおよび日本という代表的先進諸国の高齢化率と、交通事故死者のうち高齢者の占める割合を比較したものです。高齢化率が20％前後とやや高いスウェーデンとドイツでは交通事故死者の割合の方が高齢化率よりも10％ほど高くなっているものの、イギリス、フランス、アメリカでは高齢化率よりも若干高いくらいの水準です。つまり、他の世代と比べても、高齢者は必ずしも交通弱者とはいえない状況にあります。しかし、我が国の高齢者の交通事故死者割合は他国と比べて圧倒的に高く、高齢化率の2倍以上なのです。このことは何を意味しているのでしょうか。

運転者による歩行者への配慮の違いを含む様々な理由が考えられますが、交通事故を引き起こしやすい交通環境もその一因と考えられます。たとえば、ヨーロッパの古い都市では住宅地の道路は石畳であることが多いため、自動車はスピードを上げてしまうと運転さえままなりません。住宅地では交通事故死は起こりようがないのです。また、住宅地を取り囲むバイパス道路の横断には、歩行者は非常に慎重になります。道路におけるこうしたメリハリの工夫が、交通事故を起こりにくくしていると思われます。しかし、スウェーデンやドイツのように高齢化率が高くなってきている国では、高齢者の交通事故死の割合も高くなってきていることが気になります。

（佐藤眞一）

しまういわゆる誤嚥が起きて、肺炎から死に至ることも多い。

▶4 熱中症
人間は自律神経によって体温を一定に保つようにコントロールされているが、身体が適応できないほどの高温多湿環境に置かれた場合に起きる症状を熱中症という。体温上昇、脱水、意識障害などを引き起こす。熱射病はもっとも重度な熱中症である。入浴中の熱中症による溺死は、真夏の炎天下に長時間さらされることで起きる熱射病と同様に意識障害が生じるほど高度の熱中症といえる。

▶5 高齢化率
全人口に占める65歳以上高齢者の割合。高齢化割合ともいう。Ⅱ-2 も参照。

▶6 高齢者交通事故死者割合
全交通事故死者のうち65歳以上高齢者の占める割合。

▶7 内閣府　平成27年版交通安全白書　http://www8.cao.go.jp/koutu/taisaku/index-t.html (2016年4月4日閲覧)

▶8 佐藤眞一　2010　応用老年行動学の意義と目的　応用老年学, 4(1), 4-12.

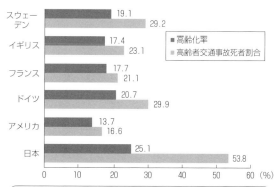

図18.4.2　高齢化率と交通事故死者における高齢者の割合(2013年)

出所：内閣府「平成27年版交通安全白書」

XVIII 社会⑥現代的問題

超高齢期

 超高齢期とは

　高齢期は，幼児期や中年期などの他の年代と異なり，年齢の上限はありません。したがって，日本では65歳の人から100歳を超えた人まで，ひとまとめに「高齢者」といわれています。しかし，単純に高齢期といっても下は65歳から上は100歳以上まで，35年以上の開きがあります。35年といえば，たとえば，赤ちゃんが生まれて，成長して，結婚して，子供を産むくらいの期間です。当然のことながら，70歳前後の「若い」高齢者と100歳前後の「大変年をとった」高齢者では，体の状態も違えば日常の生活状況もたいへん異なっています。そこで，高齢者心理学は高齢期をいくつかに分けて考えることが一般的です。これまでは，前期高齢者（young-old：65～74歳）と後期高齢者（old-old：75歳以上）という区分がありましたが，最近では先進諸国でみられる平均寿命の伸びを勘案して，前期高齢者（young-old：65～74歳），後期高齢者（old-old：75～79歳もしくは84歳），超高齢者（oldest-old：80歳もしくは85歳以上）という3つの区分を設けるようになってきています。

2　日本における超高齢者人口の増加とそれに伴う問題

　超高齢者層の人口は，高齢化の著しい日本においても一番増加が目立つ年齢となっています。図18.5.1は，1990年における日本の総人口および高齢期各年齢層の人口を1としたときの5年ごとの人口の増加率を示しています。グラフをみると，総人口がほとんど増加していないにもかかわらず，65歳以上のどの年齢層でも人口が増加しています。また，前期高齢者の増加率は，2015年では2.0倍であったのに比べて，後期高齢者では2.3倍，超高齢者では4.5倍と，年齢が高いほど人口の増加が大きいことがわかります。

　超高齢者層の人口増加がもたらすものとして，まず頭に浮かぶのが，要介護高齢者や認知症高齢者の増加でしょう。厚生労働省の平成22年度介護給付費実態調査の報告では，2014（平成26）年に要介護認定を受け，給付費を受けた者の年齢別人口に占める割合は，前期高齢者（65～74歳）では3.4％，後期高齢者（75～84歳）では16.3％であるのに対し，超高齢者（85歳以上）では51.9％と格段に高くなっています。認知症の有病率は調査によって違いがありますが，65～70歳の有病率が約3％であるのに対して，85歳以上では約30％以上になる

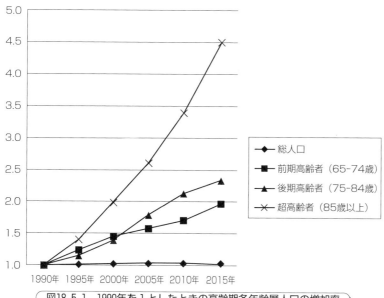

図18.5.1 1990年を1としたときの高齢期各年齢層人口の増加率

出所：総務省統計局「人口推計」を用いて作成

と推定されています[1]。このような超高齢期の機能低下は複数の機能にまたがって生じることが特徴であり，視覚，聴覚，筋力，日常的な活動能力，複数の疾患罹患，認知機能のうち，80％の超高齢者に同時に3つから6つの領域での低下があったという報告もあります[2]。

　機能的側面のみならず，後期・超高齢期には社会的問題も生じやすい可能性があります。2010（平成22）年の国勢調査のデータによれば，独居者の割合は75～84歳の場合男性10.5％，女性25.1％となっています。65～74歳の前期高齢者では男性11.4％，女性17.3％であるので，後期高齢期以降では女性独居者の割合が増加することがわかります。

　独居にかかわる近年注目されている社会的問題として孤独死があります。東京都監察医務院が，孤独死を「独居者が自宅で死亡し，かつ最初から病死であることが判明していない」ケースと定義し，東京23区内における孤独死の実態を報告した資料があります[3]。孤独死をした方の人数がもっとも多かった年齢階級は，2014（平成26）年男性では65～69歳（512人）でしたが，女性では85歳以上（341人）でした。女性においては超高齢期の孤独死のリスクが大きいことが考えられます。独居であることは必ずしもソーシャルネットワークの全体的な縮小化やソーシャルサポートの低下に結びつくわけではありませんが[4]，超高齢期の身体面，社会面でのリスクを十分考慮した超高齢者の心理の理解が必要となるでしょう[5]。

（増井幸恵）

▶1　権藤恭之・稲垣宏樹・広瀬信義　2004　百寿者の認知機能　日本臨床，62(4)，234-239

▶2　Baltes, P. B., & Smith, J. 2003 New frontiers in the future of aging: From successful aging of the young old to the dilemmas of the fourth age. Gerontology, 49(2), 123-135.

▶3　金涌佳雅・谷藤隆信・阿部伸幸・野崎一郎・青柳美輪子・落合恵理子・森晋二郎・舟山眞人・福永龍繁　2011　東京都23区における孤独死統計（平成15～19年）東京都監察医務院（編）世帯分類別異状死統計調査

▶4　XIV-1　参照。

▶5　XV-1，XV-2　参照。

XVIII 社会⑥現代的問題

フレイル（虚弱）と精神的適応

① 高齢期においてフレイル（虚弱：Frailty）になると心理状態も悪くなるのか

　高齢者心理学を学ぶ上で重要なことの一つに，高齢者のこころを理解するためには，高齢者が置かれている社会・経済的な状況と同じくらい，彼らの身体的な状態を把握することが重要であるという点があります。身体機能や体力がどのような状態にあるか，日常の活動が問題なくできるか，視覚や聴覚に問題はないか，病気があるかないか，体の中で痛いところがあるのかないのか，口腔や消化器官に問題がなく美味しく食事が摂れるか……様々な身体的な要因が心理状態に影響します。しかし，このような観点から考えると，高齢期は体力や身体機能が徐々に低下し，大きな疾病に罹患しやすくなるので，心理的な状態は悪くなるのではと考えられます。この見方を裏づける研究はいくつもあります。バルテス（Baltes, P. B.）は，ベルリン加齢研究において70歳台，80歳台，90歳台の身体面，社会面，心理面の評価を行い，80歳台，90歳台では身体機能や認知機能が低下し，かつ，幸福感の低下や孤独感の上昇がある人が60〜80%に及ぶことを示しました。

　ところが，異なる結果を示す研究もあります。現在，日本においては85歳以上で要支援・要介護の認定を受けている方は45%以上と大変高率となっています。そこで，日本の都市部の85歳以上超高齢者について日常生活を送る上で必要な活動機能の高さと幸福感やうつ傾向の程度で対象者を分類したところ，活動機能もほぼ満点で心理的な適応もよいグループ（56%），活動機能がかなり低く心理的な適応も悪いグループ（21%），そして活動機能はかなり低いものの心理的適応はよいグループ（23%）の3つに分かれることがわかりました（図18.6.1）。この結果は，超高齢期に身体機能や活動機能がかなり低下しても心理的な適応を高く維持できる人が比較的多いことを示しています。また，日本の高齢者を対象に体力や活動機能がどの程度幸福感に影響するかを調べた研究では，前期高齢者（65〜74歳）と後期高齢者（75〜84歳）では体力や日常生活の機能が低下すると幸福感も下がりますが，超高齢者（85歳以上）ではこれらの身体的な能力が低下しても幸福感が低下しにくいことが示されました。この2つの結果は，高齢期に機能が低下し，フレイルになっても，それに適応し，精神的健康を維持することは可能であること，さらにいえば，そのような傾向は高齢期の後半，超高齢期になって高まることを示唆しているといえるでしょう。

▷1 Baltes, P. B. 1997 On the incomplete architecture of human ontogeny: Selection, optimization, and compensation as foundation of developmental theory. *American Psychologist*, **52**, 366-380.

▷2 増井幸恵・権藤恭之・河合千恵子ほか　2010　心理的 well-being が高い虚弱超高齢者における老年的超越の特徴——新しく開発した日本版老年的超越質問紙を用いて　老年社会科学, **32**(1), 33-47.

▷3 権藤恭之・古名丈人・小林江里香ほか　2005　超高齢期における身体的機能の低下と心理的適応——板橋区超高齢者訪問悉皆調査の結果から　老年社会科学, **27**(3), 327-338.

2 高齢期のフレイルに精神的に適応するためには

なぜ，高齢期の後半になるほど，身体機能の低下に対して適応し精神的健康を保つことができるようになるのでしょうか。まだ統一された見解はありませんが，近年，解決の糸口となるような興味深い知見が出てきています。

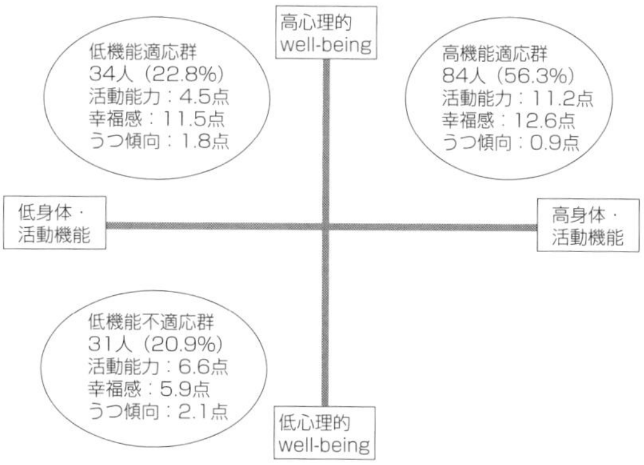
高心理的
well-being
低機能適応群
34人（22.8%）
活動能力：4.5点
幸福感：11.5点
うつ傾向：1.8点
高機能適応群
84人（56.3%）
活動能力：11.2点
幸福感：12.6点
うつ傾向：0.9点
低身体・
活動機能
高身体・
活動機能
低機能不適応群
31人（20.9%）
活動能力：6.6点
幸福感：5.9点
うつ傾向：2.1点
低心理的
well-being

図18.6.1 地域在住の85歳以上超高齢者における身体機能と心理的ウェルビーイングとの関係

出所：増井ほか，2010

❍情動調整の発達

自分にとってよくない事態に接したとき，ネガティヴな感情が生起しないよう自分の感情をコントロールすることを「情動調整（emotional regulation）」といいます。具体的な方略としては，生じた出来事を認知的に再評価する（たとえば，出来事のよい面を考えるなど）方略や，情動表出を抑えたり紛らわせたりする方略などがあります。これらの情動調整は高齢者の方が成人よりもよく用いることが報告されています。[4] 機能低下時やフレイル時に生じやすいネガティヴな感情をうまく調整する方法を用いることが，精神的適応につながっている可能性があります。

❍老年的超越

高齢期に発達する「老年的超越」という心理特性は，フレイルな超高齢者の精神適応と密接にかかわっています。エリクソン（Erikson, E. H.）らは，80歳台，90歳台に相当する第９段階の発達課題として，「身体機能の低下に伴う自律性の喪失から生じる絶望からの回復」を挙げており，この発達課題を克服し，精神的な適応を果たした心理状態がトルンスタム（Tornstam, L.）の提唱する「老年的超越」であるとしています。[5] 先ほど述べた日本の超高齢者を対象に活動機能と心理状態で３つのグループに分けた研究において，機能低下があるものの心理状態のよい群と機能低下があり心理状態の悪い群の老年的超越の違いを検討してみました。その結果，心理状態のよい群では，老年的超越のいくつかの側面のうち，「ひとりでいることのよい面を認識すること」，「過去の自分の役割や立場へのこだわりを捨てること」，「自分の現状をあるがままに受け入れること」という側面が高いことが示されました。[6] このことは，エリクソンらの予想を裏付けるものといえるでしょう。

情動調整や老年的超越はいずれも，周囲の環境を直接変えようとしたり，他者からの援助を積極的に得ようとするものではありません。一見，消極的に見えるかもしれませんが，フレイルや社会的ネットワークの縮小がいやおうなく進む超高齢期において，自分の「こころのあり方を変える力」を高齢者自身がもつようになるという点では，年を取ることのもっともポジティヴな面を示しているものと考えることができるかもしれません。 （増井幸恵）

▶4 John, O. P., & Gross, J. J. 2004 Healthy and unhealthy emotion regulation: Personality processes, individual differences, and life span development. *Journal of Personality*, **72**(6), 1301-1333.

▶5 IV-3 参照。

▶6 増井ほか 前掲書

XIX 研究と実践

1 研究法（横断研究・縦断研究・その他）

1 加齢変化を測定する研究法

なぜ年をとると変化するのでしょうか。また，年をとるとどのように変化するのでしょうか。こうした疑問を理解するため，加齢変化を測定する研究法が考えられてきました。横断研究と縦断研究の2つがその代表的な研究法です。

○横断研究

横断研究は，年齢の異なる人たちを対象に，一時点で調査や実験を行い，年齢によってどのような差があるかを調べる方法です。たとえば，知能テストを20代から70代までの幅広い人たちを対象に実施すると，年齢によってテストの得点にどのような差があるかを知ることができます。

横断研究の利点は，年をとるとどのように変化するかを，何年も待たずに知ることができることにあります。一方，横断研究の欠点は，明らかになった年齢差が必ずしも加齢変化を反映しているとは限らないことにあります。たとえば，知能の年齢差を調べる横断研究を行ったとしましょう。20代から50代までの人たちは，子どものころに通っていた学校で，テストによって学習の程度を評価される経験が多かったとします。一方，60代以上の人たちは，テストによって学習の程度を評価される経験が少なかったとします。受けた教育が生まれた世代（コホート）によって異なるため，20代から50代までの人たちは知能テストに答えることに慣れている一方，60代以上の人たちは慣れていないため，60代以上の人たちの知能テストの得点はより低くなってしまうかもしれません。このように，横断研究では，知能テストの年齢差が年齢によるものか，コホートによるものかを区別することができず，加齢変化を間接的にしか知ることができません。

○縦断研究

縦断研究は，同じ人たちを対象に，ある一定期間にわたって複数時点で調査や実験を行い，年齢によってどのような変化があるか調べる方法です。縦断研究の利点は，年をとるとどのように変化するかを，直接知ることができることにあります。一方，縦断研究の欠点は，結果が明らかになるまで何年も待たなければならないことのほかに，脱落者と学習効果の2つがあります。

縦断研究では，死亡や拒否によって，脱落者が生じます。たとえば，知能の加齢変化を調べる縦断研究を行ったとしましょう。1回目の調査では，様々な

▷1 知能
目的的に行動し，合理的に思考し，効率的に環境を処理する個人の総体的能力を指す。知識の量や情報処理の速さなど，様々な要素から成る。

▷2 Schaie, K. W. 2012 *Developmental influences on adult intelligence : The Seattle Longitudinal Study.* New York : Oxford University.

▷3 経験抽出法
日常生活における経験を測定する調査法。たとえば，調査参加者は1週間ポケベルを持ち，1日に5回ランダムにポケベルが鳴ったときの活動や感情を調査票に記述する。

教育を受けた幅広い背景をもつ人たちを集めることができたとします。しかし，2回目以降の調査では，大学卒業者やテストを受ける経験が多かった人たちのみが参加したため，知能テストの得点はより高くなってしまうかもしれません。また，同じテストを繰り返し実施するため，調査参加者が解答を覚えたり，うまい解答方法を考え出したりするため，知能テストの得点はより高くなってしまうかもしれません。

図19.1.1に，言語理解という知能の一要素に関する横断研究と縦断研究の結果を示しました。横断研究では，60代以降は20代から50代よりも言語理解の得点が低いことが明らかになった一方，縦断研究では，60代まで言語理解の得点はやや高くなり，70代以降に低くなることが明らかになりました。このように，横断研究も縦断研究もそれぞれ利点と欠点があり，互いに違う結果が明らかになることもあります。互いの欠点を補うため，2つの研究法を組み合わせた研究法が考えられています。

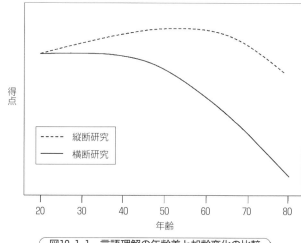

図19.1.1　言語理解の年齢差と加齢変化の比較

出所：Schaie, 2012

2　様々な時間間隔の変化と変動を測定する研究法

縦断研究は数か月から数年といった様々な測定間隔で実施されます。ただ，図19.1.2のように，数年間という長期的な時間間隔で生じる変化と，短期的な時間間隔（分，時間，日，週）で生じる変動はまったく違うと思われます。たとえば，感情は1日の間に変動するでしょう。もしかしたら，年をとるほど感情の変動は小さくなるかもしれません。短期的な時間間隔の変動を調べるためには，日記法や経験抽出法といった研究法が用いられます。今日では，これらの方法を取り入れた縦断研究が考えられています。

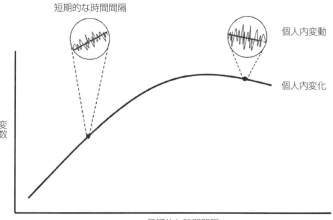

図19.1.2　異なる時間間隔での変化と変動

出所：Ram & Diehl, 2015

（中川　威）

▶4　Ram, N., & Diehl, M. 2015 Multiple time-scale design and analysis: Pushing towards real-time modeling of complex developmental processes. In M. Diehl, K. Hooker & M. Sliwinski (Eds.), *Handbook of intraindividual variability across the life-span.* New York: Routledge. pp.308-323.

XIX 研究と実践

2 パーソナリティの評価法：バウムテスト

1 様々な描画法

○描画法とは

描画法は，被検者の描いた絵からパーソナリティや知的機能，発達の程度を評価する投影法の一つです。描画法には，人物画テスト（DAP：Draw a Person Test）やバウムテスト（樹木画テスト：Baum Test），HTP テスト（House-Tree-Person），家族画テスト（FDT：Family Drawing Test）など様々な手法があります。

描画法によって得たい情報をより端的に把握するためには，人物画テストやバウムテストのように特定の課題を提示して1枚の絵を完成させる方法が有効です。また，家屋，樹木，人物を描く HTP テストや風景構成法のように，複数の描画を課題とすることでより多くの情報を得ることもできます。

バウムテストは，意識化されにくい潜在的な自我像や精神発達の程度，人物画テストではパーソナリティの側面の中でも比較的意識化されやすい自我像や攻撃性や親和性などの社会的感情の把握に適しています。また，HTP テストは，主に被検者の自画像とともに環境との相互作用のあり方が，家族画テストでは被検者が感じている家族関係の力動などが表出されやすいとされています。

○描画法の使い方

一般に描画法は，教示がとても単純でしかも検査の実施に言語的な能力が必要とされないため，言語的コミュニケーションが難しい被検者でも施行が可能であり，幼児から高齢者まで幅広い年齢層にも適用できるという利点があります。また，実施が簡便で所要時間も短いため，検査への緊張や防衛が少なく被検者の負担が軽いのも描画法の長所です。描画法の実施は検査についての専門教育や経験がなくてもある程度は可能で，被検者の描いた絵から何らかの情報を得ることができます。検査の実施によって心理的側面の多様な情報を簡便に抽出することが可能であるため，高齢者のパーソナリティの把握や高齢期の認知機能の変化を知る上で有用な手法です。しかし，客観性が高いとはいえず，他の心理検査とテストバッテリーを組んでアセスメントを行うことが望ましいといえます。

▷ 1　投影法
あいまいな刺激に対する被検者の反応に，被検者の身体イメージや自己概念，被検者と環境とのかかわり方などの心理的側面が反映されるという考えに基づいた，心理アセスメントの手法。代表的な投影法には，ロールシャッハテストや絵画統覚検査などがある。

▷ 2　風景構成法
風景構成法は，川，山，田，道，花，動物，石とか岩のようなもの，の順に風景を画用紙に書き入れ彩色し，風景画として完成させる検査法。分析は箱庭の手法に準拠することが多く，三次元の風景を二次元に写す距離や整合性の質も分析の対象とされる。アセスメントと同時に芸術療法の技法としても活用され，箱庭療法と関連して発展した手法。

▷ 3　Koch, K. 1957 *Der Baumtest 3. Auflag.*（岸本寛史・中島ナオミ・宮崎忠男（訳）2010 バウムテスト第3版——心理的見立ての補助手段としてのバウム画研究　誠信書房）

▷ 4　谷口幸一　1979　パーソナリティに関する一発達的研究——高年者のバウムテストの分析および知的・情緒的変数との関連について　社会老年学，11，32-48.

▷ 5　一谷彊・林勝造・津

2 バウムテストとは

バウムテストは，縦方向に置いた画用紙に，鉛筆で「実のなる樹木を一本」描くよう求め評定する描画法の一種で，コッホ（Koch, K.）によって紹介されました。コッホの教示では，実のなる樹をできるだけ丁寧に描くことが伝えられますが，被検者が自由に描ける自発性を重視し，果実についてはとくに指示しない方法もあります。

樹を描く場合，人物を描くのに比べ被検者の防衛が少なく，より無意識的な層の感情や欲求，自己イメージの投影が促されやすく，被検者が自分自身の心の状態をどう捉えているかというイメージの統合が樹に表現されるため，精神，知的発達の程度が反映されると考えられています。このような特性から，バウムテストは一般的なパーソナリティのアセスメントだけでなく，職業適性や知的発達，心理療法の効果の検討などに臨床や教育の場で広く用いられています。

図19.2.1 認知症高齢者のバウムテスト

3 高齢者のバウムテストの特徴

描かれた絵の解釈は，全体的な印象，配置，筆圧，描線の特徴などの形式分析と，何を描き何を描かなかったかという描き方や描画中の態度，描画後の質問（PDI：Post Drawing Interrogation）への回答を分析する内容分析および全体の印象などを含めて総合的に行われます。

高齢者の知的機能の低下や情緒面の発達的変化，精神的エネルギーの減退の指標として用いられる描画の特徴は，一本の線で枝が描かれる「一線枝」や，木の幹の上部が開いている「幹上開」，「樹幹部の豊かさの減少」，「樹木の縮小化」，「葉の描き方の精密度の減少」，「幹の強調」，「樹高に対する幹の幅の比率の減少」，「地平の消失」です。80歳以上の高齢者では，これらの特徴に加えて，「幹を線で描く」，「形態の崩れ」が見られがちになります。

知的機能の低下が顕著な高齢者の描画の多くは，全体の4分の1以下の小さいサイズです。また，アルツハイマー型認知症と診断された高齢者では，「極端に小さい樹高」，「形態の崩れ」，「空間使用領域の偏位」などの脳の病変に関連する描画が特徴的に認められることも明らかにされています。

図19.2.1は70歳台の混合型認知症と診断された女性のバウムです。N式精神機能検査では67点と知的機能の低下が認められました。描画のサイズは小さく，薄く弱い筆圧で描かれています。葉はほとんどなく，幹の先端の開放や枝の一線枝など，高齢期に顕著な特徴と知的機能の低下が描画に反映されています。

（日下菜穂子）

田浩一　1986　樹木画テストの研究――Koch の Baumtdt における発達的検討　京都教育大学紀要 Ser. A, 33, 47-68.

▷6　一谷彊・小林敏子ほか　1987　バウムテストによる生涯的発達研究〔Ⅱ〕――壮年期から老年期にいたるバウムテストの空間利用と加齢の関係　京都教育大学紀要　Ser. A, 71, 31-49.

▷7　一谷彊・相田貞夫ほか　1988　バウムテストによる生涯的発達研究〔Ⅲ〕――空間領域の使用量と加齢の関係　京都教育大学紀要，72, 1-29.

▷8　一谷彊・津田浩一ほか　1989　バウムテストによる生涯的発達研究〔Ⅳ〕――幹中心部の位置と加齢の関係　京都教育大学紀要, 75, 1-13.

▷9　小林敏子　1990　バウムテストにみる加齢の研究――生理的加齢とアルツハイマー型痴呆にみられる樹木画の変化の検討　精神神経学雑誌, 92(1), 22-58.

▷10　小林敏子　2000　高齢者介護と心理　朱鷺書房

▷11　谷口　前掲書

▷12　小林　前掲書

XIX 研究と実践

 認知機能評価法

▶1 加藤伸司 1991 長谷川式簡易知能評価スケール（HDS）大塚俊男・本間昭（監修）高齢者のための知的機能検査の手引きワールドプランニング pp.15-19.

▶2 加藤伸司・下垣光・小野寺敦志・植田宏樹・老川賢三・池田一彦・小坂敦二・今井幸充・長谷川和夫 1991 改訂長谷川式簡易知能評価スケール（HDS-R）の作成 老年精神医学雑誌, 2, 1339-1347.

▶3 Folstein, M. F., Folstein, S. E., & MsHugh, P. R. 1975 "Mini-Mental-State": A practical method for grading the cognitive state of patients for the clinician. *Journal of Psychiatric Research*, 12(3), 189-198.

▶4 Folstein et al. 前掲論文

▶5 福永知子・西村健・播口之朗・井上健・下河内稔・投石保廣・井上修・鵜飼聡・内藤道夫・小林敏子・谷口典男・島田修・稲岡長・野田俊作 1988 新しい老人用精神機能検査の作成——N式精神機能検査 老年精神医学, 5(2), 221-231.

▶6 本間昭・福沢一吉・塚田良雄・石井徹郎・長谷川和夫・Mohs, R. C. 1992 Alzheimer's Disease Assessment Scale（ADAS）日本語版の作成 老年精神医学雑誌, 3, 647-655.

簡易知能評価スケール

アルツハイマー病をはじめ認知症の症状の多くは，回復の見込みが低い非可逆的なものであるため，認知症ではその予防や早期発見が重要だといえます。そこで，これまでに認知症の有無や症状の程度を判定する様々なスクリーニングテストが作られています。テストの主な対象は高齢者であるため，その多くは簡便で10分程度の短時間で施行できるものです。

長谷川式簡易知能評価スケール（HDS）は1974年に医師の長谷川和夫らにより作成された日本でもっとも広く用いられているテストの一つです。1991年に質問項目が見直されて改訂 長谷川式簡易知能評価スケール（HDS-R）に改められました。年齢，日時と場所の見当識，言葉の記銘，計算，逆唱，言葉の遅延再生，物品記銘，語意流暢性の9項目からなり，30点中20点以下を認知症，21点以上を正常と判定します。また軽度の認知症では19.10±5.04点，中等度で15.43±3.68点，やや重度で10.73±5.40点，重度で4.04±2.64点の範囲をとり，結果からおおよその症状の進行度を調べることができます（表19.3.1参照）。

MMSE（Mini Mental Status Examination）は米国のフォルスタイン夫妻（Folstein, M. F., & Folstein, S. E.）らにより作成されたスクリーニングテストで，欧米を中心に広く使用されています。日時と場所の見当識，物品記銘，計算，図形描画などの11項目からなり，認知症の有無を判定するカットオフポイントは23/24点とされています。HDS-RとMMSEを同じ人々に施行して結果を比較したところ高い相関が認められ（r = .94），それぞれのテストの併存的妥当性が確認されています。1987年にはその改訂版（3MS）も開発されています。

その他の代表的なテストには，N式精神機能検査，国立精研式スクリーニングテスト，Mental Status Questionnaire（MSQ），ADAS（Alzheimer's Disease Assessment）の認知機能下位検査（ADAS-J cog）などがあります。

これらのスクリーニングテストのみから正確に認知症を判別することは容易ではなく，実際の検査場面ではしばしば複数の検査によるテストバッテリーによって検討します。また高齢者がうつ病を患っている場合，仮性認知症と呼ばれる認知症様の症状を示す場合があります。高齢期のうつ病は症状が非定型であるため認知症と区別しにくい場合があり，自殺につながる危険からもその兆候を見逃してはなりません。そのためこれらの判別は非常に重要だといえます。

表19.3.1 改訂 長谷川式簡易知能評価スケール（HDS-R）

1	お歳はいくつですか？（2年までの誤差は正解）		0 1
2	今日は何年何月何日ですか？ 何曜日ですか？ （年月日，曜日が正解でそれぞれ1点ずつ）	年 月 日 曜日	0 1 0 1 0 1 0 1
3	私たちがいまいるところはどこですか？ （自発的にでれば2点，5秒おいて家ですか？ 病院ですか？ 施設ですか？ のなかから正しい選択をすれば1点）		0 1 2
4	これから言う3つの言葉を言ってみてください。あとでまた聞きますのでよく覚えておいてください。 （以下の系列のいずれか1つで，採用した系列に○印をつけておく） 1：a) 桜 b) 猫 c) 電車　2：a) 梅 b) 犬 c) 自動車		0 1 0 1 0 1
5	100から7を順番に引いてください。（100－7は？，それからまた7を引くと？ と質問する。最初の答えが不正解の場合，打ち切る）	(93) (86)	0 1 0 1
6	私がこれから言う数字を逆から言ってください。（6-8-2，3-5-2-9を逆に言ってもらう，3桁逆唱に失敗したら，打ち切る）	2-8-6 9-2-5-3	0 1 0 1
7	先ほど覚えてもらった言葉をもう一度言ってみてください。 （自発的に回答があれば各2点，もし回答がない場合以下のヒントを与え正解であれば1点）　a) 植物　b) 動物　c) 乗り物		a：0 1 2 b：0 1 2 c：0 1 2
8	これから5つの品物を見せます。それを隠しますのでなにがあったか言ってください。 （時計，鍵，タバコ，ペン，硬貨など必ず相互に無関係なもの）		0 1 2 3 4 5
9	知っている野菜の名前をできるだけ多く言ってください。（答えた野菜の名前を右欄に記入する。途中で詰まり，約10秒間待ってもでない場合にはそこで打ち切る）0〜5＝0点，6＝1点，7＝2点，8＝3点，9＝4点，10＝5点		0 1 2 3 4 5
		合計得点	

出所：大塚・本間，1991

② 行動観察評価スケール

　高齢者の日常的な行動の観察に基づいて状態を評価する行動観察評価スケールのうち，Clinical Dementia Rating（CDR）はヒューズ（Hughes, C. P.）らにより作成された認知症の重症度を総合的に評価するスケールです。記憶，見当識，判断力と問題解決，社会適応，家庭状況および趣味，介護状況の6つの領域で5段階で判定します。CDRの総合評価では，健康（0），認知症の疑い（0.5），軽度認知症（1），中等度認知症（2），重度認知症（3）のいずれかに判定されます[7]。

　またFunctional Assessment Staging（FAST）は，ライスバーグ（Reisberg, B.）らにより主にアルツハイマー型認知症の重症度を判定する目的で作成されました。障害なし（stage 1）から非常に高度な認知機能の低下（stage 7）まで7段階に分類されます。それぞれの段階での臨床的な特徴が詳しく説明されており，たとえばstage 7では，最大6語に限定された言語機能の低下，理解し得る語彙が一つの単語になる，歩行能力の喪失，笑う能力の喪失，昏迷および昏睡などがその特徴として挙げられています[8]。

　柄澤式老人知能の臨床的判定基準やGBSスケール，N式老年者用精神状態尺度（NMスケール）などのスケールも，臨床場面で広く利用されています。

（野村信威）

▶7　Hughes, C. P., Berg, L., & Danziger, W.L. et al. 1982 A new clinical scale for the staging of dementia. *British Journal of Gerontology*, **140**, 566-572.

▶8　Reisberg, B., Ferris, S. H., Anand, R., de Leon, M. J., Schneck, M. K., & Buttinger, C. et al. 1984 Functional staging of dementia of the Alzheimer type. *Annals of the New York Academy of Sciences*, **435**, 481-483.

参考文献

　中里克治　2001　老人の知能のアセスメント　上里一郎（監修）心理アセスメントハンドブック　第2版　西村書店　pp.328-353.

　大塚俊男・本間昭（監修）1991　高齢者のための知的機能検査の手引き　ワールドプランニング

XIX 研究と実践

 臨床場面での実践

▷1 Lewis, M. I., & Butler, R. N. 1974 Life review therapy: Putting memories to work in individual and group psychotherapy. *Geriatrics*, **29** (11), 165-173.

▷2 野村豊子 1998 回想法とライフレヴュー——その理論と技法 中央法規出版

▷3 ヤーロム, I. D.・ヴィノグラードフ, S. 川室優(訳) 1997 グループサイコセラピー——ヤーロムの集団精神療法の手引き 金剛出版

▷4 アイビィ, A. E. 福原真知子(訳) 1985 マイクロカウンセリング——"学ぶ-使う-教える"技法の統合:その理論と実際 川島書店

▷5 共感的理解,無条件の肯定的関心,純粋さまたは自己一致などを含む。佐治守夫・飯長喜一郎 1983 ロジャーズ——クライエント中心療法 有斐閣

▷6 Coleman, P. G. 1986 *Ageing and reminiscence processes: Social and clinical implications.* New York: John Wiley & Sons.

▷7 ホールデン, U. P.・ウッズ, R. T. 川島みどり(訳) 1994 痴呆老人のアセスメントとケア——リアリティ・オリエンテーションによるアプローチ 医学書院

　ここでは高齢者の臨床場面で広く実践されているグループ回想法とリアリティ・オリエンテーションの方法について紹介します。

1 グループ回想法

　グループ回想法では,6～10名程度の高齢者を対象におよそ1時間のセッションを週1回程度の頻度で実施します。セッションの回数は,1回のみで終了する場合や何年も継続して行う場合など様々ですが,6～8セッションをひとまとまりとして実践されることが一般的です。参加するメンバーの人数は,1回のセッション中にそれぞれが適度に発言する機会があるように調整します。在宅の一般高齢者と認知症高齢者のいずれを対象に実施することも可能ですが,それぞれの場合でスタッフの働きかけは異なります。

　回想法の実施場所は,適切な広さでメンバーが集中できる静かな場所を選びます。各セッションではメンバーの席順を考慮し,メンバーは輪になって所定の席につきます(図19.4.1参照)。セッションでははじめにメンバーの自己紹介を行い,その後回想のテーマと回想を促す材料などを提示し,自由に思い出を語るようにもとめます。終了前にはお茶を提供したり雑談の時間を設けるなどします。セッションのテーマは季節にあったもの(お正月,夏祭り,紅葉など)や時系列に沿ったもの(子ども時代,小学校時代,青春時代)がありますが,つねにテーマを設ける必要があるとは限りません(例として表19.4.1参照)。

　スタッフはセッションの司会進行役を務めるリーダーと,聴覚の低下など周囲とのコミュニケーションが困難なメンバーをサポートするコ・リーダーからなります。

　スタッフは「よい聴き手(therapeutic listener)[1]」になることが重要だとされます。よい聴き手とは,ありのままに話し手を受容,尊重する聴き手のことです。しばしば高齢者の思い出を聴くことは家族でも充分できることではと誤解されますが,聴き手の何気ない応答が話の流れを歪めてしまう場合もあります。聴き手は自身の態度が相手に及ぼす影響について自覚し,充分にラポールを形成する必要があるといえます。

　野村はグループ回想法を行うために要求されるスキルとして,回想法の技法,グループワークの技法,認知症高齢者へのコミュニケーション技法の3つを挙げています[2]。また回想法のスタッフが身につけるべきことには,ヤーロム

（Yalom, I. D.）の集団精神療法やアイビィ（Ivey, A. E.）のマイクロカウンセリングの知識やスキル，そしてクライエント中心療法を提唱したロジャーズ（Rogers, C. R.）が挙げたカウンセラーの態度条件の理解などがあります。

回想法は参加された高齢者に必ず効果が生じるとは限らず，ときには回想をしないことも重要だとされます。参加にあたっては高齢者の意思を尊重するとともに，セッションでは参加者が自由に回想できる雰囲気を作るよう心掛けてください。

❷ リアリティ・オリエンテーション

リアリティ・オリエンテーション（Reality Orientation：RO）は現実見当識訓練ともいわれ，見当識障害をもつ中等度から重度の認知症高齢者を対象に行われるリハビリテーションのプログラムです。ROは，1960年代に米国の精神科医フォルサム（Folsom, J.）により実践され，認知症高齢者向けのアプローチとして広く普及しています。自分のいる場所や日時，周囲の人物など，認知症高齢者が日常生活を送る上で必要となる基本的情報を繰り返し提示することで，残存機能を刺激して見当識障害の改善を促します。

ROは，24時間（インフォーマル）ROとクラスルーム（フォーマル）ROに分けられます。24時間ROでは，施設のスタッフが連携し，あらゆるコミュニケーション場面で高齢者の現実認識を高めるよう意識的に働きかけます。クラスルームROでは，24時間ROを補助する目的で6名程度のグループを対象に1日30分から1時間程度のセッションを継続的に行います。今日の日時，天気，予定などを繰り返し提示して学習し，参加者同士の相互交流を促します。その際にROボードや適切な大きさのカレンダー，時計などの補助道具を必要に応じて用います。実施する際の留意点には，認知症高齢者の尊厳に価値をおくことや，個人の特性を考慮した個別的アプローチの重視，認知症のアセスメントに基づく適切な目標の設定などがあります。

その他にも，高齢者への心理的援助の方法として，ヴァリデーション療法や音楽療法，化粧療法，アートセラピー，アニマルセラピーなどが実践されています。

（野村信威）

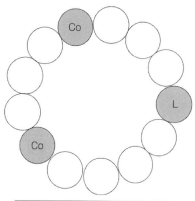

図19.4.1　グループ回想法の座席の配置例

（注）L：リーダー　Co：コ・リーダー
出所：野村信威　2006　高齢者への回想法　野村豊子（編）高齢者の「生きる場」を求めて──福祉，心理，介護の現場から　ゆまに書房　p.81.

表19.4.1　セッションのテーマと使用する材料

	テーマ	使用する材料
第1回	故郷の思い出	京傘
第2回	あそびの思い出	お手玉，独楽，紙風船など
第3回	小学校時代の思い出	学童向け雑誌，回想図版
第4回	青春・戦争時代の思い出	回想図版
第5回	仕事と子育ての思い出	回想図版
第6回	懐かしい人の思い出	参加者持参の写真など
第7回	人生の分岐点について	参加者持参の写真など
第8回	人生を振り返って	茶話会のしおり

出所：野村信威・橋本宰　2006　地域在住高齢者に対するグループ回想法の試み　心理学研究，77，32-39.

▶8　Feil, N. 1993 *The validation breakthrough : Simple techniques for communicating with people with "alzheimer's-type dementia"*. Health Professions Pr.

参考文献

黒川由紀子　2008　認知症と回想法　金剛出版

回想法・ライフレヴュー研究会　2001　回想法ハンドブック──Q&Aによる計画，スキル，効果評価　中央法規出版

XIX 研究と実践

認知的介入

▷1 Willis, S. H., Tennstedt, S. L., Marsiske, M., Ball, K., Elias, J., Koepke, K. M., Morris, J. N., Rebok, G. W., Unverzagt, F. W., Stoddard, A. M., & Wright, E. 2006 Long-term effects of cognitive training on everyday functional outcomes in older adults. *The Journal of the American Medical Association*, **296**(23), 2805-2814.

▷2 **手段的日常生活動作（IADL）**
食事や排泄，入浴といった日常生活動作よりも高次な知的能力を必要とする動作のことをいう。たとえば，買い物やお金の支払い，電話をかける，薬を正しく服用する，公共交通機関を利用するなどが該当する。ロートンとブロディ（Lawton, M. P., & Brody, E. M.）が開発した尺度を使用することで，より高次の生活機能の水準を測定することができる。

▷3 Nyberg, L., Sandblom, J., Jones, S., Neely, A. S., Petersson, K. M., Ingvar, M. et al. 2003 Neural correlates of training-related memory improvement in adulthood and aging. *Proceedings of the National Academy of Science, USA*, **100**(23), 13728-13733.

▷4 Draganski, B., Gaser, C., Busch, V., Schierer, G., Bogdahn, U., & May, A.

① 人生経験と認知機能との関連性

高齢者の認知機能が加齢により低下するのは事実だとしても，その低下の程度や速度には個人差が認められます。なぜある人はより早くから大きな認知機能の低下を示す一方で，別の人は目立った機能低下を示さないのでしょうか。これらの個人差を説明する枠組みの一つとして，人生経験と認知機能との関連性についての研究があります（IX-4 の認知の予備力の解説を参照のこと）。そこでは，知的な活動に従事することによって，認知機能の低下を防止できることが明らかにされています。ここでは認知訓練を行うことが，高齢者の認知機能の向上につながるのかについて考えてみます。

② 認知訓練は認知機能を向上する

高齢者の認知機能を高めることを目的とした介入研究は古くより存在しますが，規模の大きさや科学的な価値の高さを考慮すると，ウィリス（Willis, S. H.）らによる ACTIVE（Advanced Cognitive Training for Independent and Vital Elderly）がもっとも重要な研究として位置づけられるでしょう。65歳から94歳までの高齢者2,832名がこの研究プロジェクトに参加しました。参加者は，記憶，推論，処理速度のいずれかの訓練を10セッション受ける訓練群か訓練を受けない対照群にランダムに割り付けられました。すべての参加者に対して，ベースラインと1年後，2年後，3年後，5年後に認知機能テストを実施したところ，1年後と3年後において，訓練を受けた課題でのみ訓練の効果が認められました。しかしながら，訓練を受けていない他の認知項目への転移が起こらなかった上に（たとえば，記憶訓練の効果が処理速度を向上させない），手段的日常生活動作（Instrumental Activities of Daily Living：IADL）によって測定された日常生活機能への転移も認められませんでした。しかしながら，5年後に実施した追跡調査では，認知訓練を受けた訓練群の対象者の日常生活機能の低下が，訓練を受けていない対照群の対象者よりも少ないことが明らかにされました（図19.5.1）。

③ 認知訓練によって脳の機能が変化する

ACTIVE 研究で行われたような認知訓練を高齢者に実施すると，脳の活性

化のパターンが変化することが脳機能イメージング研究で示されています。たとえば、ナイバーグ（Nyberg, L.）は、場所法という記憶訓練を高齢者に実施した後に脳の活性化パターンを調べています。訓練後に記憶成績が向上した高齢者の脳では、記憶成績が向上しなかった者に比べて、後頭―頭頂領域で活性化が高まっていました。また、ドラガンスキー（Draganski, B.）らは、3つのボールを使ったジャグリングの訓練を行うと、中側頭葉の灰白質の量が増えることを明らかにしました。

佐久間は、認知的介入や訓練の効果を支える脳機能モデルとして脳の適応理論を紹介しています。加齢による萎縮が原因となり、高齢者の脳機能は低下します。とはいえ、高齢者が比較的高い機能を維持するのは、付加的な神経回路を動員して補償的な機能を獲得するからだと考えられています。このような脳の働きを高めるものとして認知訓練が期待されているのです。

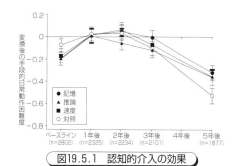

図19.5.1　認知的介入の効果

出所：Willis et al., 2006を一部改変

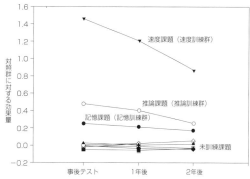

図19.5.2　認知的介入の効果への反証

出所：Salthouse, 2006を一部改変

4　認知訓練は本当に効果があるのか

先に紹介したウィリスらの研究を、認知訓練によって認知機能の低下が弱められたというように解釈することには問題があるとの指摘もあります。図19.5.2は、初期のACTIVE研究で得られた訓練の効果を群間で相対的に比較できるようにしたものです。この図からは、速度課題以外の課題には訓練の効果が認められないうえに、訓練効果は時間とともに減衰することが見て取れます。約5週間というわずかな期間で行った訓練の効果は、訓練を受けたものと同じ内容の課題であればその効果がしばらくの間は認められるものの、時間とともに訓練効果は失われていき、結果的には訓練群のみ認知機能が低下したとも見えるのです。

ただし、この見かけ上の認知機能の低下は、実際に加齢性の低下が生じたという意味ではなく、たんに加齢性の変化よりも訓練効果の消失の方が早いことを示しているにすぎません。認知訓練の効果に影響する要因としては、訓練前の認知能力や人生経験、認知訓練の実施方法、対照群の設定方法や効果測定の仕方などが考えられるため、認知的介入や訓練が高齢者の認知機能を改善するかどうかに関しては、今後の研究を待たなければなりません。

（岩原昭彦）

2004 Changes in grey matter induced by training. *Nature*, **427**(22), 311-312.

▷5　佐久間尚子　2009　健常高齢者における認知的介入研究の動向　心理学評論，**52**(3)，434-444.

▷6　Salthouse, T. A. 2006 Mental exercise and mental aging: Evaluating the validity of the "use it or lose it" hypothesis. *Perspective on Psychological Science*, **1**(1), 68-87.

▷7　Ball, K., Berch, D. B., Helmers, K. F., Jobe, J. B., Leveck, M. D., Marsiske, M. et al. 2002 Effects of cognitive training interventions with older adults: A randomized controlled trial. *The Journal of the American Medical Association*, **288**(18), 2271-2281.

人名索引

あ行
- アイビィ（Ivey, A.E.） 197
- 秋山弘子 141
- アチュリー（Atchley, R.C.） 26
- アントヌッチ（Antonucci, T.G.） 141
- イザード（Izard, C.E.） 108
- エリクソン（Erikson, E.H.） 32, 71, 104, 124, 145, 148, 189

か行
- カーステンセン（Carstensen, L.L.） 111
- カーン（Kahn, R.L.） 30
- カミング（Cumming, E.） 25
- キャッテル（Cattell, R.） 87
- ギルフォード（Gilford, J.P.） 87
- ゴンペルツ（Gonpertz, O.） 2

さ行
- ジョージ（George, L.K.） 117
- スターン（Stern, Y.） 96
- 副田義也 178
- ソルトハウス（Salthouse, T.A.） 43, 94

た行
- ソンダース（Saunders, C.） 164
- 橘覚勝 76
- ディーナー（Diener, E.） 114
- ディクソン（Dixson, R.A.） 50
- トルンスタム（Tornstam, L.） 36

な行
- 野村豊子 125

は行
- ハヴィガースト（Havighurst, R.J.） 32, 130
- 長谷川和夫 112
- バトラー（Butler, R.N.） 18, 124, 126
- バルテス（Baltes, P.B.） 22, 40, 88, 188
- パルモア（Palmore, E.B.） 18
- バンデューラ（Bandura, A.） 116
- ビリン（Birren, J.E.） 125

- フォルクマン（Folkman, S.） 120, 152
- フォルスタイン夫妻（Folstein, M.F., & Folstein, S.E.） 194
- フライ（Fries, J.F.） 2
- ブルーナー（Bruner, J.S.） 129
- ヘンリー（Henry, W.E.） 25
- ホームズ（Holmes, T.H.） 136, 160

や・ら行
- ヤーロム（Yalom, I.D.） 196
- ラザラス（Lazarus, R.S.） 120, 152
- リフ（Ryff, C.D.） 33
- ルリヤ（Luria, A.R.） 44
- レイ（Rahe, R.H.） 136, 160
- レモン（Lemon, B.W.） 24
- ロー（Rowe, J.W.） 30
- ロートン（Lawton, M.P.） 111
- ロジャーズ（Rogers, C.R.） 197
- ロフタス（Loftus, E.F.） 128

事項索引

あ行

アセスメント 174
アノマリー（anomaly） 80
アルツハイマー病 6, 67, 96, 99
生きがい 131
意思決定（decision making） 80
一般知能 82
偽りの記憶 128
遺伝 103
意図的な学習（Explicit learning） 47
意図的な認知処理 46
意味記憶 68
引退 131
引退のプロセス 130
ヴィジランス（vigilance）課題 52
ウィスコンシンカード分類課題 65
ウェクスラー検査 82
ウェルビーイング（well-being） 34, 125
宇宙的領域 36
うつ感情 122
うつ病・うつ状態 122, 167
エイジズム（ageism） 18, 28, 143
エイジングのパラドックス 38
エキスパート（熟達者） 79
エピソード記憶 66, 68
エピソードバッファ 64
嚥下能力 184
エンドオブライフ・ケア（End-of-life care） 164
老いのイメージ 118
横断研究 190
おばあさん仮説（祖母仮説） 11
親の死 161
親の扶養 146
音韻ループ 64

か行

介護 172
外向性（Extraversion） 101, 102, 106, 107
介護施設職員 176
介護者の健康 169

介護者のストレス 169
介護負担 123
介護予防 183
回想 124, 126, 128
回想機能尺度（Reminiscence Function Scale：RFS） 126
回想のモダニティ 127
回想法（Reminiscence therapy） 71, 124, 173, 196
改訂 長谷川式簡易知能評価スケール（HDS-R） 194
外的継続性 27
外的な記憶補助 50
海馬 69
開放性（Openness） 101, 102, 106
核家族化 146
拡散的思考（divergent thinking） 87
学習 76
学習活動 28
仮性認知症 194
家族会 169
活動理論（activity theory） 24, 26, 29
空の巣症候群（Empty Nest Syndrome） 144
加齢 22
加齢によるコミュニケーション苦境モデル（Communication Predicament of Aging Model） 93
感覚記憶 63
感情調整 111
感情抑制 111
感情労働 176
がん対策基本法 165
カンファレンス（事例検討会） 175
顔面フィードバック効果 110
緩和ケア（Palliative care） 164
記憶愁訴 62
記憶に対する自己効力感 91
記憶の再構成 71

記憶補償 50
記憶補助ツール 75
帰宅願望 172
気づき 175
機能年齢（functional age） 12
気分の変調 122
基本的情動 108
基本的信頼感 104
教育的ニーズ 139
教育歴 48
業績数（生産性） 86
共通原因仮説（common cause hypothesis） 55
共同作業 51
虚偽の記憶 72
グリーフケア 163
グループ回想法 196
芸術作品 86
継続雇用制度 130
軽度認知障害（Mild Cognitive Impairment：MCI） 57, 99
敬老精神 17, 178
結合探索課題 54
結晶性知能 40, 82, 85
健康 182
健康関連行動 106
健康余命 48
言語情報処理過程 92
言語性知能 82
言語能力 99
言語理解 44
顕在記憶 63, 68
顕在的態度 20
検索 66
検索方略 91
後期高齢者（old-old） 186
合計特殊出生率（total fertility rate） 15
高次生活機能（Instrumental Activities of Daily Living：IADL） 181
交通事故死 185
高年齢者雇用安定法 134
幸福感 102, 156

高齢化社会　14
高齢社会　14
高齢者虐待　147
高齢者像　20
高齢者についての知識度クイズ（The Facts on Aging Quiz：FAQ）　18
高齢者夫婦　51
高齢ドライバー　79
コーピング　120
個人差　62
子育て　10
孤独　145
孤独死　17, 159, 187
コホート（cohort）　142, 181, 190
コミュニケーション　9
コンボイモデル　141

さ行

サイコメトリック（心理測定学的）な分析手法　42
再生　67
最大寿命　10
再適応　137
再認　67
サクセスフルエイジング　26
サクセスフルエイジング（幸福な老い）についての考え方　30
作動記憶（ワーキングメモリ）　9, 62, 64, 68, 81, 92, 94
三世代世帯　146
死因　158
ジェームズ＝ランゲ説　110
視覚探索課題　54
視空間スケッチパッド　64
資源の最適化（Optimization）　34
自己効力感　77, 89, 117
事故死　184
自己実現　138
自己のイメージ　93
自己の領域　36
自殺の危険因子　166
自殺率　166
施設　172, 174
持続的注意　52
自尊感情　29, 116
実験室実験　74
質的心理学　129
自伝的記憶（autobiographical memory）　70, 128
自動化　95
自動車運転場面　61
自動的な認知処理　46
シナプス　96
シニアボランティア　156
死別　160, 162
死亡率　106, 160
社会貢献　156
社会情動的選択性理論（Socioemotional Selectivity Theory：SST）　13, 33, 38, 109, 111
社会性知能　84
社会の援助　150
社会的活動　96
社会的役割　133
社会と個人との関係の領域　36
縦断研究　190
集団全体の変化　101
周辺視課題　60
終末低下（terminal decline）　13, 98
就労意欲　134
主観的健康感　112, 113
主観的幸福感（ウェルビーイング）（subjective well-being）　31, 114, 182
主観的な年齢（subjective age）　12, 119
熟達化という概念　94
受胎から死　22
手段的日常生活動作（Instrumental Activities of Daily Living：IADL）　132, 198
出生率　14
生涯学習　138
生涯発達　138
生涯発達心理学（life-span developmental psychology）　22
少子高齢化　14
象徴的相互作用論（symbolic interactionism）　24
情緒的サポート　151
情動調整（emotional regulation）　189
消耗説　3
職業経験（家事）　48, 49
初婚年齢　15

処理速度（processing speed）　43, 62, 68, 94
人格・感情的側面　88
神経症傾向（Neuroticism）　101, 102, 106, 107
神経ネットワーク　96
神経病理学的な問題　99
心血管障害　99
人口ピラミッド　15
人生文脈の違い　49
身体的活動　96
親密性　145
親密度（familiarity）　46
心理社会的発達段階　71
心理社会的発達理論　104
心理的ウェルビーイング　37
水晶体　9
推論（reasoning）　80, 94
スーパービジョン　177
スキーマ　81
スクリーニングテスト　194
ストループ課題　59
ストレス　120, 152
ストレス緩衝仮説　152
ストレスコーピング　177
ストレスの認知的評価モデル　152
スピリチュアリティ　37
性格　89
性格傾向　5
性格特性のビッグ・ファイブ理論　100
生活の質（Quality of Life：QOL）　30, 182
生活満足度（life satisfaction）　31, 133
生活満足度尺度（Life Satisfaction Index）　114
生産性　135
誠実性（Conscientiousness）　5, 101, 102
精神的健康　137, 188
精神発達　23
生物学的な獲得と喪失　23
生物学的老化　23
生物年齢（biological age）　12
世代（generation）　142
世代間ギャップ（世代間断絶, generation gap）　142

事項索引

世代間交流 143
世代性（Generativity） 11, 105, 148
世代性の構造 148
絶望 104
セロトニン 103
前期高齢者（young-old） 186
潜在因子 43
潜在記憶 63, 78
潜在的態度 20
潜在的連合テスト（Implicit Association Test：IAT） 21
全体的切り替えコスト（general switch cost） 58
選択最適化補償理論（SOC理論） 33, 34, 41
選択的注意 44, 54
前頭前野 65
前頭葉機能 73
全般的速度低下理論（General slowing theory） 42, 83
喪失体験 154
喪失による選択（Loss based selection：LBS） 34
創造性（creativity） 84, 86
創造性テスト（S-A創造性検査） 87
創造的老い 29
ソーシャルキャピタル（社会関係資本） 151
ソーシャルサポート 29, 120, 123, 151, 152
ソーシャルネットワーク（Social network） 29, 133, 140
ソースメモリ 72, 73
ソース・モニタリング 72
側頭葉 69
祖父母 148

た行

ターミナルケア（Terminal care） 164
第9段階 105
対象喪失 162
退職 131
対人関係 140
大脳皮質 6, 69
タイピスト 94
短期記憶 63, 64
男性介護者 169

知恵（英知，Wisdom） 84, 88
知恵の加齢変化 89
知識構造 81
知性構造モデル（Structure of intellect model） 87
知的活動 96
知的機能の低下 193
知能 88
知能の二重コンポーネントモデル（dual component model） 40
知能のプラグマティクス（pragmatics of intelligence） 40
知能のメカニクス（mechanics of intelligence） 40
注意の解放 59
注意の切り替え 58, 61
注意の範囲 54
注意の捕捉 59
注意の瞬き（attentional blink） 53
中央実行系 64
中心視課題 60
長期記憶 63, 66
長期作業記憶（long-term working memory） 95
長期縦断研究 13
超高齢化社会 14, 16
超高齢者（oldest-old） 186, 188
調和性（Agreeableness） 101, 102
貯蔵 66
デイサービス 170
定年制度 134
定年退職 130
定年退職年齢 16
デジタル・デバイド（Digital divide） 180
手続き記憶 78, 79
テロメア 3
展望的記憶 74
投影法 192
道具的サポート 151
統合 124
統合性 104
動作性知能 82
ドーパミン（Dopamine） 6, 103
閉じこもり 155

な行

年寄り言葉（elderspeak） 93
独居高齢者 17
独居者 187
トップダウン処理 92
トレーニング 61
内的継続性 26
内的な記憶方略 50
ナラティブ・セラピー 129
二次的ストレッサー 162
二重コンポーネントモデル 81
日常生活動作（Activities of Daily Living：ADL） 132, 150
日常生活場面 74
日常知能 84, 85, 88
認知機能の低下 198
認知訓練 198
認知行動療法 183
認知症 168, 170, 174, 194
認知症高齢者の介護 169
認知症の行動と心理症状（Behavioral and Psychological Symptoms of Dementia：BPSD） 168
認知症の発症 6
認知症の予防 62
認知的介入 199
認知的側面 88
認知トレーニング 183
認知の予備力 83, 99
ネガティヴィティ・バイアス 39
ネガティヴ（な）感情 102, 107, 108
ネガティヴ・プライミング課題 45
年齢アイデンティティ 119
年齢集団の中での位置関係 101
脳機能イメージング 97
脳血管障害 67, 99

は行

徘徊 173
配偶者との死別 145, 160
バウムテスト 192
白内障 8
発達課題 32
伴侶性（companionship） 144
ピア・サポート 177
ヒートショック現象 185
非意図的な学習（Implicit learn-

ing) 47
悲嘆（グリーフ） 162
被包化（encapsulation） 95
ヒューリスティック（heuristic） 81
描画法 192
夫婦のライフサイクル 144
符号化 66
符号化方略 91
部分的切り替えコスト（specific switch cost） 58
プライミング 78, 79
フリーラジカル説 3
ブリンリー・プロット（Brinley plot） 42
フレイル（虚弱：Frailty） 4, 188
フレーミング効果 80
プログラム説 3
プロダクティビティ 135
プロダクティブアクティビティ（Productive Activity） 28
プロダクティブエイジング（Productive Aging） 28, 135
文化差 37
分配的注意 56
文脈情報 69, 81
ヘイフリック限界 2
ペットロス 161
ベルリン加齢研究（Berlin Aging Study） 40, 55, 188
ポジティヴィティ効果 39
ポジティヴ心理学 109, 183
ポジティヴ（な）感情 102, 108
補償（Compensation） 34
ホスピス 164
ボトムアップ処理 92
ホメオスタシス 11
ボランティア活動 132
ボランティア活動動機 133

ま行

孫の誕生 148
未婚率 15
自らによる選択（Elective selection：ES） 34

メタ記憶 90
メタ認知 77
メンタルモデル 81
目標の選択（Selection） 34
文字照合課題 56
モチベーション 75, 98
モニタリング 90
モネの「睡蓮」 9
喪の仕事（悲哀の仕事，モーニングワーク） 162

や行

役割アイデンティティ 24
有効視野（useful field of view） 60
友人ネットワーク 155
要介護状態 147
要介護認定 186
幼児性健忘 70
余暇活動 48
抑制（機能） 44
4つの喪失 112
嫁姑問題 17

ら行

ライフイベント（life event） 26, 120, 123, 131, 136
ライフストーリー（life story） 129
ライフレヴュー（Life review） 71, 105, 124, 126
ラテラリティ 97
リアリティ・オリエンテーション（Reality Orientation：RO） 197
リアリティ・モニタリング 72
利他性 156
離脱理論（disengagement theory） 24, 26
利他的（な）行動 105, 157
流動性知能 40, 82, 85
両耳分離聴実験（dichotic listening experiment） 56
緑内障 8
暦年齢（chronological age） 12
レジリエンス 123

レミニセンス・バンプ（reminiscence bump） 70, 128
老化 22
老眼（老年性遠視） 8
老人福祉法 16
老性自覚 118
老年観 118, 178
老年的超越の獲得 105
老年的超越（理論）（gerotranscendence） 33, 36, 189
老老介護 161
ロボットスーツ 35
ロンドン塔課題 65
論理的記憶検査 99

欧文

ACTIVE（Advanced Cognitive Training for Independent and Vital Elderly） 76, 198
CDR（Clinical Dementia Rating） 195
DOT（Dictionary of Occupational Titles） 49
DRM（Deese-Roediger-McDermott） 72
DSM-5 122, 167
FAST（Functional Assessment Staging） 195
g因子 82
HAROLD（モデル）（Hemispheric Asymmetry Reduction in Older Adults） 7, 97
IT機器 180
MMSE（Mini Mental Status Examination） 194
PASA（Posterior-Anterior Shift with Aging） 7
PGCモラールスケール（Philadelphia Geriatric Center Morale Scale） 114
Short Physical Performance Battery（SPPB） 4
Type A 性格 106

執筆者紹介（★編者）

★佐藤眞一（さとう　しんいち）大阪大学名誉教授

★権藤恭之（ごんどう　やすゆき）大阪大学大学院人間科学研究科　准教授

　安部幸志（あべ　こうじ）鹿児島大学法文学部　教授

　稲垣宏樹（いながき　ひろき）東京都健康長寿医療センター研究所　准主任研究員

　岩原昭彦（いわはら　あきひこ）京都女子大学発達教育学部　教授

　大庭　輝（おおば　ひかる）弘前大学大学院保健学研究科　教授

　大橋　明（おおはし　あきら）鈴鹿医療科学大学保健衛生学部　教授

　奥村由美子（おくむら　ゆみこ）帝塚山大学心理学部　教授

　日下菜穂子（くさか　なほこ）同志社女子大学現代社会学部　教授

　田渕　恵（たぶち　めぐみ）安田女子大学心理学部　准教授

　土田宣明（つちだ　のりあき）立命館大学総合心理学部　教授

　中川　威（なかがわ　たけし）大阪大学大学院人間科学研究科　准教授

　中原　純（なかはら　じゅん）中京大学現代社会学部　准教授

　野村信威（のむら　のぶたけ）明治学院大学心理学部　教授

　平井　啓（ひらい　けい）大阪大学大学院人間科学研究科　准教授

　増井幸恵（ますい　ゆきえ）東京都健康長寿医療センター研究所　研究員

　増本康平（ますもと　こうへい）神戸大学大学院人間発達環境学研究科　教授

やわらかアカデミズム・〈わかる〉シリーズ
よくわかる高齢者心理学

| 2016年6月10日 | 初版第1刷発行 | 〈検印省略〉 |
| 2025年2月20日 | 初版第5刷発行 | |

定価はカバーに
表示しています

編著者　佐　藤　眞　一
　　　　権　藤　恭　之
発行者　杉　田　啓　三
印刷者　藤　森　英　夫

発行所　株式会社　ミネルヴァ書房
607-8494 京都市山科区日ノ岡堤谷町1
電話代表（075）581-5191
振替口座 01020-0-8076

Ⓒ佐藤・権藤他, 2016　　亜細亜印刷・新生製本

ISBN978-4-623-07655-0
Printed in Japan

やわらかアカデミズム・〈わかる〉シリーズ

教育・保育

よくわかる学びの技法
　田中共子編　本体 2200円

よくわかる教育評価
　田中耕治編　本体 2500円

よくわかる授業論
　田中耕治編　本体 2600円

よくわかる教育課程
　田中耕治編　本体 2600円

よくわかる生徒指導・キャリア教育
　小泉令三編著　本体 2400円

よくわかる教育相談
　春日井敏之・伊藤美奈子編　本体 2400円

よくわかる教育原理
　汐見稔幸ほか編著　本体 2800円

よくわかる教育学原論
　安彦忠彦・児島邦宏・藤井千春・田中博之編著　本体 2600円

よくわかる障害児教育
　石部元雄・上田征三・高橋　実・柳本雄次編　本体 2400円

よくわかる障害児保育
　尾崎康子・小林　真・水内豊和・阿部美穂子編　本体 2500円

よくわかる肢体不自由教育
　安藤隆男・藤田継道編著　本体 2500円

よくわかる特別支援教育
　湯浅恭正編著　本体 2500円

よくわかる保育原理
　子どもと保育総合研究所　森上史朗・大豆生田啓友編　本体2200円

よくわかる家庭支援論
　橋本真紀・山縣文治編　本体 2400円

よくわかる子育て支援・家庭支援論
　大豆生田啓友・太田光洋・森上史朗編　本体 2400円

よくわかる社会的養護
　山縣文治・林　浩康編　本体 2500円

よくわかる社会的養護内容
　小木曽宏・宮本秀樹・鈴木崇之編　本体 2400円

よくわかる小児栄養
　大谷貴美子編　本体 2400円

よくわかる子どもの保健
　竹内義博・大矢紀昭編　本体 2600円

よくわかる発達障害
　小野次朗・上野一彦・藤田継道編　本体 2200円

よくわかる環境教育
　水山光春編著　本体 2800円

福祉

よくわかる社会保障
　坂口正之・岡田忠克編　本体 2500円

よくわかる社会福祉
　山縣文治・岡田忠克編　本体 2500円

新版　よくわかる子ども家庭福祉
　吉田幸恵・山縣文治編著　本体 2400円

新版　よくわかる地域福祉
　上野谷加代子・松端克文・永田　祐編著　本体 2400円

よくわかる家族福祉
　畠中宗一編　本体 2200円

よくわかるスクールソーシャルワーク
　山野則子・野田正人・半羽利美佳編著　本体 2800円

よくわかるファミリーソーシャルワーク
　喜多祐荘・小林　理編著　本体 2500円

よくわかる高齢者福祉
　直井道子・中野いく子編　本体 2500円

よくわかる障害者福祉
　小澤　温編　本体 2200円

よくわかる精神保健福祉
　藤本　豊・花澤佳代編　本体 2400円

よくわかる医療福祉
　小西加保留・田中千枝子編　本体 2500円

よくわかる司法福祉
　村尾泰弘・廣井亮一編　本体 2500円

よくわかる社会福祉と法
　西村健一郎・品田充儀編著　本体 2600円

よくわかるリハビリテーション
　江藤文夫編　本体 2500円

論文

よくわかる卒論の書き方
　白井利明・高橋一郎著　本体 2500円

心理

よくわかる心理学
　無藤　隆・森　敏昭・池上知子・福丸由佳編　本体 3000円

よくわかる心理統計
　山田剛史・村井潤一郎著　本体 2800円

よくわかる保育心理学
　鯨岡　峻・鯨岡和子著　本体 2400円

よくわかる臨床心理学　改訂新版
　下山晴彦編　本体 3000円

よくわかる心理臨床
　皆藤　章編　本体 2200円

よくわかる臨床発達心理学
　麻生　武・浜田寿美男編　本体 2800円

よくわかるコミュニティ心理学
　植村勝彦・高畠克子・箕口雅博・原　裕視・久田　満編　本体 2500円

よくわかる発達心理学
　無藤　隆・岡本祐子・大坪治彦編　本体 2500円

よくわかる乳幼児心理学
　内田伸子編　本体 2400円

よくわかる青年心理学
　白井利明編　本体 2500円

よくわかる教育心理学
　中澤　潤編　本体 2500円

よくわかる学校教育心理学
　森　敏昭・青木多寿子・淵上克義編　本体 2600円

よくわかる社会心理学
　山田一成・北村英哉・結城雅樹編著　本体 2500円

よくわかる家族心理学
　柏木惠子編著　本体 2600円

よくわかる言語発達　改訂新版
　岩立志津夫・小椋たみ子編　本体 2400円

よくわかる認知発達とその支援
　子安増生編　本体 2400円

よくわかる産業・組織心理学
　山口裕幸・金井篤子編　本体 2600円

よくわかるスポーツ心理学
　中込四郎・伊藤豊彦・山本裕二編著　本体 2400円

よくわかる心理学実験実習
　村上香奈・山崎浩一編著　本体 2400円

統計

よくわかる統計学　Ⅰ　基礎編　第2版
　金子治平・上藤一郎編　本体 2600円

よくわかる統計学　Ⅱ　経済統計編　第2版
　御園謙吉・良永康平編　本体 2600円

―― ミネルヴァ書房 ――
https://www.minervashobo.co.jp/